Angelo Ara
Claudio Magris

TRIEST
Eine literarische Hauptstadt
in Mitteleuropa

Aus dem Italienischen von
Ragni Maria Gschwend

Paul Zsolnay Verlag

Titel der Originalausgabe:
Trieste. Un' identità di frontiera
© 1982 Giulio Einaudi editore s.p.a., Turin

Mit 14 Abbildungen

2 3 4 5   03 02 01 00 99

ISBN 3-552-04950-9
Veröffentlicht im Paul Zsolnay Verlag Wien 1999
Mit freundlicher Genehmigung des
Carl Hanser Verlags
© Carl Hanser Verlag München Wien 1987
Einbandgestaltung:
Peter-Andreas Hassiepen, München
Druck und Bindung:
Franz Spiegel Buch GmbH, Ulm
Printed in Germany

*Für
Francesco, Paolo
Francesca und Nicoletta*

1. »Ich möchte euch sagen«

In seinem Werk *Il mio Carso* (»Mein Karst«), das 1912 die literarische Landschaft Triests begründete, gesteht Scipio Slataper in den ersten drei Absätzen, die alle mit den Worten »*Vorrei dirvi*« (»Ich möchte euch sagen«) beginnen, eine Versuchung zur Lüge – und widersteht ihr zugleich. Er möchte seinen Lesern, das heißt also den Italienern, erzählen, er sei in einer Hütte auf dem Karst geboren oder in einem Eichenwald in Kroatien, oder im Mährischen Tiefland; er möchte ihnen weismachen, er sei gar kein Italiener, sondern habe diese Sprache, in der er schreibt, nur »erlernt« und sie stille nicht seine Sehnsucht, ins »Vaterland« zurückzukehren, sondern entfache sie vielmehr aufs neue, »denn hier fühle ich mich ganz und gar unwohl«. Aber seine »klugen und gewitzten« Leser, setzt er hinzu, begriffen wohl sofort, daß er »ein armer Italiener« sei, der seine »einsamen Sorgen« zu »barbarisieren« versuche, ihr Bruder, allenfalls eingeschüchtert von ihrer Bildung und Klugheit.

In dem herben und spröden Lyrismus von *Il mio Carso* überwindet Slataper durch seine Aufrichtigkeit den deklamatorischen Impuls und identifiziert die »Triestinität« mit dem beharrlichen Bewußtsein von einem gegebenen, aber nicht definierbaren Anderssein: authentisch, wenn es in der schamhaften Innerlichkeit des Gefühls gelebt, und verfälscht, sobald es verkündet und zur Schau gestellt wird. Vermächtnis und Widerhall anderer Kulturen, die Slataper in sich zusammenfließen fühlt, sind so in seiner Person verwurzelt und mit ihr verschmolzen, daß sie sich nicht im einzelnen ausmachen lassen. Die spöttischen und begriffsstutzigen Leser machen einen Fehler, wenn sie sein tatsächliches Anderssein nicht wahrnehmen, das sich jedoch jeder Formulierung entzieht: Slataper ist weder auf dem Karst geboren noch in Kroatien, noch in Mähren: Italienisch ist seine einzige Sprache und seine wahre Nationalität, auch wenn diese Nationalität ein Vielvölkergemisch in sich einschließt. Das Vaterland, nach dem er sich sehnt, existiert nirgendwo, denn wenn er sich »hier« (im damals noch habsburgischen Triest, oder in Italien, in Florenz, wo er studiert und schreibt) auch nicht wohl fühlt, so könnte und wollte er sich dennoch zu keinem anderen bekennen.

Mögen auch die fiktiven Leser, vor allem die gebildeten Florentiner Freunde, mit denen er sich in seiner Vorstellung unterhält, die Widersprüchlichkeiten seiner Identität nicht begreifen, Slataper offenbart sein geheimes Bedürfnis nach diesem Unverständnis, in dem er eine Bestätigung ebendieses Andersseins sieht, das zwar seine Natur ausmacht, das er aber nicht zu definieren weiß. Slataper identifiziert in genialer Weise dieses Anderssein mit der Poesie, das heißt mit einer existentiellen Wahrheit, die man leben, aber nicht predigen kann und die fruchtbar ist, wenn sie sich in konkreten Werken (des Denkens, der Phantasie und des Handelns) objektiviert, die aus ihr die erste Inspiration beziehen, um sie dann in Werte zu übersetzen, die darüber hinausgehen. Dieses Anderssein zu theoretisieren und öffentlich kundzutun ist dagegen Literatur, rhetorischer Kunstgriff oder sentimentales Pathos.

Das Anderssein Triests wurde bald zur Schau gestellt, bald verkannt, bald bewußt bekämpft, bald arrogant ignoriert oder auch zu einem bequemen und falschen Klischee verfestigt, das periodisch als Alibi seiner herrschenden Klasse und für seine politisch-soziale Unausgewogenheit herhalten mußte. Als »abstrakte und geplante« Stadt, wie Dostojewski einmal von Petersburg (gleichermaßen durch Beschluß einer Regierung und nicht durch einen organischen Entwicklungsprozeß gewachsen) sagte, war und ist Triest reich an Gegensätzen, doch vor allem suchte und sucht es seinen Daseinsgrund in ebendiesen Gegensätzen und in ihrer Unauflösbarkeit. Die Schriftsteller, die Triests Heterogenität, seine Vielfalt von Elementen, die sich zu keiner Einheit verschmelzen lassen, existentiell erlebten, begriffen, daß diese Stadt – wie das habsburgische Imperium, dem es angehörte – ein Modell der Heterogenität und Widersprüchlichkeit der ganzen modernen Zivilisation war, bar eines zentralen Fundaments und eines einheitlichen Wertsystems. Svevo und Saba machten Triest zu einer seismographischen Station der geistigen Erdbeben, die sich anschickten, die Welt zu erschüttern. Aus der bürgerlichen Stadt par excellence, deren Geschichte wesentlich die des bürgerlichen Aufstiegs und Niedergangs war, entstand mit Svevo eine große Dichtung der Krise des zeitgenössischen Individuums, eine ironische und tragische Dichtung, in höchstem Maße luzid und zugleich ausweichend, die ihren desillusionierten Scharfsinn hinter liebenswerter Zurückhaltung verbirgt.

Wie der Österreicher bei Musil, der – nach Musils Worten – ein Österreich-Ungar weniger des Ungarn war, also das Resultat einer Substraktion, hat auch der Triestiner Mühe, sich in positiven Termini zu definieren. Es fällt ihm leichter zu verkünden, was er nicht ist, was ihn von jeder anderen Realität unterscheidet, als seine eigene Identität zu bestimmen.

Jede Identitätssuche – legitim auf der existentiellen Ebene und oft sehr fruchtbar auf der poetischen – führt leicht zu einer unzulässigen Veränderung der historisch-gesellschaftlichen Wirklichkeit. Die Identitätssuche impliziert, mehr oder weniger bewußt, die erregte Erwartung, auf einen Wesenskern zu stoßen, auf eine irgendwie konstante und bleibende Dimension im Wandel des historischen Werdens. Sie bringt die Geschichtlichkeit zum Gerinnen und betont eher Analogien und Ähnlichkeiten, als Veränderungen und Unterscheidungen aufzugreifen, wie es der Eigentümlichkeit historischer Phänomene entspräche. Sie neigt zum Mythos, das heißt zur faszinierten Erstarrung des Immergleichen und zur Versteinerung der Geschichte in der Maske des Mythos. Die »Triestinität« ist, wie jede Definition einer kulturellen Identität, sicherlich eine »undifferenzierte und unzulässige« Kategorie (E. Guagnini), die über die historischen und kulturellen Daten unterschiedlicher Momente und Elemente hinaus projiziert wird. Die Suche nach einem Wesenskern – und das »Ich möchte euch sagen« von Slataper ist nichts anderes – gibt sich leicht einer totalisierenden Sicht hin, einschränkend wie jedes totalisierende Modell, das auch widerstrebende Phänomene in seine Maschen zwingt oder aber sie eliminiert und ihnen ihre Bedeutung abspricht.

Die Definition einer Identität führt letzten Endes dazu, typische Merkmale herauszufinden, zu abstrahieren und ihnen einen exemplarischen und absoluten Wert zu verleihen, indem man nur das als repräsentativ gelten läßt, was dem System der jeweiligen Wertvorstellungen entspricht. Mit Recht hat der Triestiner Autor Silvio Benco in einem 1932 in Florenz gehaltenen Vortrag gefordert, die Triestiner Literatur nicht über einen Kamm zu scheren, sondern lieber Unterscheidungen vorzunehmen, als Analogien aufzustellen. Aus dem von Slataper erlittenen und zum Ausdruck gebrachten Anderssein ist seine eigene Kunst entstanden und vielleicht auch das zurückhaltende Spiel Svevos mit dem Nichts. Wesentlich gewagter wäre es schon, beispielsweise die Lyrik Sabas nur darauf zurückzuführen. Im übrigen proklamiert Slataper, daß Triest »einen Triestiner Typus« habe und »eine Triestiner Kunst wollen« müsse. In einer Rezension von 1911 kritisiert er jedoch Sabas ersten Gedichtband *Poesie* und beweist damit, daß sein Projekt einer »Triestiner Kunst« zwar ein, aber gewiß nicht das einzige oder gar erschöpfende literarische Programm dieser Stadt ist. Es gibt, wie ganz richtig gesagt wurde, verschiedene kulturelle Triestiner Wirklichkeiten.

Eine davon geht unzweifelhaft von der Reflexion über das Anderssein aus, von seiner Beschwörung und/oder dem Bedürfnis, sich ihm zu widersetzen. Offensichtlich ist jede historische Realität durch ihr mehr oder weniger ausgeprägtes Anderssein gekennzeichnet. Triest besitzt seine besonderen Züge, aber das Betonen dieser Besonderheiten, das mitunter bis zu dem uneingestandenen Anspruch geht, eine Art Monopol darauf zu besitzen, ist eine ideologische Entstellung, die sich von Mal zu Mal anderer Formeln bedient. Die Geschichte dieses Mythos vom Anderssein – mit seinen Regressionen, seinen enthüllenden Belegen und seinem sentimentalen Charakter – ist nicht die Geschichte Triests, sondern die Geschichte eines charakteristischen, in breiten Sektoren der Triestiner Kultur wiederkehrenden Motivs: Es ist die Geschichte dessen, was Fabio Cusin »den Triestiner Partikularismus« genannt hat. Der Geschichte eines Mythos zu folgen bedeutet nicht, dem Mythos selbst zu huldigen, sondern jene größere historische Realität zu begreifen, zu der auch die Entstehung und Entfaltung dieses Mythos gehören.

Die in Slatapers »Ich möchte euch sagen« sich andeutende Identitätssuche bestimmt auch die Konzentration auf jenen Substraktionsprozeß, jene Definition durch Negation, auf die diese Form der Suche hinausläuft. Eine vollständige geschichtliche Darstellung, und bezöge sie sich auch nur auf den kulturellen Bereich, müßte, wie Marino Raicich schrieb, jenen ganzen größeren Raum mit einbeziehen, für den der bedeutende Linguist Ascoli den Begriff »Julisch-Venetien« geprägt hat: also außer Triest auch Görz und das östliche Friaul, Istrien und Fiume mit ihren literarischen Stimmen und der Vielzahl ihrer sozialen und nationalen Komponenten. Aber die unbestimmbare Essenz – und die historischen Schwierigkeiten drängen oft einen Teil der Triestiner Kultur, sich in diese Unbestimmbarkeit zu flüchten – erweist sich in der Substraktion, in der Suche nach einem Zentrum, das sich lediglich durch Unterschiede definiert und das es nicht gibt.

Diese Haltung ist noch nicht erloschen, sie ist immer noch ein Element der Geschichte: Sie lebt nicht nur in den mehr als naheliegenden Nostalgien weiter, in den Mythen einer Stadt in der Krise, die nach Rechtfertigungen des eigenen Niedergangs sucht, sondern – paradoxerweise – auch in einigen neueren Werken, die jene Mythen der Stadt und ihre selbsttröstende Tradition entlarven wollen. Das 1983 erschienene Buch von Fölkel und Cergoly zum Beispiel, das die vom italienischen Nationalismus verdrängten slawischen und deutschen Traditionen der Stadt wieder sichtbar machen will, ist von einer fieberhaften ödipalen Besessenheit durchdrungen, von einer »slataperianischen« Erregtheit (obwohl es sich gegen Slataper wendet), um so eine nicht greifbare heterogene Seele zu erfassen, die sich jeder einheitlichen Definition entzieht. Auf slowenischer Seite etwa spricht Jože Pirjevec von einer »Leere« zwischen den Slowenen Jugoslawiens und denen Triests, einer Leere, die zwar existiert, aber nur empfunden und nicht definiert wird. In einem scharfsinnigen Artikel vergleicht Jošt Žabkar die »Triestinità« mit dem Vogel Phönix (von dem Metastasio schrieb: »daß es ihn gibt, sagt jeder, doch wo er ist, weiß keiner«), macht jedoch deutlich, daß diese Irrealität Teil der Ideologie und damit eines Kapitels der Geschichte Triests ist – genauso existent wie der nichtexistente Vogel Phönix, nämlich als literarischer Topos, in der Geschichte der Literatur und damit der Kultur.

Nach der Logik dieses durch Negation konstruierten Mythos beginnt die große Zeit der Triestiner Kultur – genauer gesagt, die Epoche, die dem Ersten Weltkrieg vorausging – mit der Bewußtmachung und Offenlegung einer geistigen Leere; sie beginnt, als Slataper in einem in der Florentiner Zeitschrift *La Voce* 1909 erschienenen Artikel schreibt: »Triest hat keine Kulturtraditionen.«

Diese Behauptung ist richtig, und zwar nicht trotz,

sondern wegen ihrer Radikalität, wenngleich letztere einige Phänomene ignoriert und einige andere vielleicht zu rasch abtut. 1909 existieren bereits – und sind für den Augenblick schon archiviert oder vergessen – die beiden ersten Romane von Italo Svevo, *Una Vita* (»Ein Leben«; 1892) und *Senilità* (»Ein Mann wird älter«; 1898), zwei Werke, die jene Untergangsstimmung des Individuums atmen, jene Dekadenz des traditionsbelasteten Menschen und der bürgerlichen Kultur – etwas, das Slataper trotz seiner genialen Ibsen-Interpretation vielleicht nicht erfassen kann, denn ihm geht es mehr darum, eine Kultur und damit ein einheitliches Wertsystem zu begründen, als den Zerfall jeglicher universaler und einheitlicher Kultur aufzuzeigen. Ansonsten existiert 1909 in Triest eine würdevoll-epigonale Kultur überlieferter Gelehrsamkeit, verflochten mit nationalen Leidenschaften: die Pflege der Studien zur vaterländischen Geschichte, der lokalen Erinnerungen und der Archive julischer und istrischer Kleinstädte; ein provinzieller und etwas gestelzter Humanismus, ehrlich und antiquiert, der nicht begreift, was in der Weltgeschichte wirklich vor sich geht und sich gegenüber deren destruktiver Gewalt, die diese rhetorisch-humanistische Kultur, diese Archive vaterländischer Geschichte bereits zu den Akten gelegt hat, in einer defensiven Position verschanzt. Im übrigen liegt darin die authentische Größe jener »kleineren« Tradition, die kein Weltgeist für seine Ziele rekrutieren, keine Kulturplanung integrieren kann. Diese vaterländische Tradition liegt tatsächlich am Rande, ausgeschlossen vom Gang der zeitgenössischen Geschichte; für diese letztere ist sie nicht verwertbar, und ihre Außenseiterposition verleiht ihr jene winzige, aber reale Autonomie.

Es ist diese partikularistische Gelehrsamkeit, die sich heftig gegen den herrischen Versuch Slatapers auflehnt, sie im Namen einer universellen Kultur hinwegzufegen. In politischen Termini ausgedrückt, ist es der nationalliberale Lokalpatriotismus, der – in eifersüchtigem Stolz auf die heimischen Eigenheiten und mit der Sentimentalität des vergangenen Jahrhunderts – Slatapers europäische (mazzinische und sozialistische) Perspektive ablehnt, die auf weitere Horizonte zielt. Das offizielle Triest, genauer gesagt, seine herrschende Klasse, die die Meinung der Stadt bestimmt, weist Slataper schroff und verständnislos zurück, wie sie es später noch oft mit vielen ihrer besten Söhne tun wird, sobald diese die einengende Nabelschnur zerreißen, was freilich nicht ausschließt, daß die Stadt sich später wieder ihrer bemächtigt, um sie dem Pantheon der heimatlichen Tradition einzuverleiben.

Trotz allem ist Slatapers Behauptung parteiisch, denn er beschränkt sich von vornherein ausschließlich auf jene lokale Gelehrsamkeit, die er in ihrer Bedeutung verkennt, und läßt jeden anderen Aspekt der triestinischen Realität außer acht. Die historische Bedeutung der Slataperschen Anklage liegt in ihrer Einseitigkeit, einer Einseitigkeit, wie sie für jedes Individuum oder jede Gruppe typisch ist, die eine neue Kultur begründen wollen und daher mit jenem Hauch von Terrorismus und Rowdytum, ohne den avantgardistische Bewegungen nicht auskommen, gegen die bestehende vorgehen. Slataper verfügt über den Bilderstürmer-Gestus des revolutionären Erneuerers, der aus einer fatalen, aber auch vitalen Dosis an Arroganz und Ignoranz gespeist wird. Weihnachten 1908 bittet Slataper in einem Brief an die Freundin Maria Spigolotto um Hinweise auf Arbeiten, die Aufschluß über die Triestiner Kultur geben könnten, und am 27. Januar 1909 wiederholt er diese Bitte; am 11. Februar erscheint bereits der Artikel mit dem endgültigen negativen Urteil. »In vierzehn Tagen«, bemerkt Cesare Pagnini, der Herausgeber der Briefe, »hatte er, isoliert, wie er in Florenz war, nicht die Zeit, wesentlich mehr zu eruieren.«

Auch jene Kultur der Gelehrsamkeit besaß in Wirklichkeit größeres Gewicht, als er glaubte. Ihre bedeutendste Institution, die *Società di Minerva*, war ein Kreis, der sich Studien, Vorträgen und Publikationen (vor allem der Zeitschrift *Archeografo Triestino*) widmete. Es handelte sich dabei nicht nur um ein Zentrum der Altertumsforschung, sondern auch der Bildung in weiterem Sinn, der Begegnung und kulturellen Vermittlung. Die Jahresberichte von 1910 bis 1965 dokumentieren ein städtisches Leben, reich an kulturellen Zirkeln und Gesellschaften, an Bibliotheken, Zeitungen, verlegerischen Initiativen, Schulen der verschiedenen Volks- und Glaubensgemeinschaften. Um nur ein paar Beispiele zu nennen: Die *Minerva* hatte 1872 eine Sprachenschule für Französisch, Englisch, Deutsch, Ungarisch und Neugriechisch eröffnet; zwischen 1863 und 1902 existierten 560 Zeitungen und Zeitschriften (83,7% italienische, 5,9% slawische, 5,6% deutsche, 2,6% griechische, 1,1% französische sowie 1,1% lateinische, spanische, zwei- oder mehrsprachige); 1906 erschien sogar eine albanische Zeitung, *Schipnesse Scheypuernis*. Im übrigen war die Lektüre der wichtigsten ausländischen Zeitungen weithin üblich, dank der Kaffeehäuser und Lesekabinette.

Zwar behauptet Slataper, die Kultur einer Stadt bestehe nicht nur in ihrer Literatur, sondern in der Gesamtheit ihres Lebensstils, doch de facto stellt er nur auf die Literatur ab. Sein barsches Gesamturteil fußt auf der epigonalen Mittelmäßigkeit der in Triest produzierten Literatur – ausgenommen die ersten Versuche Svevos und Sabas, deren Rang er jedoch nicht erkennt. So vernachlässigt er zum Beispiel das alltägliche kulturelle Leben Triests, die blühende Aktivität der zahlreichen deutschen Zirkel, unter denen der *Schillerverein* an erster Stelle stand; er vernachlässigt auch die aufkommende kraftvolle slowenische Bildungsinitiative, wie sie vor allem von der Organisation des *Edinost* und seiner gleichnamigen Zeitung sowie vom großenteils slowenischstämmigen Klerus getragen wurde. Der Schriftsteller Lavo Čermelj und Ivan Regent, Anführer der Arbeiterbewegung, haben sehr lebendig das Milieu der slowenischen und deutschen Schulen zu Beginn des Jahrhunderts beschrieben, ebenso den Konflikt zwischen den sozialen und nationalen Kräften innerhalb der Sozialdemokratie. Von besonderer Bedeutung – nicht nur auf künstlerischem Gebiet, sondern auch und vor allem als Element des gesellschaftlichen Zusammenhalts und nationalen Erwachens – waren die florierenden Aktivitäten der Triestiner Slowenen auf dem Gebiet der Musik und des Theaters: die *ătalnice* (Leseräume), die *Glasbena matica* (Musikschule), der Theaterverein, der ein Unterhaltungsrepertoire pflegte, sich aber auch an die großen Texte des zeitgenössischen internationalen Theaters wagte, die zahlreichen kulturellen Zirkel, in denen sich – in einem fruchtbaren und spannungsreichen Verhältnis – die neue sozialistische Tendenz mit der alten liberalen und katholischen Matrix der slowenischen Kultur verband oder sogar die Oberhand gewann.

Obwohl er den Sozialisten nahestand und sich den Nationalliberalen gegenüber kritisch zeigte, trägt Slataper in seinem Urteil von 1909 den beachtlichen kulturellen Aktivitäten des Triestiner Sozialismus keinerlei Rechnung, vielleicht weil sie in literarischer Hinsicht keinen adäquaten Ausdruck fanden. Die äußerst lebendige Autobiographie eines so militanten Anhängers der Arbeiterbewegung wie des alten Triestiner Anarchisten Umberto Tommasini – um nur ein Beispiel zu nennen – bezeugt die Vitalität, die Komplexität und den kulturellen Reichtum dieser Bewegung, einen Reichtum, von dem in der Literatur wenig die Rede ist, allenfalls vielleicht in einer volkstümlichen Literatur, die die bürgerliche Stadt nicht zur Kenntnis genommen hat und die – wie im Fall Tommasini – gerade erst entdeckt wird.

Im übrigen beurteilt Slataper instinktiv die gesamte Triestiner Tradition im Licht der Krise, die 1909 ebendiese Tradition bereits erfaßt und geschwächt hat. Um nur ein Beispiel zu nennen: Von 1901 bis 1902 sind die in Triest gedruckten Zeitungen gegenüber 117 in den Jahren 1891 bis 1900 und 163 zwischen 1871 und 1880 auf 30 zurückgegangen. Im ersten Jahrzehnt unseres Jahrhunderts ist Triest ein Archipel verschiedener Kulturen, deren Gruppen sich gegenseitig ignorieren, doch (jedenfalls im großen und ganzen) bis 1848, das heißt also bis zum Ausbruch der eigentlichen nationalen Zwistigkeiten, war Triest ein regelrechter kultureller Schmelztiegel: Ende des 18. Jahrhunderts öffnen sich der *Triester Weltkorrespondent* und der *Triester Kaufmannsalmanach*, unpolitische Handelsblätter, auch der italienischen Literatur; zwischen 1838 und 1840 engagieren sich die italienische Zeitung *La Favilla* und die deutsche *Adria* für einen gegenseitigen kulturellen Nachrichtenaustausch, ein Ziel, das mit großer Aufgeschlossenheit auch vom *Journal des Österreichischen Lloyd*, von seiner italienischen Redaktion *Giornale del Lloyd*, vom *Osservatore triestino* und vom *Illustrierten Familienbuch des Österreichischen Lloyd* verfolgt wird. Dieser Austausch deckt sich mit einer tatsächlichen Zirkulation und der tatsächlichen Begegnung unterschiedlicher Elemente im städtischen Gefüge. So wird der Österreichische Lloyd – in dem sein Gründer Karl Ludwig von Bruck (der Geschäftsmann, der unter Kaiser Franz Joseph I. Minister werden sollte) das Instrument gesehen hatte, Triest zum großen Wirtschaftszentrum des mitteleuropäischen Donauraums zu machen – beispielsweise zum Förderer einer der schönsten italienischen Klassikerausgaben. In den Jahren vor der Jahrhundertmitte herrscht ein ausgesprochener Kosmopolitismus, geprägt durch einen aufgeklärten, übernationalen Dialog.

Nach 1848 zerbrechen die nationalen Spannungen diese Koine und führen zur Polemik zwischen den verschiedenen Volksgruppen, zu ihrer wechselseitigen Isolierung und Ignorierung. Die bedeutendste deutsche kulturelle Vereinigung, der *Schillerverein*, gegründet 1860, stellt einen Fremdkörper im Leben der Stadt dar; Dichter deutscher Sprache, wie beispielsweise Robert Hamerling, leben jahrelang in Triest, ohne die Stadt in ihrer Gesamtheit wirklich zu kennen und ohne von ihr zur Kenntnis genommen zu werden. Mit dem Erwachen des slowenischen Nationalbewußtseins endet der kurze Traum von einer italienisch-slawischen Idylle, und es kommt zu jener Spaltung, die bereits der große Aufklärer Antonio de Giuliani vorausgesehen hatte: der von zwei Volksgruppen, die (anders als die Österreicher, die Griechen und die Deutschen) mit den Territorien ihrer Nationen unmittelbar verbunden sind, jeweils für sich beanspruchten Stadt. Es enden auch die geregelte Existenz Triests als österreichischer Stadt und die Epoche jener »Triestiner Nation«, die ihre Italianität bis dahin als kulturelles Moment begriffen hatte und nun begann, sie als politisches Ziel zu empfinden.

Die Zeit, in der Slataper lebt, ist eine Zeit der Krise, und er zeigt dies in allen Schattierungen, da er in ihr den Moment der Leere und Qual sehen will, aus dem eine neue Kultur entstehen soll. Aber auch in dieser Krise und zwischen den Falten der Gelehrsamkeitskultur kann, mehr als Slataper denkt, das intellektuelle Abenteuer erblühen, die abseitige Lyrik eines Alberto de Brosenbach oder die geniale, schwermütige und exzentrische Suche eines Francesco Grisogono: Philosoph und Wissenschaftler, Verfasser philosophischer Aphorismen von blitzender Desillusioniertheit, vor allem aber Erfinder eines »begrifflichen Rechnens«, besser gesagt einer *ars combinatoria* auf mathematischer Grundlage, die in seiner Utopie sämtliche Operationen des Geistes ausführen sollte, das heißt die Entdeckungen und Einfälle des Genies produzieren – und es ersetzen. Sein Buch *Germi di Scienze Nuove* (»Keime neuer Wissenschaften«), das später einen großen Physiker wie Fermi beeindrucken und interessieren sollte, wird erst 1944, viele Jahre nach dem Tod des Autors, erscheinen. Auch dies ein Zeichen für die Isolation, in der dieser geniale und bizarre Autor lebte: eine Isolation, die seine Intelligenz dazu zwang, neben den außergewöhnlichen, ganz und gar individuellen Intuitionen bisweilen mühsam und auf eigenen Wegen zu Wahrheiten und Ergebnissen zu gelangen, die von der Wissenschaft bereits entdeckt und der Gelehrtenwelt bekannt waren – bisweilen aber auch auf die Einsamkeit mit der Exzentrik des Einsamen zu reagieren. Die Schriften Grisogonos, die wissenschaftlichen wie die philosophisch-literarischen, sind ein drastisches Zeugnis dieser Melancholie und Isolation in der Provinz, die einen großen Intellekt beschneiden, auch wenn er sich über seine eigenen schicksalhaften Einengungen erhebt, indem er sie sich auf ernüchtert-nietzscheanische Weise bewußtmacht.

Der »Fall Grisogono«, der hier als Beispiel gewählt wurde, widerlegt Slatapers Diagnose und bestätigt sie zugleich, denn er ist ein Lichtstrahl, der in der provinziellen Enge aufblitzt und von ihr erstickt wird.

Die Triestiner Kultur, die Slataper als inexistent bezeichnet, bildete einen peripheren Schnörkel jener Altertumsgelehrsamkeit, die überall in Europa im Begriff war zu erstarren und abzusterben: Die »Kultur« als Wissen, als Organisation und Klassifikation der Welt wurde als aufgeblasene, inzwischen irreparabel von der Erfahrung abgespaltene Tautologie entlarvt, als Mechanismus, der sich selbst reproduzierte, indem er die Vielfältigkeit des Lebens in seine Schemata zwängte. Die Kultur des Fin de siècle ist – auf den Spuren Nietzsches – in erster Linie eine Revolte des Lebens gegen die Bildung, gegen jenes Wissen, das schon Flaubert als fatal einfältig dargestellt hatte. *Il mio Carso* von Slataper ist eine Stimme dieses Protests.

Slatapers Anklage ist also bei aller Einseitigkeit auf ihre Weise fundiert, denn es fehlt Triest in jenen Jahren an einer Kultur, die Ausdruck dieser plurinationalen und widersprüchlichen Triestiner Realität wäre, einer Realität, die für Slataper gleichzeitig hätte Dichtung erzeugen und von der Dichtung erzeugt sein müssen. Die Slataperianische Diagnose, die (beispielsweise von einem anderen Schriftsteller, Stuparich, der sich später jedoch wieder von ihr distanzierte) aufgegriffen und bis zum Stereotyp wiederholt wurde, gewinnt grundsätzliche Bedeutung – nicht in ihrer Eigenschaft als Urteil, sondern als Kulturprogramm. Sie begründet gegen die lokale Altertumsgelehrsamkeit und die traditionalistisch-epigonale Literatur eine neue Kultur: Ausdruck der Krise des Wissens.

Triest wird, dank seiner Stellung im habsburgischen Kaiserreich, zu einem äußerst sensiblen Vorposten dieser Kulturkrise und Krisenkultur. »Das wahre Österreich ist die ganze Welt«, wie Musil im *Mann ohne Eigenschaften* ironisch behauptete, denn in diesem Österreich trat die epochale Krise des Abendlandes besonders deutlich in Erscheinung. Wenn in Musils Roman das Komitee der Parallelaktion – um das Jubiläum des Kaisers zu feiern – nach der zentralen Idee, dem höchsten Prinzip sucht, auf dem Österreich (und damit die europäische Kultur) fußt – so findet es sie nicht. Das Kaiserreich enthüllt die ganze Leere der Realität, die sich als »in der Luft stehend« erweist.

Das Kaiserreich erscheint seinen einsichtigsten Söhnen als eine Vielzahl heterogener Komponenten und unvereinbarer Widersprüche, deren Auflösung das Ende des Reichs mit sich brächte und daher so weit wie möglich hinausgezögert werden muß. Triest ist ein Konzentrat des Kaiserreichs, aus Gegensätzen zusammengesetzt, mit deren Auflösung es untergehen wird, aber dennoch arbeitet es in heroischer und quälerischer Selbstverstümmelung an ebendieser Auflösung und damit am eigenen Niedergang mit. Es lebt aus dem Konflikt zwischen seiner historisch-ökonomischen Bedeutung, die an die Zugehörigkeit zum Reich gebunden ist, und den irredentistischen Bestrebungen, die auf die Loslösung vom Reich und das Ende der eigenen Besonderheit abzielen.

Gerade diese verbissene Entfremdung allem und sich selbst gegenüber ist es, die, auch wenn sie allzu betont zur

Schau gestellt wurde, Triest und vor allem seiner Literatur ihre beispielhafte Bedeutung, ihren Modellcharakter in einer wachsender Entfremdung geweihten Welt verlieh. Wenn Slataper die provinzielle Kultur, die ihm vorausging, verleugnet, so beabsichtigt er damit unbewußt, sie zu zerstören. So gesehen ist die heftige und lokalpatriotische Reaktion ihm gegenüber gerechtfertigt. Außerdem träumt er davon, auf dem von historischem Schutt befreiten Territorium eine neue Kultur zu begründen, während er selbst – und mit ihm die anderen Triestiner Schriftsteller, auch die wesentlich größeren wie Svevo und Saba – bei aller Vitalität doch eine Literatur verkörpert, die aus der Agonie und dem Ende einer Kultur entsteht, nicht aus ihrem Beginn – die Wahrheit, die sich im Untergang und im Tod enthüllt.

In diesem Sinn entdeckt und erschafft *Il mio Carso* die Seelenlandschaft der Triestiner Literatur und erfüllt trotz des uneinheitlichen Werts seiner faszinierenden, herben Poesie eine höhere historische und kulturelle Funktion. Dem dreimaligen »Ich möchte euch sagen« des Anfangs entspricht die Pluralität der Triestiner Seele, wie Slataper sie in einem berühmten Brief an seine Frau Gigetta noch einmal hervorhebt: »Du weißt, daß ich Slawe, Deutscher und Italiener bin.« Aber diese drei Wesenskomponenten Triests lassen sich nur schwer miteinander vereinen.

Die Wahrheit dieser Selbstdefinition beruht auf der Ebene des Lebens wie auf der Ebene der Dichtung, die es schöpferisch nachbildet, aber sie entzieht sich einer einheitlichen individuellen Bedeutung. Slataper ist der Herkunft nach Slawe, wie schon sein Name sagt, doch von der slawischen Welt losgelöst; er ist von der Bildung her in gewisser Hinsicht Deutscher, aber er empfindet sich von den Deutschen unterschieden, er muß ihre Sprache lernen, und zuletzt steht er ihnen im Krieg gegenüber; er ist Italiener, doch irgendwie ein Italiener besonderer Art. Seine Identität kann er nur in der Literatur finden, das heißt in dem Ausdruck, den er dem dichterischen Bild seines Lebens, seiner imaginären Welt verliehen hat. Die Triestinität existiert in der Literatur, ihrem einzigen wahren Vaterland, ansonsten läßt sie sich nicht eindeutig lokalisieren. Triest ist vielleicht mehr als jede andere Stadt Literatur, ist *seine* Literatur. Svevo, Saba und Slataper sind nicht so sehr Schriftsteller, die in ihm und aus ihm geboren werden, als Schriftsteller, die es schaffen und hervorbringen, die ihm ein Gesicht verleihen, das es sonst so vielleicht gar nicht gäbe.

Auf diese Weise gewinnt die Literatur einen existentiellen Wert, einen Daseinsgrund, der nicht mit bloßer literarischer Übung verwechselt werden darf. Die »antiliterarische« Einstellung der Triestiner, von der soviel gesprochen wurde, ist die Haltung von Menschen, die vom Schreiben nicht Schönheit, sondern Wahrheit fordern, denn für sie ist Schreiben ein Weg zur Identität, nicht nur als Individuen, sondern als Gemeinschaft. In berühmten Aussprüchen lehnen die Triestiner Schriftsteller die Literatur als »Lüge« ab (Saba), als etwas »Lächerliches und Gefährliches« (Svevo), als »tristes und trockenes Handwerk« (Slataper). Aus derartigen Positionen ist sicherlich eher die Leidenschaft für eine der Existenz zugewandte Dichtung herauszuhören als für das formale Spiel, eine Begeisterung für die Literatur jenseits der Alpen und oft auch eine Polemik gegen die italienische. Aber es geht nicht nur um eine Dichtung, die auf das Leben schauen, sondern um eine solche, die das Leben begründen soll: um eine Triestinità, die sich von der Literatur absolute Aufrichtigkeit erwartet, da sie ohne diese nicht existierte. Die antiliterarische Haltung wird sich bald als ein höchst literarischer Topos erweisen, eine stilistische und verhaltensmäßige Übereinkunft, aus der die Schriftsteller der nachfolgenden Jahrzehnte ihre Legitimation und die Prämissen ihrer literarischen Arbeit ableiten.

Mit seinem mythischen »Ich möchte euch sagen« und mit dem Anspruch auf seine drei Seelen wollte Slataper die Realität und die plurinationale Berufung Triests –

Schmelztiegel und Schnittpunkt der Kulturen – versinnbildlichen. Es handelt sich um eine nicht zu leugnende, aber schwer faßbare Realität. Triest war gleichzeitig ein Amalgam verschiedener ethnischer und kultureller Gruppen (außer den Italienern Deutsche, Slowenen und anderen Slawen, Griechen, Armenier, Volksgruppen aus den verschiedenen Gebieten der Donaumonarchie und anderen europäischen Ländern) und ein Archipel, in dem diese Gruppen isoliert nebeneinander existierten.

Die beiden Becken, in denen sich die unterschiedlichen Komponenten sammelten und miteinander verschmolzen, waren eindeutig die ursprüngliche italienische Schicht, die häufig die anderen Elemente assimilierte und integrierte, sowie die jüdische Gemeinde, in der sich alle möglichen europäischen Kulturen mischten. Und dennoch: Neben der gegenseitigen Durchdringung im kleinen und dem alltäglichen Miteinander lebten die verschiedenen Gruppen auch in gegenseitiger mißtrauischer Ignorierung: Der Italiener ignorierte den Slowenen so lange, bis dieser – vom Bauern zum Bürger aufgestiegen – sich italianisierte, und der Slowene hatte keinen Zugang zu den kulturellen italienischen Kreisen. Die nichtassimilierten Deutschen hatten aus gesellschaftlichen Gründen zwar wesentlich mehr Möglichkeiten der Begegnung mit Italienern, bildeten aber dennoch eine feste und geschlossene kulturelle Gemeinschaft. Alle Gruppen, die in Triest lebten, richteten ihren Blick auf ein fernes und nur in seiner phantastischen Projektion identifizierbares Vaterland. Die Italiener als die Irredentisten, die »Unerlösten«, blickten auf Italien oder fühlten sich – in dem Empfinden, davon getrennt zu sein, aber gerade deshalb als deren leidenschaftlichste Bannerträger – zumindest der italienischen Kultur verbunden; die Deutschen und Deutsch-Österreicher bezogen ihr Weltbild von jenseits der Alpen; und die Slowenen sahen auf das Erwachen ihrer unmittelbaren Heimat oder, darüber hinaus, auf das allgemeinere der Slawen im Kaiserreich.

Jeder war anders als sein Nachbar, dem er sich antagonistisch entgegenstellte, aber auch anders als die, die er als seine Brüder ausgab: Der Italiener aus Triest empfand sich als ein besonderer Italiener, dessen Italianität die Frucht eines beständigen Kampfes war und nicht eine friedlich gewachsene Gegebenheit; der Slowene aus dem Karst sah sich in einer anderen Situation als der in Ljubljana oder Krain; der Deutsche aus Triest befand sich nicht in der gleichen Lage wie der, der auf deutschsprachigem habsburgischen Gebiet oder in Deutschland lebte. Jeder lebte nicht in seiner Natur oder seiner Realität, sondern in der Idee von sich selbst, in der Literatur, der so ein grundlegender existentieller Wert zukam.

Die Italianità, die Idee der italienischen Identität und der Kampf um diese Idee, wurde zu einer Kultur; die Deutschen suchten in den Literaturzirkeln und den musikalischen Veranstaltungen ihrer Vereine eine kulturelle deutsche Einheit; die Slowenen, die aus der jahrhundertealten Dunkelheit der »geschichtslosen« Nationen und aus einer bäuerlichen Welt kamen (aufgewachsen in einer subalternen Position gegenüber der deutschen Herrschaft und ihrer eigenen, zwar gelebten, aber nicht ausdrücklich formulierten Identität nicht immer bewußt), entdeckten in ihrer neu entstehenden Literatur ihr nationales Antlitz, das es zu verteidigen galt. Die Angehörigen der anderen, zahlenmäßig und politisch unbedeutenderen Gruppen erlebten die Gegensätze Nähe und Ferne, Anderssein und Integration noch ausgeprägter.

2. Die neue Stadt

Das moderne Triest, die neue Stadt, entstand in einem ersten Schritt 1717 – zumindest wurden damals die Bedingungen für seine Entfaltung geschaffen –, als Kaiser Karl VI. die »Schiffahrt des Adriatischen Meeres für sicher und frei« erklärte, und dann in einem nächsten Schritt zwei Jahre später, als eine kaiserliche Urkunde 1719 Triest zusammen mit Fiume zum Freihafen machte. Diese herrscherliche Entscheidung, die weder leicht noch unumstritten war, wie die gemeinsame Wahl von Triest und Fiume zeigt, beruhte zum einen Teil auf Gründen, die sich rasch als nicht stichhaltig erweisen sollten (so dem Wunsch, das angestammte habsburgische Herrschaftsgebiet auf dem Seeweg enger mit den neuen österreichischen Besitzungen in Süditalien und Belgien zu verbinden), zum anderen Teil auf Argumenten, denen längere Gültigkeit beschieden war (so dem Willen, einen Vorposten für die österreichische Seefahrts- und Handelspolitik in der Levante zu schaffen).

Die Errichtung des Freihafens zeitigt zunächst keine bedeutende Auswirkung auf die Entwicklung der Stadt: Die Zunahme des Handelsverkehrs erreicht nicht das erhoffte Ausmaß, und die Orientalische Compagnie, die von Karl VI. in Triest zur Realisierung der Ziele des Freihafens gegründete Handelsgesellschaft, führt zunächst ein kümmerliches Dasein und bricht schließlich zusammen. Der eigentliche qualitative Sprung Triests fällt mit der Geburt jenes modernen Österreichs zusammen, das sich während der Regierungszeit Karls VI. gerade abzuzeichnen begann. Erst die Politik Maria Theresias, die für die Entwicklung einer Unzahl von Erbdomänen innerhalb eines Staatsverbandes entscheidend war, verwandelt die Adriastadt in den Zugang zum Meer schlechthin und in den kommerziellen Umschlagplatz ihres Staates.

Die Physiognomie Triests ist entscheidend von dieser Gleichzeitigkeit des Erneuerungsprozesses der Institutionen der Habsburgermonarchie und des mühsamen Beginns ihres wirtschaftlichen Wachstums geprägt. Der herrscherliche Wille bildet die Basis der zukünftigen Größe Triests, das Schicksal der Stadt ist nun weit enger an die Geschicke Österreichs gebunden, als es jahrhundertelang der Fall gewesen war, seit sich Triest 1382 freiwillig unter den Schutz Herzog Leopolds von Österreich gestellt hatte. Die Entscheidung Karls VI. wird für Triest zum Wendepunkt in seiner historischen Entwicklung.

Mit dieser neuen Position der Stadt – die Jahrzehnte hindurch keine konstante Aufwärtsentwicklung erleben, sondern neben Perioden des Wohlstands immer wieder auch solche der Depression und der Krise erfahren sollte – wandelten sich auch die Natur und das jahrhundertealte Gesicht Triests.

Die kleine, dem Meer zugewandte städtische Siedlung war ursprünglich landwirtschaftlich orientiert und lebte vor allem von der Nutzung der gleich außerhalb des Stadtbezirks gelegenen Anbauflächen in der Ebene und auf den Bergen. Eine Handels- und Seetradition fehlte zwar nicht ganz, doch sie äußerte sich mehr im Streben nach einer Ausweitung des innerstädtischen Handels als in einem wirklichen, großzügigen kaufmännischen Impuls und blieb daher von äußerst geringer Tragweite. Die wenigen Kaufleute waren mit der Zeit im alten Patriziertum aufgegangen, dem herrschenden Element des städtischen Lebens, und hatten ihr Kapital in den Erwerb von Grundbesitz investiert. Die Errichtung des Freihafens schafft nun die Voraussetzungen für den Übergang von einer trägen, verschlafenen Wirtschaftsform und einer geschlossenen Gesellschaft zu größerer ökonomischer Dynamik und beweglicheren und offeneren sozialen Beziehungen.

Dieser Wandel geht jedoch nicht vom städtischen Patriziertum aus, das weder über das Kapital noch über den notwendigen Unternehmungsgeist verfügt, um eine Wende im Leben Triests herbeizuführen, und zudem in jeder Neuerung eine Bedrohung seiner Privilegien sieht, die es innerhalb des Gemeinwesens genießt, sondern wird von außen, vom Staat bewirkt. Die neue Position als Knotenpunkt des österreichischen Handelsverkehrs, die sich Triest langsam erobert, ist daher mehr das Produkt einer Zäsur als einer inneren Entwicklung in der Geschichte des Adriahafens: »Triest, als großes urbanes Zentrum und als Handelshafen, ist die Schöpfung der letzten beiden Jahrhunderte«, und bei dieser Schöpfung spielt – angesichts der schwachen lokalen Kräfte, der Zurückgebliebenheit ihrer Ansichten und der Beschränktheit ihrer Mittel – Österreich die ausschlaggebende Rolle: »Bei Triest kann man nicht von einem Hafen sprechen, der für seine Bedürfnisse ein bestimmtes Hinterland erworben hätte, sondern von einem Hinterland, das sich in einem bestimmten Augenblick seiner politisch-ökonomischen Entwicklung unter dem Druck eines aufklärerischen Willensaktes seinen Hafen geschaffen hat.« Der Mangel an lokalen Energien macht den Zustrom von außen zu einem entscheidenden Moment im Umwandlungsprozeß der Stadt – mit tiefgreifenden Konsequenzen, sei es unter ethnischen und demographischen, sei es unter politischen und administrativen Gesichtspunkten.

Schon die Errichtung des Freihafens hatte Angehörige verschiedener »Nationen« nach Triest gelockt, und diese Entwicklung verstärkt sich mit der Festigung des Theresianischen Österreichs am Ende des Österreichischen Erbfolgekriegs: Um den Kern des alten Gemeinwesens entstehen die Viertel der neuen Stadt.

Es sind zwei Welten, die sich hier auf kleinstem geographischen Raum gegenüberstehen: die eine erstarrt in der Verteidigung von Privilegien und Traditionen und ist zum Untergang bestimmt; die andere Exponent der

Forderungen einer neuen Zeit, aufgerufen, den Modernisierungsprozeß des städtischen Lebens anzuführen. Und doch wird gerade aus der Begegnung dieser zunächst gegensätzlichen Welten die vielschichtige, zugleich reale und mythische Dimension des modernen Triest entstehen, Synthese einer geistigen und einer merkantil-wirtschaftlichen Überlieferung.

Einstweilen jedoch repräsentieren die alte Stadt und die neuen Viertel zwei ganz und gar unterschiedliche Realitäten: Zur etwas verblaßten, aber im Kern intakten Italianität der alten autonomen Gemeinde (auch wenn sie von den Dörfern der slowenischen Bauern umgeben ist) gesellt sich die lebendige und heterogene Physiognomie der Neustadt, in der Griechen, Levantiner, Deutsche, Illyrer, Italiener und Juden zusammenströmen. Neben der aristokratischen, ökonomisch im Grundbesitz verankerten Mentalität entsteht eine bürgerliche, die auf die Expansion des Handels und des Profits ausgerichtet ist. Und die neue Administrationsform setzt noch ein weiteres Unterscheidungsmoment innerhalb dieses ethnischen, kulturellen und wirtschaftlichen Spannungsfeldes.

Die ersten unmittelbaren Eingriffe in die Privilegien der autonomen Gemeinde gehen bereits auf Karl VI. zurück, und die darin zum Ausdruck kommende Absicht wird – dem Charakter des modernen Staats entsprechend und geradezu unerläßlich an einem Ort, den Österreich zum Mittelpunkt seiner eigenen kommerziellen Entwicklung gewählt hat – von Maria Theresia endgültig realisiert, indem sie die Vereinigung der alten Stadt und der neuen Viertel und damit das Ende des alten Partikularismus sanktioniert.

Das lateinische Gemeinwesen, das seinen ursprünglichen Charakter durch Jahrhunderte wirtschaftlicher Stagnation bewahrt hat, geht so auch administrativ in der größeren Stadt auf, die auch die neuen Siedlungen umfaßt und sich damit in die lebendigeren Strömungen der Zeit einfügt – genau in jenem kritischen Augenblick, in dem sie ihre ursprüngliche autonome politische Individualität verliert.

Das neue historische und ethnische Gesicht der Stadt entspricht so einer veränderten Bindung an das sie umgebende Territorium und die gesamte Habsburgermonarchie. Die geistigen Horizonte der alten Stadt und der neuen Viertel, wie sie der Historiker Pietro Kandler so wirkungsvoll geschildert hat, sind noch deutlich unterschieden; ihre Fusion ist ein langsamer und mühsamer Prozeß, doch die Dynamik der Neuankömmlinge bestimmt bereits den sich abzeichnenden Aufstieg der Stadt. Sie sind zwar noch nicht das ganze Triest, aber sie repräsentieren es am lebendigsten und greifbarsten: Mit dem Zustrom der Fremden, die in Triest Arbeit und Wohlstand suchen, entsteht die Realität und zugleich der Mythos der kosmopolitischen Stadt.

Die Modernisierung der österreichischen Monarchie findet inzwischen mit der Politik Josephs II. ihren höchsten und zugleich umstrittensten, den ethnischen und historischen Besonderheiten des Habsburgerstaates am wenigsten Rechnung tragenden Ausdruck. Wie alle Territorien des Kaiserreichs sieht sich auch Triest den nivellierenden Pressionen des bürokratischen Apparats des Josephinischen Staats ausgesetzt. Die Stadt, die noch die erste Phase der Zuwanderung und der ethnischen, menschlichen und geistigen Umwandlung verarbeiten muß, wird gleichzeitig einer neuen Politik der Zentralregierung ausgesetzt. Diese Politik versucht, den österreichischen Gebieten eine einheitlichere Struktur zu geben, indem sie der Monarchie einen zentralisierenden Stempel aufdrückt und sich dazu eines modernen bürokratischen Apparates und der vereinheitlichenden und amalgamierenden Kraft der deutschen Sprache bedient.

Im selben Moment also, in dem die Stadt eine differenziertere und heterogenere ethnische Gestalt gewinnt als in den Jahrhunderten zuvor, ist sie – wie das ganze Reich und im besonderen sein zentraler Korpus, die Erblande – einem Druck ausgesetzt, der darauf abzielt, die deutschen Positionen zu verstärken. Es handelt sich dabei nicht um eine germanisierende und entnationalisierende Aktion, sondern um den Versuch, das einigende Potential des Germanischen im Sinne der Staatsmacht und nicht im Sinne eines nationalen Faktors zu nutzen. Das Gesicht des Josephinischen Österreich ist ein germanisches, jedoch das eines anationalen, zentralistischen und bürokratischen Germanentums, dem es – wie übrigens auch später, in der Epoche des aufkommenden Nationalbewußtseins – nicht gelingt, die Physiognomie der Stadt im deutschen Sinne zu verändern, auch wenn die Josephinische Epoche mit der Entwicklung der deutschen Schulen und einem ausgeprägteren deutschen Einfluß im öffentlichen Leben und in den wirtschaftlichen Institutionen der Stadt den Beginn einer lebendigeren und verzweigteren sprachlichen und kulturellen germanischen Präsenz in der Adriastadt kennzeichnet.

Das Wachstum Triests – für den Moment noch von Phasen der Depression und auch tiefer Krisen inmitten der politischen, ideologischen und territorialen Umwälzungen während der Französischen Revolution und der Napoleonischen Ära unterbrochen – ist, wie schon erwähnt, von bezeichnenden Phänomenen bestimmt, die sich auf institutioneller wie ethnischer Ebene manifestieren. Der Niedergang des alten Gemeinwesens, sein Aufgehen in der größeren Stadt und die Machtübernahme durch die Staatsbürokratie werden von der Auflösung (gewissermaßen durch Auszehrung) jenes Triestiner Patriziertums begleitet, das in den vorangegangenen Jahrhunderten die Überlieferung und die alten Gemeindestatuten garantiert hatte. Es ist also nicht nur eine administrative Realität zum Verschwinden verurteilt, sondern auch deren soziale Trägerschaft.

Und doch wird dieses geistige Fundament Triests, das

abstirbt, zu neuem Leben erweckt werden, und zwar in einer Form, die noch einmal auf bezeichnende Weise zwischen Realität und Mythos oszilliert: von der historischen und politischen Reflexion, die bei der unmittelbar nach dem Verlust der kommunalen Autonomie heranwachsenden Generation aufkommt, bis zur Ideologie der modernen Stadt, die aus dem Untergang der alten Adelswelt entstand, und in der sie schließlich zu einem der Hauptaspekte wird. Der Triestiner Historiker Fabio Cusin verbindet den Ausgangs- und den Schlußpunkt der Parabel vielleicht zu direkt, wenn er schreibt: »Am Ende des territorialen Ordnungsprozesses sieht man die lokale Tradition wiedererstehen, nicht mehr mit dem mittelalterlichen Stadt-, sondern mit dem Nationalbewußtsein.« Die Entstehung des Nationalbewußtseins scheint doch einen langsameren und mühsameren, weniger geradlinigen Prozeß darzustellen, als Cusin behauptet, aber ohne Zweifel wird es aus einer wiederentdeckten und erneuerten städtischen Tradition erwachsen.

Der erste, der wieder auf diese Tradition zurückgreift – nicht nur um sie historisch zu interpretieren, sondern auch mit dem unrealistischen und ahistorischen Ziel, sie in der Gegenwart wiederaufleben zu lassen –, ist der Patrizier und Gelehrte Domenico Rossetti, ein Mann des 18. Jahrhunderts, aber nicht jenes aufklärerischen und dynamischen 18. Jahrhunderts, das die Umwandlung Triests in ein bedeutendes Handelszentrum vollzogen hat; vielmehr ist er der letzte Epigone jenes städtischen Patriziertums, das versucht hatte, sich gegen den frischen Wind der Erneuerung zu stellen, und von ihm hinweggefegt wurde. Rossetti glaubt, er könne die moderne Handelsstadt wieder mit der alten, von ihm mit historischer Gewissenhaftigkeit und nostalgischem Gefühl beschworenen Überlieferung verknüpfen. Die von ihm herbeigewünschte Zukunft ist jedoch nichts anderes als eine Projektion der Vergangenheit. Und doch hat Rossettis Gedankengut in der geistigen Welt von damals eine Bedeutung erlangt, die es weit über die einsamen Überlegungen eines Übriggebliebenen stellt.

Die Klasse der Triestiner Kaufleute hat – nachdem die anfängliche völlige Interessenübereinstimmung zwischen dem Staat und seinem Emporium erloschen ist – eigene Bedürfnisse, Wünsche und Interessen und sucht nach ihrem Platz in der absolutistischen Atmosphäre im Österreich Franz' I. und Metternichs. Im Klima der habsburgischen Restauration stellt der von Rossetti gepredigte Autonomismus einen Wert dar, der auch von jenen dynamischen und aktiven Bevölkerungsschichten der Triestiner Gesellschaft akzeptiert wird, die an seinen ideologischen Grundlagen und seinem geistigen Hintergrund nicht teilhaben. Die Reflexion Rossettis ist darüber hinaus das erste Zeugnis für die Fragen, die sich das bürgerliche Bewußtsein über die Bedeutung der Veränderungen stellte, die Triest in den entscheidenden Jahrzehnten des 18. Jahrhunderts erfahren hatte.

Die Stadt ohne Geschichte, die aus einem Bruch mit der Vergangenheit geborene Stadt, fragt nach ihren Wurzeln und kann sie nur in der alten Gemeindeautonomie finden. Die brüske Zäsur in der Triestiner Geschichte und die radikale Umwandlung, wie sie sich in der Realität der Stadt vollzogen hat, sind der Ausgangspunkt für diese kritische Suche, die die erste Manifestation der modernen Triestiner Kultur darstellt, verwurzelt im städtischen Geist: denn in ihr glaubt man die flüchtige Identität der Stadt erfassen und gleichzeitig die politische und wirtschaftliche Rolle herausfinden zu können, die sie einnehmen soll.

Das Unternehmen, die Geschichte Triests und Istriens auszugraben, das mit soviel Engagement, juristischem Wissen und philologischer Gewissenhaftigkeit in Angriff genommen worden war, wird von dem Triestiner Historiker Pietro Kandler mit einem lebendigeren Bewußtsein für die Gegenwartsprobleme der Stadt fortgeführt. Sein Konzept basiert auf der Annahme einer

Sonderstellung Triests, deren Ursprung und Legitimität aus den historischen Rechten der Stadt abgeleitet werden. Obwohl in seiner kleinen Triestiner und istrischen Welt isoliert, nimmt Kandler also an jener bedeutenden Phase des politischen Denkens Österreichs teil, die durch die Debatte über die historischen Rechte gekennzeichnet wird, in die er auch die ökonomischen Rechte, die Privilegien, die der Handelsstadt im 18. Jahrhundert zugestanden wurden, mit einbezieht und so zu einer größeren Offenheit gegenüber den Problemen der modernen Stadt und ihrer neuen Bevölkerungsschichten gelangt.

Darüber hinaus reflektiert Kandler – vor allem in seiner Achtundvierziger-Phase – die zunehmende Komplexität des Triestiner Problems in dem neu entstehenden politisch-nationalen Klima. Während er einerseits den italienischen kulturellen Charakter der Stadt unterstreicht, jene Italianità, die sich in der Phase der raschen Veränderungen, im mühsamen Übergang von der alten Kommune zur neuen Stadt und später in der Ausweitung zum Handels- und Finanzzentrum in den Jahren der Restauration noch verstärkt hat, betont er andererseits die Unauflösbarkeit des Bandes, das Triest mit seinem Hinterland und mit dem Staat, in dessen Verband es gehört, verknüpft. »Das Triestiner Land könnte nur eine Bevölkerung von 6000 Seelen ernähren – die außerdem vom Handel lebt. Und der Handel von der Donau zur Adria mündet zwar notwendig an den östlichen Küsten, aber nicht notwendig in Triest, denn es sind nicht feste geographische Gegebenheiten, die diesen Hafen entstehen ließen, sondern vielmehr vorübergehende und daher möglichen Veränderungen ausgesetzte politische.«

Es ist das wirtschaftliche Interesse, die ›Konvenienz‹, die den staatlichen Einbindungen zugrunde liegt, und ebendiese ›Konvenienz‹ erfordert es, die politische Bindung an das Hinterland nicht abzubrechen: »Die Erhaltung dieser Stadt als Emporium der diesseits der Donau gelegenen Provinzen ist Liebespflicht gegenüber diesem Land, alles andere ist dagegen zweitrangig.«

Der Triestiner Historiker greift also das Problem der Beziehung zwischen kultureller und politischer Nation (die seiner Meinung nach nicht notwendig eine Identifikation bedeutet) und die Frage nach dem politischen beziehungsweise dem geographischen Charakter des Bandes zwischen dem Adriahafen und dem Donauhinterland auf. Damit lenkt er die Aufmerksamkeit auf zwei entscheidende Punkte, die in der Triestiner Debatte der folgenden Jahrzehnte eine zentrale Stellung einnehmen werden.

Im übrigen bleibt Kandlers Analyse nicht, wie das Denken anderer Triestiner seiner Zeit, bei dem »neuen Slawien« und seinem möglichen Einfluß auf die Zukunft Triests stehen, sondern bezieht auch die beiden möglichen Kolosse der Zukunft im Hinblick auf das Schicksal der Adria ein: ein Rußland auf dem Vormarsch zur adriatischen Küste und ein Großdeutschland. Diese Überlegungen dokumentieren einerseits wiederum, mit welcher Aufmerksamkeit er von seinem kleinen Triestiner Beobachtungsposten aus die politischen und ideologischen Fermente in Mitteleuropa wahrnimmt, andererseits zeigen sie aber auch, wie die Pläne für die Zukunft der Stadt sie immer stärker in die großen historischen Prozesse Europas einbeziehen.

Die Stadt, die den Beginn ihres wirtschaftlichen Aufstiegs erfahren hat und inzwischen zu einem neuralgischen Punkt im Herzen Europas, zu einem Schnittpunkt unterschiedlicher Kulturen geworden ist, hat wesentlich komplexere Züge als die alte Kommune, Züge, die sich mit der Schaffung des Freihafens abzuzeichnen begannen, durch die Triest zu einem Zentrum wurde, das mit seinen Möglichkeiten neue Bewohner von den Küsten und aus dem Landesinnern anzog. Dieser Zustrom wird bis zum Ausbruch des Ersten Weltkriegs eine Konstante der Triestiner Geschichte darstellen, auch wenn die

Kurve zu Beginn nicht kontinuierlich ansteigt, da erst die fortschreitende Restauration den häufigen, von wirtschaftlichen wie von politischen Phänomenen bedingten Depressionen in der Entwicklung der Stadt ein Ende setzt.

Der Einwanderungsprozeß ist unter zweierlei Gesichtspunkten zu betrachten: einmal unter dem der geographischen und sozialen Herkunft der neuen Bewohner, zum anderen unter dem seiner Auswirkung auf die Physiognomie der Stadt. Wie bereits erwähnt, strömen Händler, Kaufleute und Spekulanten zahlreicher »Nationen« nach Triest, die der Handelsstadt ihr heterogenes, vitales und kosmopolitisches Gepräge verleihen. Der ›merkantilen‹ Zuwanderung aus den unterschiedlichsten Regionen Europas und des Mittelmeerraumes folgt die Aufnahme von Arbeitskräften, die aus der unmittelbaren Umgebung stammen: zunächst sind es die ärmsten Stadtbewohner, die während der Aufbauphase des Hafens von der Landarbeit außerhalb der Mauern in ein Dienstverhältnis wechseln und ihrerseits auf dem Land von slowenischen Bauern ersetzt werden – wodurch sich das durch die Teilung in städtische und ländliche Welt gekennzeichnete moderne nationale und soziale Verhältnis zwischen Italienern und Slowenen auf Triestiner Gebiet bereits abzeichnet. Doch dann führen die zunehmenden Bedürfnisse der expandierenden Stadt zur Integration von Arbeitskräften aus dem Umland, zunächst fast ausschließlich Slowenen, später – als sich dieser Prozeß intensiviert und das Ende der Republik Venedig sowie die endgültige Gebietsordnung nach dem Napoleonischen Sturm Triest nicht nur mit den slowenischen, sondern auch mit ausgedehnteren italienischen Gebieten in unmittelbaren Kontakt bringen – auch Italiener.

Unter dem demographischen Druck der Einwanderung sind also sowohl die herrschende Schicht wie auch die unteren Klassen der Triestiner Bevölkerung einem Prozeß tiefgreifender Umwandlung und ethnischer Verschmelzung unterworfen. Doch trotz aller Heterogenität und trotz ihres Ausmaßes findet diese Entwicklung einen gemeinsamen Nenner in der italienischen Tradition des alten Triest. Die zwar etwas rückständige und verblaßte, aber doch geschlossene Kultur der ehemaligen autonomen Gemeinde bietet den Einwanderern – die in den meisten Fällen aus dem Mittelmeer- und Adriaküstengebiet oder aus dem nahe gelegenen slowenischen Hinterland kommen und daher bereits Italienisch können – das Instrument zu Verständigung und Einigung. Diese erneuerte und expansive Vitalität der italienischen Sprache wird dann im Laufe der Zeit, so in der Josephinischen Epoche, durch den zentralisierenden Druck des Staates und als Antwort auf seine Nivellierungsbestrebungen noch verstärkt. Wenn die Geburt des Freihafens den Tod der alten Kommune bedeutet (deren Tradition er aber dann wiederauferstehen lassen wird), so steht die Einwanderungswelle, die doch tief in die Natur, die Physiognomie, die Gewohnheiten und das eigentliche Leben Triests eingreift, unter dem Zeichen der einigenden Funktion der vorherrschenden städtischen Italianität.

Die Begegnung mit einer neuen, heterogenen und vielgestaltigen Welt erweist sich letztendlich nicht als Element des Bruchs, sondern als ein Faktor der Kontinuität gegenüber den kulturellen und vor allem sprachlichen Wurzeln der alten lateinischen und italienischen Kommune. Und wenn sie auch von den neuen Elementen integriert werden, so bilden sie doch weiterhin das grundlegende und unterscheidende Merkmal der Stadt, vor allem aber das einzige und beständige Erbe, das allen ihren Teilen gemeinsam ist.

Es handelt sich hier um ein Phänomen, dessen Resultate man sicherlich weit besser kennt als seine Entwicklungsstadien: Das Thema Integration der ›Nationen‹ in das städtische Gefüge muß noch historiographisch vertieft werden. Der eindrucksvolle Prozeß von Integration und Assimilierung darf uns nicht die andere, ebenso faszinierende Realität aus den Augen verlieren lassen: die des zähen und stimulierenden Überlebens der ›Originalkulturen‹, insbesondere bei Gruppen, deren Identität sowohl kulturell wie religiös geprägt ist (ganz abgesehen von dem wesentlich komplexeren und sich erst später manifestierenden slowenischen Problem).

Das gilt für die serbische Gemeinschaft, die allerdings ziemlich geschlossen und isoliert bleibt, fast verschanzt in ihrer Überlieferung, und noch mehr für die griechische Gemeinschaft, die mit ihren vielfältigen Aktivitäten voll in das städtische Gefüge integriert ist und doch ihr kulturelles und religiöses Erbe eifersüchtig wahrt. Die deutsch-protestantische Gemeinde dagegen, die das Schicksal des gesamten germanischen Elements in der Adriastadt teilt, verliert nach und nach in dem sie umgebenden Milieu ihre Individualität.

Die Beziehung zwischen diesen völkischen, religiösen und kulturellen Traditionen und der italienischen Tradition stellt zweifellos einen wichtigen Aspekt dar, aber der reiche Beitrag fremder kultureller Strömungen zur Triestiner Realität scheint statt in eine organische Synthese doch mehr in die Entwicklung paralleler Kulturen eingegangen zu sein, die die vorherrschende begleiten und bis zu einem gewissen Grade integrieren. Die ethnische und demographische Revolution, die den Aufstieg des Triestiner Handels begleitet, verwandelt sich also – wie der Historiker und sozialistische Intellektuelle Angelo Vivante später einmal sagt – in ein Element der Konservierung und Ausbreitung der Italianità (bis zur Mitte des 19. Jahrhunderts in ihrer sprachlichen und kulturellen und danach auch in ihrer nationalen Dimension). »Triest wäre« – wie Vivante in einer jener ahistorischen, aber eingängigen Hypothesen, denen sich die Historiker nicht entziehen können, behauptet – »das Städtchen mit 3000 Einwohnern geblieben, verloren in der größeren slawischen Umgebung, bar jeder Energie, sie zu assimilieren oder auch nur auf die innerstädtischen Minderheiten auszustrahlen, wenn der regenerierende Einfluß der Handelsgeschäfte es der Stadt nicht ermöglicht hätte, nach und nach die Zehntausende von Fremden, die von überall herbeiströmten, zu absorbieren und zu italianisieren, ganz besonders die ländlichen Massen, die automatisch zum Hauptträger der gegenwärtigen triestinischen und julischen Italianità geworden sind.« Die Geburt des modernen Triest, der neuen Stadt, die schon bald ungestüm in die europäische Handels- und Finanzszene einbricht, ist also auch dem historischen Faktor zu verdanken, der der alten, geschlossenen Triestiner Italianität eine dynamische und expansive Dimension verleiht.

Bis zur Mitte des 19. Jahrhunderts läßt sich noch nicht von einer wirklichen Assimilation sprechen, wie sie sich später vollziehen wird, denn noch ist kein nationales Bewußtsein entstanden, und auch das kulturelle Bewußtsein ist noch zuwenig gefestigt. Doch die sprachliche Italianität wirkt wie ein Faktor der Harmonisierung und Aggregation, um den alte und neue Komponenten der städtischen Realität koagulieren. Der Adriahafen zeigt so im Jahrhundert der nationalen Erhebungen ein Bild, das zwar gegenüber dem der Vergangenheit verändert, gleichzeitig aber zutiefst in der Tradition verwurzelt ist. Angesichts dieses Prozesses der Integration neuer Komponenten in ein im wesentlichen einheitliches städtisches Gefüge konnte Carlo Schiffrer von einer kosmopolitischen italienischen Stadt sprechen, mit Zügen, die denen anderer Mittelmeerhäfen glichen. Man kann jedoch nicht darüber hinwegsehen, daß Triest einer großen Vielvölker-Monarchie angehörte und im italienisch-slawisch-deutschen Sprachgrenzbereich lag. Die Multinationalität Triests ist daher nicht nur durch den kommerziellen Aufschwung der Stadt, sondern auch durch seine geographische Lage und seine Geschichte bedingt.

Es ist dieser lose Zusammenhalt, der dazu beiträgt, die Widerstandsfähigkeit der anderen Kulturen in Triest (auch wenn sie gegenüber dem Übergewicht der italienischen im zweiten Glied stehen) zu erklären – eine wesentlich stärkere Widerstandskraft als in anderen Handelszentren, die in ein homogeneres und einheitlicheres Umfeld eingebettet sind. Im übrigen ist es gerade auch die Lage Triests auf der jahrhundertealten ethnischsprachlichen Scheide, die während der Expansionsphase der Stadt – also in der Epoche, in der sie Ziel einer starken Einwanderungsbewegung war – der slowenischen und deutschen Präsenz besondere Bedeutung verlieh. Das sind zwei Momente, die, auf unterschiedlichem Niveau und mit unterschiedlicher Dauer, für die ethnische Struktur und die nationale und politische Zukunft Triests ausschlaggebend werden.

Jahrhundertelang lebten die Slowenen im Umland von Triest unmittelbar vor den Toren der alten Stadt. Ihr Kontakt mit dem städtischen Leben beschränkte sich fast ausschließlich auf den kirchlichen Bereich und auf jene seit Beginn des 18. Jahrhunderts im Niedergang begriffene Adelswelt, die Grundbesitz auf slowenischem Gebiet hatte und daher auch mit der Bevölkerung in engere Berührung kam. Im Triestiner Raum – wie auch im übrigen adriatischen Küstenland, in der Steiermark, in Kärnten und selbst in Krain – stellten die Slowenen Jahrhunderte hindurch eine bäuerliche Nation ohne eigene Führungsschicht dar, eine geschichtslose Nation, um den Begriff zu verwenden, mit dem Marx und Engels und später, in einer tieferen historischen und ideologischen Analyse, Otto Bauer die ›kleineren‹ habsburgischen Nationen charakterisierten, deren politisches und kulturelles Erwachen die neue Wirklichkeit des damaligen Österreich entscheidend bestimmte.

Im Laufe des 19. Jahrhunderts verstärkt sich die Anziehungskraft, die das adriatische Emporium auf die slowenischen Massen ausübt, und erfaßt auch die weiter von Triest entfernt liegenden Gebiete; die Menschen strömen in die Stadt und in ihre unmittelbare Umgebung. Wie in anderen multinationalen Gebieten Österreichs hat das Phänomen der Verstädterung, des Zuzugs bäuerlicher Massen, die sich, frei von den alten feudalen Bindungen, auf die Suche nach Arbeit und besseren Lebensbedingungen begeben, beträchtliche Auswirkungen auf das nationale Gleichgewicht. In ethnisch gemischten Gebieten, in denen die jeweils fortschrittlichste Nationalität sich in den Städten konzentriert, während die sogenannten geschichtslosen Nationen weitgehend auf das Land beschränkt bleiben, führt die Urbanisation auch zu einem Zustrom ethnischer Gruppen in die städtischen Zentren, die sich von denen, die jahrhundertelang dort dominierten, unterscheiden.

Im Unterschied zu anderen städtischen Zentren der Habsburgermonarchie, die den Nationalcharakter des Umlands annehmen – die Assimilation der Inseln durch das Meer, wie Oscar Jászi es definieren sollte –, verbindet sich, zumindest am Anfang, in Triest die slowenische mit der alten städtischen Bevölkerung: sie italianisiert sich.

(Im übrigen besitzt Triest neben dem slowenischen Hinterland mit Ostfriaul, dem Görzer Gebiet und Westistrien auch ein italienisches, das sich durch den Untergang der Republik Venedig erweitert und politisch nach Triest orientiert hat.)

Noch vor einer eigentlichen Assimilation, die ein ausgeprägteres und reiferes Nationalbewußtsein bei der italienischen Mehrheit vorausgesetzt hätte, integrieren sich die Neuankömmlinge in fast allen Fällen in das italienische Gefüge der Stadt. Da den Slowenen eine intellektuelle und beruflich höherstehende Schicht fehlt, sie vielmehr fast ausschließlich den unteren Klassen angehören, verliert das slowenische Element bei dieser ersten Berührung mit der Stadt seine Identität: Der soziale Aufstieg und der Erwerb von Vermögen fallen zusammen mit dem Übergang zur ›historischen‹ Nation. Das Streben nach sozialem Aufstieg und nach Anerkennung durch das umgebende Milieu lassen diesen Verlust der Identität jedoch nicht als einen zu leistenden Tribut erscheinen, sondern als die Befreiung von einem unbequemen Erbe. Nur im bäuerlichen Umland und in den Vorstädten kann sich das slowenische Element halten und ausbreiten.

Dieser Amalgamierungsprozeß der slowenischen Gruppe mit dem städtischen Gefüge wird sich auch nach 1848 fortsetzen; obwohl in diesem Jahr erstmals die slowenischen Kräfte innerhalb der Stadt offen auftreten, klingen solche Irritationen allmählich wieder ab und erlöschen bis zum Ende des Jahrhunderts ganz. In dieser Epoche verfügt die slowenische Nation – in Triest wie in allen anderen Territorien innerhalb der verschiedenen Kronländer – bereits über eine eigene, ausgebaute Führungsschicht. Auch zahlenmäßig hat die Einwanderung inzwischen solche Ausmaße angenommen, daß sie nicht mehr einfach absorbiert werden kann, zumal die Slowenen – im Unterschied zu den anderen ›Nationen‹, die nach Triest strömen – die Nabelschnur zu ihrer Heimat nie ganz zerreißen, sondern den Kontakt mit einem vorwiegend slawischen Hinterland aufrechterhalten.

Zu Ende des Jahrhunderts zeichnen sich Charakter und zugleich Schicksal und Drama des modernen Triest bereits deutlich ab: eine Stadt, auf die zwei Völker Anspruch erheben, zerrissen zwischen gegensätzlichen Bestrebungen, integriert in einen Staat, zu dem sie zwar solide historische und ökonomische Bindungen hat, von dem sie aber auch durch nationale und geistige Differenzen getrennt ist. Ein Drama, das wie ein Konzentrat der europäischen Spannungen erscheint, wie bereits Antonio de Giuliani, der große »mißtrauische Aufklärer«, erkannt hatte.

Von der Wiener Warte, von der Hauptstadt des Kaiserreichs aus, beobachtete de Giuliani auf höchst persönliche Weise und voller Skepsis gegen alle Ideologien die Parabel Österreichs von den Hoffnungen der Josephinischen Epoche bis zur Stagnation in den Jahren der Restauration. Im Zentrum seiner Überlegungen stand das Problem der Funktion der Monarchie überhaupt, und innerhalb dieser Funktion auch die Rolle des Adriahafens, der ihm immer gegenwärtig war, obwohl er fast das ganze Leben fern von seiner Heimatstadt verbrachte. Als scharfsinniger, pessimistischer und desillusionierter Interpret der veränderlichen Realität seiner Zeit ist de Giuliani ein politischer Schriftsteller, der in einer Stadt, deren geistige Welt allzusehr von Gefühlen und Leidenschaften beherrscht wird, die konkreten Probleme im Blick hat. De Giuliani ist eine Figur europäischen Zuschnitts, die nicht nur in der bescheidenen Triestiner Kulturlandschaft zwischen dem 18. und 19. Jahrhundert herausragt, und er ist der erste große Schriftsteller Triests, ein genialer und seiner Zeit vorauseilender Diagnostiker der Krise des Fortschritts und des kulturellen Unbehagens, was seine politischen Schriften auch zur Metapher eines Europa ergreifenden Schwindelgefühls werden läßt, das er als einer der ersten wahrnimmt.

Wenn auch die Absorptionsfähigkeit Triests den Slowenen gegenüber nachläßt, so übt die Stadt auf andere Komponenten dennoch eine einigende Wirkung aus, vor allem auf die deutsche Immigration, einen höchst heterogenen Einwanderungsstrom sowohl der geographischen Herkunft (aus Deutschland und den verschiedenen Provinzen des österreichischen Kaiserreichs) als auch der Religionszugehörigkeit (Protestanten, Katholiken und Juden) nach. Trotzdem gelingt es diesem Element, das die ›cultura franca‹ repräsentiert, nicht, sich durchzusetzen und im Triestiner Milieu feste Wurzeln zu schlagen.

Die Deutschen, die im Lauf der Zeit nach Triest strömen, es zu ihrer Stadt erwählen, werden ebenfalls von der Faszination der italienischen Kultur ergriffen; sie passen sich in ihrer Mehrheit der städtischen Italianità an und unterwerfen sich dem Integrations- und Absorptionsprozeß. Das blühende Wirtschaftsleben Triests zieht eine große Anzahl Deutscher an die Adria, deren Präsenz zu einer stärkeren Verbreitung der deutschen Kultur in Triest und im ganzen Küstenland führt. Daraus erwächst zwar ein nicht unbeachtlicher Einfluß auf Kultur und Lebensgewohnheiten in der Stadt, aber das deutsche Element wird nie zu einer autonomen, bodenständigen nationalen Gruppe innerhalb Triests, zur dritten Nationalität des Adriahafens. Das deutsche Bürgertum erlangt in der städtischen Gesellschaft nicht jene Rolle, wie sie sich die Aristokratie in Görz erobert hatte und zum Teil bis 1918 bewahren konnte.

Diejenigen unter den Deutschen in Triest, die ihre nationale Identität aufrechterhalten, beginnen gleich nach 1848 – als sie sich ihrer prekären Position innerhalb einer Stadt, die sich geistig und kulturell immer offener der eigenen sprachlichen Italianität entsprechend ausrichtet, bewußt werden –, damit gesellige und kulturelle Vereinigungen ins Leben zu rufen, teils spontan, teils von Wien angeregt. 1860 entsteht die rührigste und langlebigste deutsche Vereinigung, der *Schillerverein*, um den sich die verschiedenen ›germanischen‹ Elemente in der Stadt sammeln. Die abgesonderte, wenn nicht sogar abgeschlossene Struktur der deutschen Einrichtungen, deren Kern die Staatsbeamten und -angestellten bilden, die sich nur für eine begrenzte Dienstzeit in der Stadt aufhalten, gibt dem Deutschtum in Triest etwas Koloniehaftes, das dem eigentlichen Wesen der Stadt fremd bleibt und an ihrer Entwicklung nicht teilnimmt. Die deutsche Präsenz in Triest erschöpft sich jedoch nicht in solchen eher am Rande stehenden Institutionen. Die deutsche Sprache wird in den Handels-, Finanz- und ganz allgemein in den gebildeten Kreisen gesprochen. Die deutschen Schulen, die angesichts der beruflichen Möglichkeiten, die die Kenntnis der lingua franca der Habsburgermonarchie eröffnet, auch von Italienern besucht werden, tragen zweifellos dazu bei, die Kenntnis der deutschen Sprache und Kultur in der Stadt zu verbreiten, auch wenn der von ihnen ausgehende Einfluß stärker erscheint, als er tatsächlich war. Das gleiche gilt für das Studium junger Triestiner an deutsch-österreichischen Universitäten.

Gerade diese Aufgeschlossenheit der deutschen Kultur gegenüber, wie sie im italienischen, slowenischen und italianisierten deutschen Milieu anzutreffen war, wird der Faktor deutscher Präsenz bleiben, der sich am deutlichsten auf die Realität der Stadt auswirkt, während die anderen, mehr durch den habsburgisch-staatlichen Rahmen bestimmten Faktoren nur begrenzte Bedeutung erlangen und nach dem Sturz Österreichs wieder verschwinden werden. Beim Zusammenbruch der habsburgischen Herrschaft verläßt die ›Kolonie‹ der Beamten und Angestellten die Stadt, ohne Spuren zu hinterlassen, die der langen habsburgischen und deutschen Präsenz in Triest entsprächen.

Es ist nicht unwichtig, sich über die Natur der deutschen Präsenz Gedanken zu machen, schon um zu begreifen, weshalb Triest sich trotz seiner jahrhundertelangen Zugehörigkeit zu einem deutschen oder zumindest stark deutsch geprägten Staat nie einem realen germanisierenden Druck ausgesetzt sah.

In den Phasen eines ausgeprägten Zentralismus, also während der Josephinischen Epoche und danach im neoabsolutistischen Jahrzehnt zwischen 1850 und 1860, gibt es Versuche, Triest enger an das Herz des Staates zu binden. Doch dem deutschen Element fehlen sowohl die Bevölkerungsstärke als auch die territoriale Nähe, also die Faktoren, die allein einen wirklichen und nicht nur proklamierten Anstoß zur Germanisierung der Adriastadt hätten geben können. Die wirtschaftliche, soziale und kulturelle Solidität der deutschen Immigration im Vergleich zur slowenischen erweist sich als nicht ausreichend, um die zahlenmäßige Unterlegenheit und die geographische Distanz zu den Herkunftsländern auszugleichen. Die Italianität der Stadt kann ihren amalgamierenden Druck also auch auf eine andere historische Nation ausüben – im Rahmen der nationalen Beziehungen innerhalb der Donaumonarchie ein ziemlich ungewöhnliches Phänomen. Die überwiegende Mehrzahl der

Deutschen, die sich in den verschiedenen historischen Phasen fest in Triest niederlassen, integriert sich – im allgemeinen während des kurzen Zeitraums von zwei Generationen – in das sie umgebende Milieu und bereichert es durch neue kulturelle Anregungen, wobei sie jedoch, wenn auch nicht immer und nicht sofort, ihre ursprüngliche Kultur, auf jeden Fall aber ihre nationale deutsche Identität verliert. Dieses Phänomen ist um so fesselnder, als es mit der Zeit oft die Züge einer Entscheidung für Werte und Lebensformen, für eine Kultur annimmt, die dem Geist der Zeit gemäßer erschien.

Noch während der ersten fünfzehn Jahre des 20. Jahrhunderts gehen aus einem deutsch geprägten kulturellen Milieu Gestalten wie Elody Oblath, eine Freundin Slatapers, hervor, die sich zwar immer eine enge Beziehung zur deutschen Kultur erhalten, sich aber dennoch der italienischen Welt zugehörig fühlen – in einer ideellen Spannung, die auch dem jüdischen Geistesanteil entspringt, und mit einer Leidenschaftlichkeit, die um so größer ist, als die Entscheidung für die Italianità den Beigeschmack eines geistigen und moralischen Votums annimmt: eine Entscheidung, die nicht nur ein bequemes Akzeptieren des umgebenden Milieus sein will, sondern eine bewußte, erlittene Wahl der Lebensform, der Kultur, des Engagements und später auch des Vaterlands.

In diesem Integrationsprozeß neuer Elemente in das Gefüge der Stadt spielt, wie gesagt, das Instrument der sprachlichen Kommunikation eine bedeutende Rolle: Italienisch ist die angestammte Sprache Triests, und zudem ist es die Sprache, die sowohl im julischen Hinterland als auch in den Mittelmeer- und Adriahäfen gesprochen wird, von wo ein großer Teil der Einwanderer kommt. In diesem Zusammenhang ist es besonders interessant, welche Bedeutung noch vor der italienischen Hochsprache dem Triestiner Dialekt zukommt, der in allen sozialen Schichten gesprochen wird und Vehikel jeglicher familiärer und beruflicher Beziehung ist: Die

Beherrschung des Dialekts wird immer der Schlüssel zu einer völligen Integration und die Bedingung für die Erlangung der Bodenständigkeit sein.

Mit dieser einigenden Funktion der italienischen Sprache wird sich auch die spätere literarische und kritische Reflexion befassen. Edda Marty, das deutsche Mädchen, das vor dem Ersten Weltkrieg in Triest das Lyzeum besucht und zur Protagonistin der Erzählung *Un anno di scuola* (»Ein Schuljahr«; 1929) von Giani Stuparich wird, erlebt zunächst nicht ohne Unbehagen den Wechsel vom großen und freien Wien in das engere und konventionelle Triest, an dem sie jedoch das Meer und das südliche Licht liebt. Bald aber findet sie im lokalen Dialekt ihr natürliches Ausdrucksmittel, selbst dem deutschen Vater gegenüber: »Die Sprache, die lernte sie bald. Nach zwei Jahren redete sie wie eine Einheimische.« Der Grieche Cristo Tzaldaris, der mit dem Schriftsteller und späteren Kafka-Übersetzer Alberto Spaini die Schule besuchte und »Homer las wie unsereiner Dante«, macht seiner griechischen Kusine die erste Liebeserklärung auf triestinisch.

Die Sprache als Mittlerin, die schon vor der Entwicklung eines italienischen Nationalbewußtseins in Triest den wichtigsten Faktor zur Rettung und Stärkung der ursprünglichen Italianità der Stadt darstellt, wird auch in der Folge oft den ersten Funken im Assimilationsprozeß bilden, die Basis, auf der ein authentisches Nationalgefühl erwächst.

In der sich ausweitenden Stadt, die an Menschen und Aktivitäten reicher und also mit neuen Problemen konfrontiert wird, nimmt das jüdische Element eine ganz besondere Stellung ein. Auch seine Entwicklung beginnt mit der Errichtung des Freihafens, und es wird in weiten Bereichen zur Hefe des wirtschaftlichen, kulturellen und bürgerlichen Lebens. Dieses Phänomen spiegelt fast symbolhaft den komplexen ethnischen und kulturellen Charakter Triests wider: Die jüdische Gemeinschaft hat weder eine gemeinsame Sprache noch ein gemeinsames Herkunftsland; ihr gemeinsamer Nenner ist – oft sehr vage und labil – der religiöse Glaube. Sie setzt sich aus Sephardim und Aschkenasim zusammen, aus österreichischen Bürgern, die dem Zentrum und der Peripherie des Kaiserreichs entstammen, aus Italienern aus dem Norden und der Mitte der Halbinsel und vor allem aus dem Kirchenstaat, aus Ausländern, die aus unterschiedlichen Gebieten und den großen europäischen Handelsmetropolen kommen. Sie alle werden, wie auch die übrigen Immigranten, vom kommerziellen und finanziellen Aufschwung Triests angelockt, aber mehr noch von der Tatsache, daß es sich hier um eine junge und neue Gesellschaft ohne Hierarchien und Barrieren handelt. In Triest werden die Juden ihrerseits zu einer der treibenden Kräfte dieses wirtschaftlichen und gesellschaftlichen Aufschwungs. In einer Stadt, die ihre alte Führungsschicht verloren hat und sich erst eine neue schaffen muß, übernehmen die jüdischen Immigranten eine wesentliche Rolle bei der Bildung einer modernen bürgerlichen Klasse und tragen dazu bei, dieser ein unverwechselbares kosmopolitisches Gepräge zu geben. Zugleich integriert jedoch Triest die Mehrzahl seiner jüdischen Bewohner in das italienische Gefüge der Stadt und vermittelt ihnen so ein Gefühl der Eingebundenheit, das sie vorher nie besessen haben. Andererseits läßt es damit die jüdische Besonderheit hinter jenen kulturellen Werten zurücktreten, die die jüdische Gemeinschaft mit der gesamten Bevölkerung Triests verbinden. Der Wille zur völligen politischen und bürgerlichen Emanzipation, die in der Habsburgermonarchie nur unvollkommen verwirklicht erscheint, und jene innere Anspannung, die den ›anderen‹ oft dazu drängt, sich so vollkommen wie möglich seiner Umgebung anzupassen und Mentalität und Werte bisweilen in überspitzter Form zu übernehmen (ein Moment, das vielen Triestinern, Italiener durch Entscheidung und nicht der Herkunft nach, gemeinsam ist), erklären die große Anziehungskraft, die Italien und seine Kultur auf das Triestiner Judentum ausüben sollten.

Für Triest sind also die Jahrzehnte nach der Entstehung des Freihafens eine Zeit der Kontinuität in dem Sinn, daß es der Stadt gelingt, sich weiterhin als in ihrer Tradition verwurzelt zu zeigen, aber sie sind auch eine Epoche tiefgreifender Veränderungen, die Angelo Vivante treffend charakterisiert, wenn er von der Verwandlung »einer geschlossenen oligarchischen Stadtrepublik in ein kosmopolitisches staatliches Emporium« spricht. Im Laufe des 19. Jahrhunderts nimmt die Stadt trotz der Vielfalt vorhandener Kulturen, nicht zuletzt der deutschen, eine eindeutige nationale Physiognomie mit einer großen italienischen Mehr- und einer slowenischen Minderheit an. Gleichzeitig hat sie aber auch ein ›internationales‹ Image, das geprägt ist durch ihre neue Führungsschicht, ein Handels-, später auch Finanz- und (wenn auch in kleinerem Ausmaß) Unternehmer-Bürgertum, das nicht nur seiner uneinheitlichen Herkunft wegen kosmopolitisch ist, sondern auch und vor allem aufgrund der Reichweite seiner Aktivitäten und der Vorstellung, die es von der Rolle Triests besitzt. Kaufleute und Geschäftsmänner wie Franz Taddäus Reyer, Marco Parente, Giovanni Guglielmo Sartorio, Karl Ludwig von Bruck, Pasquale Revoltella und Masino Levi knüpfen ein enges Netz von Handelsbeziehungen und Unternehmungen, die Triest zu einer Lunge der österreichischen Wirtschaft werden lassen; die Stadt ist gebunden an ihr habsburgisches Hinterland, für das sie nun ein lebensnotwendiges Interesse aufbringt, aber auch offen nach Italien, der Levante, dem Mittelmeerraum und ganz Europa.

Die differenzierteren Bedürfnisse der städtischen Wirtschaft und die Disponibilität von Kapital führen zur Ausbildung ökonomischer Aktivitäten, die sich von denen des bloßen Handels unterscheiden. Es entstehen die beiden Triestiner Versicherungskolosse: die »Assicurazioni Generali« und die »Riunione Adriatica di Sicurtà«. Sie entwickeln sich zu bedeutenden Zentren des österreichischen Finanzwesens, innerhalb dessen sie dem Triestiner Kapital eine einflußreiche Präsenz und internationale Reichweite sichern. Durch ihren Bedarf an Persönlichkeiten und Erfahrungen werden sie nicht wenig dazu beitragen, das kosmopolitische Gesicht der Triestiner Wirtschaftswelt lebendig zu erhalten, auch wenn der Zustrom von Geschäftsleuten gegenüber den hektischen Jahren der ersten Expansion mit der Zeit notwendigerweise zurückgeht.

Aus dem Wunsch, dem Handel und der Schiffahrt größere Dienstleistungen anzubieten, entsteht auf Initiative von Karl Ludwig von Bruck die erste Abteilung des »Lloyd Austriaco«, des Österreichischen Lloyd, aus der dann die zweite Abteilung, die Dampfschiffahrtsgesellschaft, hervorgeht, deren Konsolidierung allerdings erst durch Intervention der Regierung und staatliche Ankurbelung möglich wird. Das zeigt einerseits die zentrale Rolle, die Triest mittlerweile im österreichischen Handelsverkehr einnimmt, andererseits aber auch die Unmöglichkeit, diese Rolle ohne staatliche Unterstützung durchzuhalten. Die Verbindung zwischen Triest und Österreich wird also noch enger, wie Graf Franz Stadion, einer der Statthalter der Stadt in den Jahren des Vormärz, intuitiv erkennt. Er sieht in Triest eine der Hauptarterien der Monarchie und einen Garanten für ihre Entwicklung und Ausdehnung; gleichzeitig erbittet er von Wien angemessene Unterstützung für die Stadt. Die Geschichte des Lloyd macht deutlich, daß das städtische Kapital in den Handels- und Versicherungsgeschäften dominant bleibt, diese jedoch, wie die entstehende Industrie, durch staatliches und deutsch-österreichisches Kapital kontrolliert werden.

Die Expansion der Triestiner Wirtschaft auch in anderen Bereichen als dem des bloßen Handels beschleunigt also die Integration der Stadt in den Staat. Nach der schwierigen Epoche der französischen Okkupation und den heiklen Gebietsregelungen nach der Rückkehr der Österreicher beginnt für Triest die vom wirtschaftlichen Gesichtspunkt aus vielleicht dynamischste und kreativste Phase seiner Geschichte, in der sich zugleich sein soziales Gefüge herausbildet. Im Österreich der Restauration ist Triest ein Zentrum ganz eigener Prägung: Die Bindungen an das bäuerliche Umland bleiben trotz der zahlreichen Bauern, die in die Stadt strömen, dürftig; das Wirtschaftsleben basiert auf dem Handel und auf jenen Aktivitäten, die sich aus ihm entwickeln; die Kaufleute sind zur führenden Schicht geworden, deren Einfluß in einer Stadt, die keine überlieferten Vorrechte und Hierarchien mehr kennt und noch keine neuen begründet hat, ständig wächst.

Triest ist der Natur seiner Wirtschaft, der Struktur seiner Gesellschaft und dem städtebaulichen Ambiente zufolge, das es annimmt, eine bürgerliche Stadt. Diese mittlerweile klare und eindeutige Prägung wird, kurz vor dem Niedergang der Stadt, von der triestinischen Literatur erfaßt werden, weniger dagegen vom politischen Denken, das sich fast obsessiv auf die Probleme der politisch-wirtschaftlichen Funktion der Stadt und ihres nationalen Charakters beschränkt. Im Österreich Metternichs bildet diese bürgerliche Stadt einen Vorposten, der einerseits fest in einen Staat integriert ist, ohne den Triest seiner merkantilen Berufung nicht gerecht werden könnte und an dessen Wertsystem sich das kosmopolitische Element gebunden fühlt, andererseits aber die Spannung zwischen zwei auf verschiedenen Lebensprinzipien und -modellen gründenden Gesellschaften auszuhalten hat und deshalb größere Autonomie fordert. Die Stadt will Privilegien, aber sie wünscht auch die Möglichkeit, sich auf modernere Weise verwalten zu können. Das Triest der letzten Jahre des Vormärz ist eine »blühende und geordnete« Gesellschaft (Apih), in die Krisenfermente eindringen, die infolge des hohen wirtschaftlich-sozialen Entwicklungsgrades, den die Stadt erreicht hat, vielleicht nachdrücklicher wirken als in der übrigen Monarchie.

Die gespannte Atmosphäre spitzt sich noch durch die Existenz eines kleinen und mittleren intellektuellen Bürgertums (neben der kosmopolitischen Schicht, die noch keine eigene Ideologie und Kultur ausgeprägt hat) zu, dessen Hauptvertreter aus jenen Gebieten Istriens und Friauls kommen, die sich nun ganz nach Triest ausrichten und die kulturellen und ideologischen Fermente in sich aufnehmen, die sich auf der italienischen Halbinsel ausbreiten. Diese Kreise rufen die Zeitschrift *La Favilla* (»Der Funke«) ins Leben, die die vitalste politisch-kulturelle Manifestation Triests vor 1848 darstellt.

Die »Favillatori« bringen auf der einen Seite die öffentliche Triestiner Meinung mit der zeitgenössischen italienischen Kultur in Kontakt, auf der anderen nehmen sie eine kritische Haltung gegenüber dem politischen System Österreichs ein. Sie verfolgen einen antizentralistischen Kurs, denn ihrer Meinung nach ist die Stadt dazu berufen, im Handel wie in der Kultur zu einem Ort der Begegnung und Vermittlung zwischen verschiedenen Völkern zu werden. Triest sei ein »Kettenglied zwischen den Nationen«, eine »italienische Stadt ... nach Norden verschoben«, vor allem aber sei es seine Aufgabe, zum Mittelpunkt der Versöhnung und des gemeinsamen Wirkens von Italienern und Slawen zu werden.

La Favilla ist ihrer kulturellen Ausrichtung nach eine italienische Zeitschrift und politisch insofern antiösterreichisch orientiert, als sie dem zentralistischen und absolutistischen habsburgischen System kritisch gegenübersteht; sie entwirft jedoch in ihrem energischen autonomistischen Engagement und mit der europäischen Vision von der Rolle Triests eine Formel, die den Erwartungen der führenden kaufmännischen Schicht entgegenkommt. Als sich dann noch Graf Franz Stadion zum Interpreten der administrativen und ökonomischen Bestrebungen der städtischen Kreise macht, unterstützt *La Favilla* die Reformbemühungen des Gouverneurs. Die bürgerliche Stadt ist also in der Lage, am Vorabend von 1848 reformatorischen Druck auf Wien auszuüben, bei dem der aufgeschlossenste Teil der Bürokratie und die neuen Stimmen der Kultur- und Handelswelt zusammenwirken. Aber diese Erneuerungsanstrengung, in der sich die lebendigsten Milieus miteinander verbinden, überdeckt auch tiefe Differenzen, wie sie beispielsweise 1847 in der Auseinandersetzung zwischen Bruck und dem Dichter Francesco Dall'Ongaro zum Ausdruck kommen: Bei einem Bankett zu Ehren des englischen Volkswirtschaftlers Richard Cobden antwortet Bruck auf die nationalen italienischen Beteuerungen Dall'Ongaros, indem er den »Kosmopolitismus« Triests hervorhebt und daran erinnert, daß er selbst sich seit seiner Entscheidung für die Adriastadt nicht mehr auf seine deutsche Herkunft berufen habe. Diese unterschwelligen, aber vorhandenen Gegensätze treten 1848 voll ans Licht.

1848 ist in Triest kein Jahr undifferenzierter Habsburgtreue und noch weniger das Jahr einer hingerissenen nationalen Begeisterung, wie es zwei gegensätzliche historiographische Überlieferungen glaubhaft zu machen versuchten. Angeregt durch *La Favilla*, hat sich jedoch in den vorausgegangenen Jahren ein italienisches Bewußtsein – wie ungefestigt und heterogen es in politischer Hinsicht auch sein mochte – in der öffentlichen Meinung der Stadt durchgesetzt. Der autonomistische Liberalismus, wie ihn Pietro Kandler vertrat, erreicht seine höchste politische Reife. Die kosmopolitische kaufmännische Gesellschaftsschicht ist zwischen den Alternativen Frankfurt und Wien zerrissen, zwischen der Verlockung Großdeutschlands, das im ersten Moment Karl Ludwig von Bruck so faszinierte, und der habsburgischen Tradition. Die österreichische Verfassungsfrage wird in der Stadt lebhaft diskutiert, noch in der Zeit der letzten Auseinandersetzungen zwischen der beginnenden Reaktion und dem Kremsierer Reichstag. Die Slowenen machen sich in Triest erstmals politisch bemerkbar, und auch das Ungarnproblem und die Offensive des Banus von Kroatien, Josip Jelačić, finden wegen der Auswirkungen, die sie auf die slawische Frage haben, ihr Echo in der Stadt. Die zwei Jahre der Revolution in Österreich und Europa enden in Triest wie überall sonst mit einer Rückkehr zur Normalität. In der Adriastadt kann dieser Prozeß ruhiger und friedlicher vor sich gehen als anderswo, da auch der Bruch mit der Normalität hier wesentlich moderater verlaufen war.

Und doch hat diese kurze, aber intensive Phase Probleme entstehen lassen, die zwar noch keine unmittelbaren Lösungen erfordern, aber doch eine Hypothek für die Zukunft der Stadt bedeuten: Probleme wie die künftige Rolle der kosmopolitischen kaufmännischen Schicht, die Beziehung der Stadt zu ihrem Hinterland und schließlich Triests eigenes Schicksal in einem Klima des Erwachens der slawischen Völker Österreichs. Der Historiker Elio Apih hat die Bedeutung der Achtundvierziger-Erfahrung – einer Erfahrung, die die Stadt dem Anschein nach zwar als die alte, in ihrem Innern aber zutiefst verändert zurückläßt – exemplarisch zum Ausdruck gebracht: »Es verschwand die Möglichkeit, daß Triest eine richtige österreichische Stadt wurde, die geprägt war von einem paternalistischen Ordnungsprinzip, von einem durch das Gesetz und die dynastische Loyalität bestimmten Patriotismus. Damals endete, auch wenn man noch ein Jahrzehnt lang daran zweifeln konnte, der Entwicklungsprozeß einer Stadt, die aus freien Stücken österreichisch geworden war und zwischen 1830 und 1840 ihre größten Anstrengungen zu ihrer Selbstverwirklichung unternommen hatte.«

Nach den schweren Erschütterungen, die die Stabilität, die Einheit, ja sogar das Überleben des Reichs zu gefährden drohten, drücken der neue Kaiser und die habsburgische Führungsschicht dem heil aus dem Sturm hervorgegangenen Staat einen entschieden zentralistischen und vereinheitlichenden Stempel auf. Auch Triest wird nun noch enger an die Hauptstadt des Kaiserreichs gebunden, und zwar um so mehr, als von Bruck, der zunächst Handelsminister, später Finanzminister und ein einflußreicher Exponent der neuen Regierung wird, auf eine unmittelbarere und engere Verbindung zwischen Wien und Triest drängt – den Städten, die er als unpolitischen beziehungsweise den wirtschaftlichen Pol des habsburgischen Reiches betrachtet.

Die Sorge um die Geschicke des Lloyd und der Ausbau der Südbahn bis Triest im Jahre 1857 sind die auffälligsten Manifestationen dieser politischen und ökonomischen Absicht, die der Adriastadt in dem Bemühen, die Einheit des Staates zu festigen und einen großen einheitlichen Wirtschaftsraum zu schaffen, eine immer bedeutender werdende staatliche Funktion verleiht.

Diese Konzeption, die in Triest das Tor der gesamten Monarchie zum Meer sieht, ihr daher keine eigene nationale Physiognomie zubilligen möchte und sie als anationale Stadt betrachtet, liegt auch der Umwandlung in eine reichsunmittelbare Stadt zugrunde, die von Stadion beschlossen wurde, um Triests Sonderstellung anzuerkennen, aber mehr noch, um es von seinem unmittelbaren Hinterland zu isolieren und seine habsburgische und gesamtstaatliche Dimension zu unterstreichen. Dennoch ist die Beziehung zwischen dem Staat und der Handels- und Finanzwelt Triests nicht frei von Spannungen und gegenseitigem Unverständnis. Die Triestiner Gruppen drängen auf eine Eisenbahnpolitik, die sich stärker an den Interessen des Adriahafens orientiert und sich deshalb nicht in der Errichtung einer Bahnverbindung zwischen Triest und der Hauptstadt des Kaiserreichs erschöpfen kann – eine Verbindung, die, kritischen Stimmen zufolge, im übrigen verspätet realisiert wurde, so daß Handelsströme, die ursprünglich auf die Adria gerichtet waren, nun auf die Häfen Nordeuropas auswichen. Die Forderung nach einem effizienteren und moderneren Verbindungsnetz ist besonders dringlich, da sich der Hafen in einer gewissen Flaute befindet, hervorgerufen durch den allmählichen Niedergang des Emporiums, das im Zusammenhang mit der politischen Krise von 1859/60 den Augenblick der größten Depression erlebt (die dann gegen Ende des Jahrzehnts mit seiner Umwandlung in einen blühenden Transithafen überwunden sein wird).

Der »allergetreueste« Baron Pasquale Revoltella fordert inzwischen von seiten Österreichs einen dynamischeren Kurs auf wirtschaftlichem Gebiet: Der Ausweitung des Handels in die Levante solle der Staat eine Beteiligung am geplanten Suezkanal folgen lassen, um dem österreichischen, sprich triestinischen, Seehandel eine transozeanische Dimension zu verleihen. Revoltella verficht diesen Plan während der entscheidenden sechziger Jahre mit großem Einsatz (ein Beweis für die Sensibilität der Triestiner Kaufleute gegenüber den neuen Problemen), ohne daß es ihm jedoch gelänge, die Regierung zu einer Beteiligung am Kanalprojekt zu bewegen. Der Eifer, mit dem in Triest kurz vor der Umwandlung des östlichen Mittelmeers in ein offenes Meer Projekte und Initiativen entwickelt werden, verpufft also zum Teil, da deren Realisierung die Beteiligung der Regierung vorausgesetzt hätte.

Die kaufmännischen Kreise haben der Regierung gegenüber also Anlaß zu Beschwerden, und die dadurch bedingten Spannungen zwischen Wien und Triest werden in den folgenden Jahrzehnten nicht gering wiegen, wenn die Themen der ökonomisch-kommerziellen Polemik für die Zwecke der nationalen Polemik Verwendung finden können. Das – nicht immer befriedigte – Streben nach einem wirtschaftlich potenteren und damit österreichischeren Triest läuft, in einem nur scheinbaren Paradox, letzten Endes auf eine Stärkung der Triestiner Italianità hinaus. Während sich die ersten Anzeichen dieses Zwiespalts zwischen der zentralen Macht und der Kaufmannsschicht zeigen, deren Horizont in kommerzieller Hinsicht zwar weiter, in geographisch-politischer jedoch enger (da ausschließlich auf Triest fixiert) ist als der der Regierung, endet die Epoche des Neoabsolutismus für die Habsburgermonarchie mit der Niederlage im Krieg von 1859 auf traumatische Weise. In ganz Österreich, und mit besonderer Intensität in Triest, das zwangsläufig in spezieller Weise von dem historischen Ereignis der Gründung eines italienischen Nationalstaates berührt sein muß, stellen sich erneut die politisch-konstitutionellen und nationalen Probleme, die 1848 erstmals auftauchten und vom nachfolgenden neoabsolutistischen Jahrzehnt eingefroren, aber nicht vom Tisch geschafft worden waren. Der Triestiner Gemeinderat und Landtag – in der Übergangszeit zum Absolutismus entstanden und auch noch in den fünfziger Jahren ohne Erschütterungen funktionierend – nimmt eine eindeutige Position zugunsten einer Politik der Förderung der italienischen Sprache und Schulbildung ein.

Diese Haltung zeigt, daß die nationalen italienischen Fermente, die sich 1848 manifestiert hatten, durch die jüngsten politischen Ereignisse von 1859/60 noch gestärkt wurden. In einer überhitzten inneren Situation, aus der es angesichts der schwankenden Haltung einer Habsburgermonarchie zwischen Einheitsstaat und Dualismus, Zentralismus und Föderalismus, Entgegenkommen und Feindseligkeit den Slawen gegenüber keinen Ausweg zu geben schien, wird noch deutlicher, daß die vom Triestiner Rat eingeschlagene Linie den Willen ausdrückt, die Sonderstellung Triests als gesamtstaatliches Handelszentrum zu verteidigen, das sich (aufbauend auf seinen ältesten Überlieferungen) jedoch ein italienisches Gesicht und seiner kosmopolitischen Führungsschicht eine einheitliche Prägung zu geben verstanden hatte. Dieser Wille, den institutionellen Partikularismus Triests und sein geistiges wie gesellschaftliches Gleichgewicht zu sichern, berührt nicht nur das Problem der Beziehungen zwischen Stadt und Regierung, sondern mehr noch das des Zusammenlebens zwischen Italienern und Slowenen – ein Problem, das sich mit zunehmendem Nationalbewußtsein auf beiden Seiten immer stärker zuspitzen wird.

3. Die doppelte Seele

So entsteht auf vielerlei Wegen im Lauf der letzten Jahrzehnte des 18. und dann während des ganzen 19. Jahrhunderts das moderne Triest, eine Stadt, deren Multinationalität real und mythologisch zugleich ist: Der extremen Heterogenität der Ursprünge und der Herkunft, dem Erscheinungsbild und der kosmopolitischen Mentalität der Handels- und Finanzschichten stehen die amalgamierende und einigende Kraft der italienischen Kultur und später auch der stolze und geschlossene nationale Widerstandswille der slowenischen Volksgruppe gegenüber. Das führt folgerichtig zur Entwicklung von zwei Städten, von denen eine in der andern lebt, jedoch nicht miteinander verschmolzen, sondern einander bekämpfend. Bereichert und sensibilisiert durch unterschiedliche sprachliche und kulturelle Anregungen, eingebettet in einen multinationalen Staat, als Tor des gesamten Reiches zum Meer und damit gewissermaßen als eine allen Völkern Österreichs gemeinsame Metropole betrachtet, ist Triest ebenso eine Stadt, die nach außen hin einheitlich wirkt oder vielmehr zu wirken versucht. Sie verfügt nicht über jenen natürlichen, in allen sozialen Schichten vorhandenen sprachlichen und kulturellen Pluralismus, der das nahe und rivalisierende Fiume auszeichnet: eine Stadt, in der die einheimische Bevölkerung selbst im Klima der nationalen Begeisterung während der d'Annunzianischen Verwaltung den nationalen und sprachlichen Pluralismus positiv bewertete. Ein Zeuge dieses Gefühls ist der spätere Kardinal Celso Costantini, der bei seiner Ankunft in Fiume als apostolischer Administrator einen Fiumaner voll Stolz sagen hörte, hier komme auch »der Dümmste« mit vier Sprachen auf die Welt. In Triest besteht, noch ehe es zur offenen Auseinandersetzung kommt, das Verhältnis zwischen Italienern und Slowenen in gegenseitiger Absonderung: Lange Zeit tritt das Slowenische in das Leben und die Kultur der Stadt nur auf dem Weg über die Assimilation ein. Als sich das slowenische Element später stärker durchsetzt, gibt es nur wenige Berührungspunkte zwischen den beiden ethnischen Gruppen. Und wenn für die Slowenen die Beherrschung der italienischen Sprache lebensnotwendig ist, so bildet die Kenntnis der slowenischen für die Italiener nach wie vor die Ausnahme.

Weiter verbreitet ist in den gebildeten Schichten Triests – den intellektuellen wie den kaufmännischen – die Kenntnis der deutschen Sprache und Kultur, doch auch das darf keinesfalls verallgemeinert werden: Von der ethnischen Herkunft einmal abgesehen, ist sie mit beruflichen Notwendigkeiten, der Absolvierung der Universitätsstudien im deutschsprachigen Milieu und dem Besuch deutschsprachiger Schulen in Triest verknüpft. Die Position, die Scipio Slataper einnimmt – er ist mit der slawischen Welt mehr durch ein sentimentales Hingezogensein als durch eine wirkliche kulturelle Beziehung verbunden und, wie aus seinen Briefen hervorgeht, mit dem mühsamen Erlernen deutscher Vokabeln befaßt, um sich den Schlüssel zu der Kultur zu erwerben, von der er sich intellektuell angezogen fühlt –, ist geradezu exemplarisch für den realen Grad der Verwurzelung der beiden Kulturen in den Triestiner Milieus, auch in denen, die für den kulturellen Pluralismus besonders empfänglich und aufgeschlossen sind.

Die Multinationalität Triests läßt sich daher vielleicht genauer als die Begegnung zwischen unterschiedlichen Kulturen definieren – in einem Milieu, das seinem Wesen nach vorwiegend italienisch ist, während eine historische und soziale Schranke die italienische Stadt von der kleinen, wenn auch wachsenden slowenischen trennt. Die italienische Kultur reichert sich an mit den vielfältigen Anregungen und Eindrücken, die sie sammelt, bis sie eine eigene Physiognomie der Grenzkultur erwirbt und in den letzten Jahrzehnten der Habsburgerzeit, aber auch in den Jahren unmittelbar nach dem Anschluß an Italien, zur ›Pforte‹ wird, durch die die deutsche und später die mitteleuropäische Kultur deutscher Sprache nach Italien dringen: jenes faszinierende deutsch-jüdisch-slawische Gemisch, entstanden in einer Welt der Grenze, wie sie – vor und nach dem Zerfall der k.u.k. Monarchie – die Donauwelt darstellte.

Geringer bleibt der Beitrag des slowenischen Elements zur italienischen Kultur Triests, eben wegen jener Absonderung, der später der politische Konflikt folgt, und der historischen Verspätung, mit der sich das autonome slowenische Element im städtischen Zentrum Triests durchsetzt. Es fehlt jene alte Symbiose zwischen den beiden Kulturen, die, wenngleich in einer Atmosphäre der Spannung, in Dalmatien eine gegenseitige Befruchtung ermöglicht hatte und der dalmatinisch-slawischen *intelligenzija* noch zu Beginn des 20. Jahrhunderts ein unverwechselbares bikulturelles Gepräge gab. Vergeblich würden wir in Triest nach jemandem wie dem Dalmatiner Politiker und späteren Außenminister des südslawischen Königreichs Ante Trumbić suchen, der Anfang unseres Jahrhunderts behauptete, auf italienisch zu denken, obwohl er Kroate bleiben wolle. Die Slowenen Triests müssen sich auf sich selbst zurückziehen, sich gewissermaßen verschanzen, um ihre Identität vor der Assimilation zu bewahren. Der nationale Druck und für zwei Jahrzehnte auch die handfeste Unterdrückung von faschistischer Seite werden nicht nur den Dialog zwischen Slowenen und Italienern verhindern, sondern auch eine stärkere Berührung der italienischen Kultur mit der slawischen Welt, vermittelt durch die slowenischen Intellektuellen Triests, eine Schicht, die fast immer perfekt zweisprachig und oft von fundierter humanistischer Bildung war. Viele Gelegenheiten zu einem fruchtbaren

Austausch sind bis in unsere Jahre hinein versäumt worden – angesichts eines politisch-nationalen Klimas, das die Slowenen zum Zurückweichen, zur Ablehnung und manchmal auch zur offenen Feindseligkeit gegenüber einer Kultur treibt (wenn nicht sogar zwingt), die sich überlegen dünkt und darauf abzielt, sie zu assimilieren.

Die kulturelle Multinationalität Triests erscheint daher auf eine Elite beschränkt und in speziellen familiären, kulturellen und beruflichen Milieus verwurzelt zu sein. Sie ist die Ausnahme und nicht die Regel. Sie ist die Sache einzelner Familien und Personen, für die die Worte des Medizinhistorikers Loris Premuda gelten können, mit denen er die Figur eines großen Triestiner Vertreters der Wiener medizinischen Schule, Constantin von Economo, beschreibt: »Er sprach Griechisch mit seinem Vater, Deutsch mit seiner Mutter, Französisch mit der Schwester Sophie und dem Bruder Demetrio und Triestinisch mit dem Bruder Leo. Vielleicht lassen sich, wenn es überhaupt konkrete und nicht nur mythologische Merkmale einer typisch mitteleuropäischen Triestiner Kultur gibt, gerade in einem solchen sprachlichen Habitus die Wurzeln und das Wesen einer mitteleuropäischen Bildung erkennen.« Diese mitteleuropäische Triestiner Bildung speist sich, wie schon gesagt, aus der Begegnung mit der großen ›historischen‹ Kultur der – deutschen – Habsburgermonarchie und der natürlichen Einbettung in einen geographisch weiteren und daher an geistigen Unterschieden, Spannungen und Fermenten reicheren »Raum« als den der Nationalkulturen; daraus erwächst dieser Bildung eine für die damalige italienische Kultur ganz ungewöhnliche Weite des Horizonts.

Dem entsprechen die Offenheit Triests den Literaturen und dem philosophischen Denken Zentraleuropas gegenüber, aber auch der europäische Rang der medizinischen Wissenschaft, die eng mit der bedeutenden Tradition der Wiener Universität verbunden ist, an der Generationen von Triestiner Ärzten studiert haben, sowie die Bedeutung des mehr von Praktikern als von akademisch gebildeten Theoretikern getragenen Handels- und Finanzwesens. Auch im Musikleben nimmt Triest eine Sonderstellung ein: So wird zum Beispiel Richard Wagner hier weniger übersteigert, dafür aber mit mehr Sachverstand aufgenommen, als dies sonst beim italienischen Publikum der Fall ist. Vor allem aber schlägt – über die typisch österreichische Gewohnheit des gemeinsamen Musizierens in den bürgerlichen Familien – die Kammermusik in Triest solide Wurzeln. Die Musik wird zu den Hauptkomponenten der julischen Kultur gehören, sei es durch ihre Komponisten (wie, um nur einige Namen zu nennen, Smareglia, Busoni und Dallapiccola, oder Kogoj und Merkù im slowenischen Bereich), sei es durch die Tradition großartiger Interpreten.

Vorwiegend auf die europäischen Donaustaaten blickt Triest auch bei seiner architektonischen Neugestaltung, die in den urbanen Linien, in den Privathäusern wie in den Prachtbauten der ökonomischen Institutionen den Wohlstand und die bedeutende merkantile Rolle der Stadt zum Ausdruck bringen soll. Triest gewinnt ein Gesicht, das im Stil der bürgerlichen Bauten an Wien erinnert, in der Großzügigkeit seiner Formen jedoch und dem Bemühen, in eklektischer Weise antike Stile zu erneuern, vor allem auf die architektonischen Kanons verweist, die zu jener Zeit in einem Teil Zentraleuropas *en vogue* waren. Dagegen wird es den lebendigeren Strömungen der Wiener Architektur der Jahrhundertwende nicht gelingen, das Gesicht der Stadt entscheidend zu beeinflussen. Max Fabiani baut in Triest nur zwei Gebäude: die *Casa Bartoli* und – ein Werk von ganz besonderer Bedeutung – den *Narodni Dom*, das »Haus des slowenischen Volkes« und Symbol seiner Präsenz in der Stadt. Das italienische Triest lehnt an dem großen österreichisch-slowenischen Architekten vielleicht unbewußt die nationale Herkunft ab, vor allem aber stellt es sich gegen seinen Erneuerungsgeist und den seiner Schule.

Wer sich mit der Kultur Triests befaßt, sollte seine Aufmerksamkeit nicht nur auf die herausragenden Persönlichkeiten richten, sondern auch auf die schulischen, pädagogischen, kulturellen und wissenschaftlichen Strukturen der Stadt, mit denen sich wiederum Loris Premuda befaßt hat: Seiner Untersuchung zufolge liegen die Schwerpunkte in den italienischen und deutschen Gymnasien auf der sprachlich-philologischen Bildung, auf der Lektüre der Klassiker aus erster Hand sowie auf dem Unterricht in den naturwissenschaftlichen Fächern. Vielleicht veranlaßte die geistige Spannung, die in der Adriastadt herrschte, Italiener wie Deutsche dazu, den jungen Triestinern in einer Art Wettbewerb – diesmal friedlicher Art – Schulen auf höchstem Niveau zu bieten. Im übrigen spiegelt sich die Mentalität einer Handels- und Geschäftsstadt in der Wahl einer pädagogischen Methode, in der eine realistische und positivistische Sicht der Dinge vorherrscht und die exzellente Voraussetzung für weitere Studien auf dem Gebiet der Naturwissenschaften und der Philologie, aber auch des Handels und des Rechts schafft.

Triest war also eine Stadt, die kulturellen Werten gegenüber nicht unsensibel blieb, auch wenn ein bestimmter Mythos, dem selbst die Triestiner Intellektuellen in ihrer Polemik gegen das Bild einer traditionslosen Geschäftsstadt anheimfielen, dies behauptet. Durch die Verbreitung ihrer Sprache, Bildung und Kultur konnten Italiener, Slowenen und Deutsche ihre Präsenz in Triest wahren und festigen. Andererseits ist es jedoch zweifellos die Welt der Geschäfte, der Wirtschaft, der Finanzen und des Handels, die Physiognomie und Charakter der Stadt am nachdrücklichsten prägt. Als Hauptzugang Österreichs zur Adria, seine Projektion aufs Mittelmeer und die Levante, als Emporium (dessen Tradition die Mentalität einer Gesellschaft und die Atmosphäre einer ganzen Stadt, die nicht auf ihre Geschichte und ihre Mythen verzichten will, bleibend prägt) und später als florierender Transithafen nimmt Triest eine zentrale Stellung im ökonomischen System der Monarchie ein. Eng mit dem Aufstieg der modernen Stadt ist, wie erwähnt, die Existenz der großen Versicherungsgesellschaften verbunden, eine der bedeutsamsten Schöpfungen der führenden Schicht Triests, die über diese Gesellschaften eine einflußreiche Rolle in der Finanzwelt Mitteleuropas spielt. Es florieren die Handels- und Transportunternehmen, die Schiffahrtsgesellschaften, wobei freilich die letzteren, wie im übrigen auch der Hafen, ihre Blüte mehr der zentralen Staatsmacht als dem Triestiner Unternehmergeist verdanken.

Dies ist ein Moment, das nicht unterbewertet werden darf: Seit der Errichtung des Freihafens verdankt Triest einen beträchtlichen Teil seines Wohlstandes dem Interesse, das der Staat an der Entwicklung der Stadt nimmt, und dem Antrieb, den ihre Wirtschaft dadurch erhält – kurz: dem Status einer geförderten Stadt. Das Schwinden dieses Status mit dem zweimaligen Anschluß der Stadt an Italien ist kein unwesentlicher Aspekt, wenn man die psychologische Reaktion von Enttäuschung und Verlassenheitsgefühl verstehen will, die sich in manchen Phasen der jüngeren Geschichte in Triest breitmacht.

Das Bewußtsein von der wirtschaftlichen Blüte der Stadt ist in der politischen Welt wie in der Kultur Triests stets lebendig und wird vor allem in den Jahren kurz vor dem Ersten Weltkrieg, in denen sich der Abfall der Kurve bereits ankündigt, besonders eindringlich beschworen. Ein Politiker sozialistischer Prägung, Edmondo Puecher, gibt seiner Bewunderung für den kapitalistischen Aufschwung der Stadt folgendermaßen Ausdruck: »Unsere Stadt ist eine Stadt, in der das Wirtschaftsleben energisch pulsiert, in der das Handels-, Industrie- und Finanzkapital starke und dauerhafte Wurzeln geschlagen hat und in der sich auch die Äste, die dem Stamm des Kapitals entwachsen, als kräftig erweisen.«

Geschäftigkeit, Fleiß und Wohlstand und ihre mythische Überhöhung sind auch die Themen, die auf den Schlußseiten von Scipio Slatapers *Il mio Carso* wiederkehren: »Und unsere großen Dampfschiffe werden die Anker lichten, zum Kurs auf Saloniki und Bombay. Und morgen werden die Lokomotiven auf der Eisenbahnbrücke über die Moldau donnern und der Elbe entlang ihren Weg nach Deutschland nehmen.« Doch Slataper sieht in der wirtschaftlichen Blüte nicht nur den Reichtum, sondern auch die Tragödie Triests: Die Stadt »ist italienisch. Und sie ist ein Sammelbecken für deutsche Interessen. Sie muß eine Eisenbahn, zwei Eisenbahnen wollen, die sie mit Deutschland verbinden. Und sie muß sich freuen über die Waren, die den Handel nähren, und über die Leute, die sie transportieren, auch wenn sie das Blut verderben. Das ist die Qual der zwei Naturen, die aufeinanderprallen, um sich gegenseitig auszulöschen: die kommerzielle und die italienische. Und Triest kann keine von beiden ersticken, denn sie machen seine doppelte Seele aus: Es würde sich selbst umbringen. Alles, was dem Handel dient, bedeutet Vergewaltigung der Italianità – und was diese wirklich fördert, schadet jenem.«

Slatapers Worte umschreiben in überreiztem Ton einen Widerspruch, der sich auf geistiger und moralischer Ebene immer stärker auswirkt – auf der einen Seite in der Entwicklung eines genauer definierten italienischen Nationalbewußtseins, auf der anderen in den Folgen des wirtschaftlichen und demographischen Aufschwungs. Zerrissen zwischen Italien und Österreich, geteilt zwischen Geist und Profit, scheint die Stadt einer permanenten Spannung unterworfen. Und diese Spannung wird um so größer und dramatischer, je deutlicher die wachsameren und informierteren Kreise empfinden, daß die Identität der Stadt, ihre historische Rolle und ihr materieller Wohlstand unauflöslich mit jener doppelten Realität verbunden sind, der vorherrschenden kulturellen und geistigen Italianità und der wirtschaftlich bedingten Österreichfreundlichkeit, deren Widersprüchlichkeit das Drama, aber auch die Vitalität, ja vielleicht sogar die Existenzbedingung Triests bedeutet.

Slatapers Worte reflektieren und dramatisieren eine Realität, die nach 1848 und 1866 deutlichere Gestalt angenommen hat. Das Jahr 1848 bezeichnete in der Stadt und im ganzen adriatischen Küstenland das Ende einer italienisch-slawischen »Idylle«, wie sie von einer generösen intellektuellen Avantgarde Julisch-Venetiens erträumt worden war, zugleich aber auch das Ende einer geordneten Zukunft Triests als österreichischer Stadt. 1850 erlangt Triest (wenn die Auswirkungen dieser Konzession auch durch den folgenden Übergang zum Neoabsolutismus abgeschwächt werden sollten) die Stellung einer reichsunmittelbaren Stadt. Mit dem Beginn der konstitutionellen Ära im Jahr 1860 erhält es zur kommunalen Autonomie auch die politischen Kompetenzen eines Kronlandes. Die Stadt verfügt also – und daran wird sich bis zur Auflösung der Monarchie nichts ändern – über das juristisch-institutionelle Instrument, den Gemeinderat und Landtag, zur Verteidigung seiner Autonomie gegenüber der zentralen Regierung. Das eingeschränkte Wahlrecht, das in Österreich bei lokalen Abstimmungen auch noch in Kraft blieb, nachdem 1906/07 für die politischen Wahlen das allgemeine Stimmrecht eingeführt worden war, sichert andererseits den nationalliberalen Schichten die Möglichkeit, die Vertretung der Stadt gegenüber der Staatsgewalt für sich zu monopolisieren.

Der Anspruch auf Autonomie innerhalb der politisch-administrativen Institutionen nimmt zu, je stärker sich bei der italienischen Bevölkerungsmehrheit das Bewußtsein der eigenen Identität durchsetzt. Die Bewegung des Risorgimento und die Entstehung des Königreichs Italien können auch innerhalb des peripheren Triestiner Italienertums nicht ohne Widerhall bleiben. Dieses nationale Empfinden akzentuiert sich nach dem Krieg von 1866, als bei den Italienern der Adria das Gefühl der Isolierung wächst: Das Band zum Veneto, das nicht mehr zu

Österreich gehört, reißt ab, es fehlt die kulturelle Verbindung mit der italienischen Welt, wie sie von der Universität Padua repräsentiert worden war. Auch wenn die Mehrheit der Italiener in Triest nicht unbedingt dem Ideal des politisch-territorialen Irredentismus huldigt, zu dessen Wortführern sich kleine Minderheiten gemacht haben (ein Ideal, das sich – als konkrete Hoffnung und nicht als bloße Devise – erst mit dem Ersten Weltkrieg durchsetzen wird), so verbreitet sich doch das Nationalgefühl, das Bewußtsein von einer eigenen kulturellen Identität auch innerhalb dieser Grenz-Italianität.

Das nationale Bewußtsein entwickelt sich besonders als Folge der sogenannten ›slowenischen Bedrohung‹. Der traditionelle Kampf der Stadt gegen den habsburgischen Zentralismus, der als Träger deutsch-nationaler Ansprüche erscheinen konnte, jedoch lediglich eine zentralistische ›österreichische‹, eine ›gesamtstaatliche‹ Ideologie verkörperte, tritt zwar nicht ganz zurück, rückt aber angesichts eines ›lokalen‹ Konflikts zwischen der italienischen Mehrheit und der slowenischen Minderheit ins zweite Glied. Die Italiener wollen die nationale Gewichtung der Stadt sichern, aber auch deren wirtschaftlich-soziale Struktur, die auf der Hegemonie des italienischen sowie des italienisierten kosmopolitischen Elements beruht. Die Slowenen streben nach sozialer Emanzipation, fordern die volle Anerkennung ihrer politischen und nationalen Rechte und betrachten Triest als eine binationale Stadt. Auf die ›Handelskolonien‹, die sich in der Stadt niederließen, auf die deutsche Einwanderung, die mangels eines adäquaten demographischen Rückhalts entweder zur Assimilation gezwungen oder auf die Rolle einer zwar angesehenen, aber »ausländischen« Gruppe beschränkt war, auf die ersten Generationen von Slowenen, denen es mehr oder weniger nur darum ging, den Sprung in die städtische Zivilisation zu vollziehen und sich in das Gefüge der Stadt einzuordnen, folgt nun eine slowenische Einwanderung, die nicht mehr die geringste Absicht hat, sich selbst zu verleugnen. Sie stellt den gesamten historischen Prozeß in Frage, der zur Assimilation der ersten slowenischen Generationen geführt hat. »Wir wollen, daß dieser Zustand, dessentwegen seinerzeit die Mrach, die Cosulich, die Rascovich, die nach Triest kamen, Italiener wurden, aufhört«, sollte der angesehene slowenische Politiker Josip Vilfan 1913 bei einer Intervention im Gemeinderat im Hinblick auf die ethnische Herkunft einiger Spitzenleute aus dem italienischen Lager bemerken. Die Slowenen bilden eine Volksgruppe, die im Hinterland und in den Vorstädten Triests fest verwurzelt ist und inzwischen über eine Führungsschicht und über eigene politische, kulturelle, pädagogische, soziale und wirtschaftliche Einrichtungen verfügt. Vor allem aber betrachtet sie sich nicht mehr als eine »Gastgruppe«, sondern als ursprünglichen und wesentlichen Bestandteil des Stadtwesens.

Andere in Triest lebende Volksgemeinschaften, wie die griechische und die deutsche, konnten ihr ursprüngliches kulturelles Erbe sogar in bemerkenswertem Umfang retten, indem sie es nicht als antithetisch, sondern als komplementär zur italienischen Kultur Triests empfanden, innerhalb derer sie faszinierende Modelle nicht nur einer Zweisprachigkeit, sondern auch einer Doppelkultur schufen. In der slowenischen Gemeinschaft dagegen herrscht die Überzeugung, daß die eigene sprachliche und kulturelle Identität nur über die Bewahrung der nationalen Identität gerettet werden kann; andernfalls würde der soziale und kulturelle italienische Druck nur den Weg zur Assimilation offenlassen. Die Kindheitserinnerungen von Lavo Čermely schildern mit großer Eindringlichkeit die auch im letzten Jahrzehnt des 19. Jahrhunderts nicht geringen Anstrengungen einer im Zentrum von Triest lebenden slowenischen Familie, die eigene slowenische Identität zu bewahren und später über einen mühsamen Bildungsweg weiterzuentwikkeln.

Inzwischen blickt das ganze slowenische Volk mit gespannter Aufmerksamkeit auf die Adriastadt. Triest gewinnt für die Slowenen in der Phase ihres nationalen und sozialen Erwachens eine zentrale und symbolische Bedeutung: nicht nur wegen des Ansehens und der Faszination, die die reiche und moderne Stadt ausübt, sondern auch, weil sie, sowohl was die eigentliche Stadt als auch deren unmittelbare Umgebung betrifft, die Stadt mit dem größten slowenischen Bevölkerungsanteil überhaupt ist; nach der Volkszählung von 1910 hat Triest mehr slowenische Einwohner als Laibach. Die Öffnung zum Meer bedeutet für eine »auf das Landesinnere« beschränkte Nation wie die slowenische, Jahrhunderte der Isolation und Absonderung zu überwinden und damit eine der Ursachen für die Verzögerung des nationalen und sozialen Emanzipationsprozesses auszuschalten. Im übrigen werden in der politischen Polemik wie später auch in der slowenischen Historiographie die Städte als ihrem Hinterland zugehörig angesehen; auf dem Land ist, dieser Auffassung zufolge, die ursprüngliche, authentische und unverfälschte nationale Natur eines Territoriums zu suchen. Triest als Zentrum einer vorwiegend slowenischen Region, oder äußerstenfalls als eine italienische Stadtinsel inmitten eines slowenischen Umlands, darf demnach nicht von dem umliegenden Territorium abgetrennt werden.

Die Adriastadt gewinnt für die Slowenen die Bedeutung einer moralischen und natürlichen Hauptstadt Sloweniens, eines Symbols ihrer nationalen Erhebung und eines anzustrebenden Ziels. Eine nationale Gruppe, die ihre historische Entfaltung verwirklicht hat und es nicht mehr akzeptiert, als subaltern eingestuft zu werden, betritt mit einem neuen und ganz präzisen Bewußtsein die politische und nationale Szene Triests. Der Gegensatz wird, vor allem seit den letzten Jahren des 19. Jahrhunderts, noch durch die Debatte über die Natur der slowenischen Einwanderung nach Triest verschärft: Die italienische Seite behauptet, es handle sich um einen künstlichen Prozeß, in Gang gesetzt durch eine Regierungspolitik, die darauf abziele, die Italianität Triests durch eine Stärkung des slawischen Elements und dessen Aufnahme in den Staats- und Verwaltungsdienst zu beschneiden. Von Regierungs- und slowenischer Seite dagegen wird der natürliche und unvermeidliche Charakter jener Einwanderungswelle hervorgehoben, die die Bevölkerung aus dem Umland in die aufstrebende Stadt trage. Doch um dieses Phänomen genauer einschätzen zu können, sollte man sich vielleicht Slatapers Betrachtungen über die doppelte Seele Triests, über den Gegensatz von kommerziellen Interessen und nationalen Bestrebungen ins Gedächtnis rufen, der die Besonderheit der Triestiner Italianità ausmache. Während die Italiener auf die Bedrohung hinweisen, die der slawische Zustrom nach Triest bedeute, locken die italienischen Unternehmer slowenische Arbeitskräfte in die Stadt, die sich oft mit niedrigeren Löhnen als die italienischen Arbeiter zufriedengeben und keine, auch nicht die anstrengendste und niedrigste Arbeit scheuen.

Doch trotz dieser Widersprüche sieht die führende Triestiner Schicht im slowenischen Element den eigentlichen nationalen Gegner, und sie bedient sich des slawischen Aufstiegs und der Ängste, die dieser hervorruft, als eines politischen Druckmittels. Der politisch-territoriale Irredentismus bleibt, wie gesagt, die Haltung einer Minderheit. Er ist auf bestimmte Gruppen begrenzt, die sich auf die demokratisch-republikanische Tradition des italienischen Risorgimento berufen – eine Tradition, die in Triest durch den 1882 hingerichteten Märtyrer Guglielmo Oberdan (Oberdank) oder später durch dem neuen imperialistischen Nationalismus nahestehende Gestalten wie den Schriftsteller und Kriegsfreiwilligen Ruggero Timeus verkörpert wurde. Nicht irredentistisch in diesem Sinne, jedoch auf die Förderung einer Politik der nationalen Verteidigung abgestellt, antizentralistisch wie schon in der Vergangenheit, vor allem aber antislawisch ist der Kurs der führenden Schicht in Triest. Ihr Eintreten für eine Vereinigung mit Italien als höchstes, wenngleich hinsichtlich des Zeitpunkts und der Art und Weise nicht festlegbares Ziel ihrer Politik ist eher ein Mittel, den eigenen Einfluß auf die intellektuellen und jugendlichen Gruppen auszudehnen, die der nationalen Idee aufgeschlossener gegenüberstehen; noch mehr dient es jedoch dazu, durch die Betonung der nationalen Thematik die politisch-sozialen Spannungen innerhalb der italienischen Bevölkerung zu überspielen. Zum politisch-territorialen Minderheits-Irredentismus und zu dieser Linie der nationalen Verteidigung kommt das, was Scipio Slataper (der damit die Position der Vocianer – der Intellektuellen um die Zeitschrift *La Voce* – definiert) den »kulturellen Irredentismus« nennt: die Ablehnung einer Veränderung der politischen Grenzen (und sei es auch nur als Idee), und statt dessen die Verteidigung der italienischen Nationalkultur in Triest durch die Begegnung (und nicht durch den Streit) mit den anderen Völkern Österreichs.

Wenn der politisch-territoriale Irredentismus auch das Programm einer Minderheit bleibt, so bildet die nationale Verteidigung – verstanden nicht allein als Widerstand gegen den Staat und seinen bürokratischen Apparat, sondern auch und vor allem als Antwort auf den slowenischen Aufstieg – eine Position, mit der sich die Mehrheit der Italiener in Triest identifiziert. Das gesamte öffentliche Leben der Stadt polarisiert sich im italienisch-slowenischen Gegensatz. Wie in anderen gemischtsprachigen und Grenzgebieten scheinen ideologische, politische und soziale Themen ihre Dringlichkeit gegenüber dem nationalen Problem zu verlieren (auf eine Weise, in der sich die Modelle politischen Lebens wiederholen, die auch in vielen anderen Regionen der k.u.k. Monarchie gegeben waren). Die politische Dialektik der Stadt basiert mehr auf einem nationalen als auf einem ideologischen Pluralismus.

Gleich nach 1860 hatte die herrschende Triestiner Schicht – auch wenn sie in Liberale und »Schwarzgelbe« (*fedeloni*) geteilt zu sein scheint, Kategorien, die an die Gegenpositionen von 1848 erinnern – ihre Geschlossenheit hervorgehoben und angesichts des zu befürchtenden Klimas der politisch-konstitutionellen, nationalen und wirtschaftlichen Unsicherheit ihren Willen betont, kraft administrativer und ökonomischer Autonomie die italienische Tradition Triests zu verteidigen, in der sie das Charakteristikum der Stadt sah. Die Werbung für ein kommunales und italienisches Programm wird von dem Triestiner Politiker Francesco Hermet und der *Società del Progresso* (»Fortschrittsgesellschaft«) so lange erfolgreich betrieben, bis die neuen Entwicklungen in der Nationalitätenfrage in Österreich, die Ereignisse von 1875 bis 1878 in Bosnien-Herzegowina und ihre Auswirkungen auf die Nationalbewegung der Südslawen sowie die italienische Irredenta, ja selbst die tragische und verzweifelte antiösterreichische Protesthandlung Guglielmo Oberdans die behutsame und geduldige Mittlertätigkeit der »Fortschrittler« überflüssig machen.

Um jene einheitliche Physiognomie zu bewahren, die die führenden Schichten Triest zu geben verstanden hatten, wurde nun ein politischer Kurs notwendig, auf dem es leichter gelang, die Massen zu begeistern und eine Atmosphäre städtischer Mobilisierung zu schaffen. Unter der Führung einer so starken Persönlichkeit wie Felice Venezian entwickelt die Nationalliberale Partei in Weiterführung der alten Autonomie-Thematik das neue Motiv der nationalen Verteidigung, dessen Angelpunkt die Kontrolle und Verteidigung der kommunalen Institutionen bilden. Trotz ihrer streng hierarchischen und zentralistischen Struktur, mit Venezian und einer kleinen Gruppe führender Freimaurer an der Spitze, gelingt es der Nationalliberalen Partei nicht nur, sich über eine ganze Reihe von Klubs und Vereinen innerhalb der städtischen Gesellschaft durchzusetzen, sondern auch (trotz gelegentlicher Spannungen) die von der Tradition des Risorgimento geprägten mazzinischen und garibaldinischen Gruppen an die Partei als die führende Kraft zu binden und unter Kontrolle zu halten. Die Arbeit der Partei wird vom *Piccolo*, der einflußreichen und weitverbreiteten Tageszeitung, flankiert, die Teodoro Mayer, ein angesehener Vertreter des Freimaurertums, gegründet hatte. Seine Präsenz in der Leitung des *Piccolo* verstärkt den Einfluß des Freimaurertums innerhalb der städtischen Führungsschicht, der er durch seine Beziehungen zu den italienischen Freimaurern auch eine engere Verbindung mit politischen Kreisen des Königreichs Italien ermöglicht.

Die antislawische Politik, die im Ansatz defensiv ist, aber auch aggressiven Charakter annimmt (vor allem im Schulwesen, das als der entscheidende Bereich für die Rettung der italienischen Identität Triests betrachtet wird), stellt den wichtigsten Faktor dar, um die Mehrheit der Stadtbevölkerung zu gewinnen. Der antislawische Kurs schafft ein Klima von Heiliger Allianz, in dem sämtliche anderen sozialen und ideologischen Probleme hinter der vitalen nationalen Frage zurückzutreten scheinen. Gerade die Sakralisierung des nationalen Problems wird es der Partei ermöglichen, ihre Anhängerschaft zu finden und, selbst nach dem Durchbruch der Sozialistischen Partei, weitgehend auch innerhalb jener Schichten zu halten, die den Interessen der nationalliberalen Führungsgruppen fremd gegenüberstehen. Die enge Verflechtung zwischen der politischen und der ökonomischen Elite Triests sowie die Tatsache, daß die führenden Stellen in der städtischen Wirtschaft häufig von Vertretern der Nationalliberalen eingenommen werden, führen dazu, daß sich auch all diejenigen um die Nationalliberale Partei sammeln, die vom alten kosmopolitischen und austrophilen Bürgertum noch übriggeblieben sind. Diese Solidarität hinsichtlich der ökonomischen Interessen verhindert die Entstehung einer österreichischen

Partei, die im übrigen wenig Gewicht in der öffentlichen Meinung der Stadt gehabt hätte. Das beweist nicht zuletzt das Ergebnis des einzigen schüchternen Versuchs in dieser Richtung, nämlich die von Carlo Dompieri, dem ehemaligen nationalliberalen Bürgermeister der Stadt, um die Jahrhundertwende betriebene Gründung einer christlich-sozialen, staatstreuen Partei. Sein Bemühen, die katholischen Schichten der Triestiner Gesellschaft anzusprechen und mit Hilfe des Antisemitismus zu mobilisieren, in einem Umfeld, das stark vom jüdischen Einfluß geprägt ist, stößt bei den Triestinern auf Gleichgültigkeit und endet in einem totalen Fiasko.

Der Fähigkeit der Nationalliberalen Partei, die italienische Mehrheit für ein Programm der Verteidigung nationaler Rechte und der Wahrung administrativer Traditionen und ökonomischer Interessen zu gewinnen, steht auf der anderen Seite die nicht geringere Fähigkeit der slowenischen Nationalpartei gegenüber, dem slowenischen Aufstieg einen Weg zu bahnen. Mit Hilfe eines wirksamen politisch-kulturellen Instruments, des *Edinost* (»Einheitsvereins«), der innerhalb des slowenischen Milieus erfolgreiche Bildungsarbeit leistet und zur nationalen Sensibilisierung beiträgt, breitet sich die politische slowenische Präsenz vom Umland her über die ganze Stadt aus. Obwohl es dabei zunächst um die schulischen und sprachlichen Rechte der Triestiner Slowenen und um die Verteidigung ihrer nationalen Identität innerhalb der Stadt geht, wendet sich diese Politik auch weiterreichenden Problemen wie der künftigen Ordnung der Habsburgermonarchie und der Rolle der südslawischen Bewegung zu. Der historisch-soziale Druck, dem sich die Slowenen in Triest ausgesetzt sehen, erklärt einen besonderen Aspekt der politischen Artikulation im Vergleich zu den Slowenen anderer Provinzen, nämlich das Zusammengehen von Liberalen und Katholiken in einer einzigen politischen Formation.

Zu den zwei nationalen Parteien, die beide den

Anspruch auf die Alleinvertretung ihrer Volksgruppen erheben, wobei die ideologischen und sozialen Aspekte dem nationalen untergeordnet werden, tritt noch eine dritte, die sich den beiden anderen entgegenstellt: die Sozialistische Partei Triests. Sie ist internationalistisch in ihrer Ideologie, binational in der Zusammensetzung, jedoch in ihrer Führungsschicht überwiegend italienisch, auch was die kulturelle Ausrichtung betrifft. Die Basis der Partei bildet eine Arbeiterklasse, die imstande ist, sich eine solide genossenschaftliche Organisation zu geben, häufig bereits in anderen Teilen Österreichs, in Deutschland und Italien Lebens- und Arbeitserfahrungen gesammelt hat und daher über einen ungewöhnlich weiten Horizont verfügt; politisch aktiviert wird sie vor allem durch ihre Eliten, zum Beispiel die Drucker. Es ist ein Proletariat, das zunächst einen gemäßigten und mit den Gesetzen übereinstimmenden Kurs verfolgt. Mit dem Heizerstreik bei Lloyd im Februar 1902 und dem aus Solidarität mit den Lloyd-Arbeitern ausbrechenden städtischen Generalstreik fordert es jedoch die politische Macht heraus – ein Protest, der unter den Arbeitern ganz Österreichs große Resonanz findet. In Triest selbst ruft er in allen Bevölkerungsschichten dumpfes und erschrockenes Staunen hervor. Ein Widerhall davon findet sich in der späten Erzählung *Cuore adolescente* (»Jugendliches Herz«) von Giani Stuparich, und das ist vielleicht die einzige Spur, die die Arbeiterbewegung in der Triestiner Literatur hinterlassen hat: Der Autor erinnert sich an die beunruhigende Stille auf den Straßen, die nur vom Gleichschritt der bewaffneten Soldaten unterbrochen wurde, und dann an das blutige Ende: den Zug der Streikenden und das Knattern der Gewehrsalven.

Die Triestiner Arbeiterbewegung ist ihrem Ursprung nach vorwiegend italienisch orientiert – was dem Charakter des städtischen Triest und dem höheren wirtschaftlichen Niveau des italienischen Bevölkerungsteils entspricht – und in ihren Anfängen eng mit der Entstehung der sozialistischen Bewegung im Königreich Italien verbunden. Sie knüpft an die Praxis gegenseitiger Hilfeleistung unter den Arbeitern an und weist starke demokratische, garibaldinische und mazzinische Züge auf – als Erbe des Risorgimento, das im Triestiner Sozialismus lange weiterlebt, wie noch 1891 die Wahlunterstützung für den alten Garibaldiner Leopoldo Mauroner, einen Kandidaten der Nationalliberalen Partei, zeigt. Auf der anderen Seite hat der Triestiner Sozialismus jedoch einen ausgesprochen proletarischen Charakter, der ihn vom bürgerlichen und kleinbürgerlichen frühen italienischen Sozialismus unterscheidet. Er wird von jenem autodidaktischen Geist getragen, der für den deutschen Sozialismus typisch ist.

Was dem Triestiner Sozialismus jedoch seine Besonderheit verleiht, ist einerseits die Beteiligung an der heftigen politisch-nationalen Debatte, mit der die österreichischen Sozialdemokraten die mühselige Entwicklung in der Nationalitätenfrage begleiten, und andererseits der Wunsch, sich zum Interpreten der Interessen eines Proletariats zu machen, das mit der (durch einen Ausbau der Schiffahrt und der Industrie auf Kosten des Handels gekennzeichneten) Veränderung der Triestiner Wirtschaft zu Beginn der neunziger Jahre zahlenmäßig und in seiner binationalen Zusammensetzung stärker geworden ist. In Gegenposition zu den beiden Parteien, die nicht von ihrer Devise des nationalen Kampfes lassen wollen, setzen sich die Triestiner Sozialisten für eine multinationale Stadt innerhalb eines multinationalen Staates ein und suchen das Proletariat aus dem nationalen Konflikt herauszuhalten und zu Klassensolidarität und sozialer Emanzipation zu führen. Weit mehr als die slowenische Nationalpartei, die im Grunde lediglich das Sprachrohr der in der Stadt lebenden nationalen Minderheit sein konnte, wird zu Beginn des neuen Jahrhunderts die Sozialistische Partei zum eigentlichen politischen Gegner der Nationalliberalen. Die Einführung des allgemeinen Stimmrechts bei den politischen Wahlen, die Fähigkeit der Sozialistischen Partei, in beiden nationalen Lagern Fuß zu fassen, die unvermeidliche Krise, die die lange Führungszeit der Nationalliberalen mit sich bringt, und vielleicht auch ein gewisser Überdruß an der verschwommenen, negativen, rein auf Abwehr ausgerichteten Perspektive, die die Nationalliberalen anbieten, bereiten den Weg zum großen Wahlerfolg der Sozialisten von 1907.

Aber der Nationalliberalen Partei wird es gelingen, sich zu erholen (auch wenn sie ihre alte absolute Hegemonie im politischen Leben der Stadt nicht wiedergewinnt), indem sie sich anstelle der engen und monolithischen eine offenere und modernere Struktur gibt; vor allem aber, indem sie in der politischen Propaganda und in der administrativen Praxis den Mythos der alten autonomen Gemeinde, das ›Bollwerk nationaler Verteidigung‹ beschwört – einen Mythos, der im städtischen Bewußtsein immer noch große Zustimmung hervorzurufen vermag. Im übrigen sollten die Jahre von den ersten Wahlen mit allgemeinem Stimmrecht bis zum Ausbruch des Ersten Weltkrieges zeigen, daß die Nationalliberale Partei gegenüber den wesentlichen Themen des politischen Kampfes in der Habsburgermonarchie unsensibel blieb und sich selbst von den großen Fragen des staatlichen Lebens ausschloß (obwohl ihre Führungsschicht in ökonomischer Hinsicht aufs engste damit verflochten war), um sich geradezu obsessiv auf die städtische Thematik zu konzentrieren. Dennoch erfaßte die Partei in den Jahren unmittelbar vor Kriegsausbruch die geistige Situation, in der sich der österreichische Staat befand, besser als die Triestiner Sozialisten, die beabsichtigten, innerhalb des gegebenen staatlichen Rahmens zu operieren. Der sozialistische Wahlerfolg von 1907 wirkt sich nicht als Anreiz zur inneren Erneuerung der Monarchie aus, und die nationale Thematik bekommt im Bewußtsein der habsburgischen Völker wieder mehr Gewicht, als die Triestiner und die deutsch-österreichischen Sozialisten wahrhaben wollen. Kein Italiener, sondern der Führer der slowenischen Nationalpartei in Triest, Vilfan, betont 1913, polemisch gegen die Sozialisten argumentierend, die Bedeutung des Nationalitätenproblems: »Wir können uns nicht damit abfinden, daß uns ein sozialistischer Redner in Triest erklärt, die Nationalitätenfrage gehöre inzwischen der Vergangenheit an und wir hätten uns jetzt mit anderen Fragen zu beschäftigen. Für uns existiert die Nationalitätenfrage, wir sind eine durch und durch nationalistische Partei ...«

Die Triestiner Sozialisten akzeptieren den politisch-institutionellen Rahmen, in den Triest eingebunden ist, ja sie werten ihn als positive Realität. Sie machen sich die Reformvorstellungen des westlichen Teils der Doppelmonarchie zu eigen, die 1899 auf dem Brünner Parteitag von den österreichischen Sozialdemokraten vorgetragen worden waren und nach denen sich Österreich in einen »demokratischen Nationalitätenbundesstaat« verwandeln sollte. Nur diese innere Regeneration des Staates konnte ihrer Ansicht nach das österreichische Proletariat vor dem vernichtenden Kampf bewahren, wie ihn das nationale Bürgertum wollte, und nur ein großes politisches und wirtschaftliches Gebilde konnte die Probleme jenes Teils von Europa lösen, der durch ethnische Verflechtung und wechselseitige ökonomische Abhängigkeit gekennzeichnet war. Obwohl sich die Triestiner Sozialisten auf eine Wunschvorstellung, auf ein Österreich der Völker, ein erneuertes Österreich berufen und nicht auf das existierende dynastische (die bedeutendste Persönlichkeit des Triestiner Sozialismus, Valentino Pittoni, der einzige Politiker der Adriastadt, der mehr als nur lokale Bedeutung erreichte, stellt das Österreich der Habsburger den »Völkern, die Österreich bilden«, gegenüber), agieren sie innerhalb der österreichischen Staatslogik. Für sie ist Triest in gewisser Hinsicht sogar Konzentrat und Symbol der Probleme Österreichs: Der heterogene ethnische Charakter der Stadt und deren ökonomischkommerzielle Verbindung mit dem Hinterland bringen es mit sich, daß die politische Plazierung innerhalb des österreichischen Staatsverbandes, oder zumindest eine Bindung an die Donauvölker, die einzige mit der Geschichte, der Gegenwart und der kulturellen Mission der Stadt zu vereinbarende Lösung darstellt. Innerhalb dieser Logik bewegt sich die sozialistische Reflexion über das Schicksal der Stadt. Die Lösung des Nationalitätenproblems in Triest liegt daher – um einen angesehenen Vertreter des Triestiner Sozialismus, Edmondo Puecher, zu zitieren – im »aufrichtigen Verzicht auf jeglichen Irredentismus, sei es ein italienischer oder ein slawischer«. Außerdem fordert Puecher (eine Ermahnung, die ihre Aktualität vielleicht noch nicht verloren hat) seine Landsleute auf, nicht in der Vergangenheit, sondern in der Gegenwart zu leben, und er beschwört sie, dem Streit um die aus der Geschichte abgeleiteten Ansprüche ein Ende zu setzen, da er das geistige Klima der Stadt vergifte, ohne das geringste zur Lösung ihrer Probleme beizutragen. Sich darüber zu streiten, ob nun ein römischer Legionär oder ein brüllender Waldmensch der erste Bewohner Triests gewesen sei, sei ein Unternehmen, das dem, der heute in dieser auf die Zukunft orientierten Stadt lebe, keinerlei Gewinn bringe. Die Italiener und die Slowenen Triests sollten lieber das ihnen Gemeinsame empfinden, statt separat entweder die Solidarität mit den Italienern des Königreichs oder mit den Slawen jenseits des Karsts.

Die Sozialisten propagieren die Entstehung eines Triestiner Bewußtseins, das die beiden nationalen und kulturellen Hauptstränge in der Stadt nicht negiert, sondern miteinander versöhnt. Gleichzeitig beharrt jedoch der italienische Flügel des Triestiner Sozialismus auf der Verteidigung der vorherrschenden kulturellen Italianität der Stadt, die für die Mehrheit der Triestiner Sozialisten einen wesentlichen und unverzichtbaren Bestandteil des historischen und kulturellen Erbes der Stadt darstellt.

Dieses Thema enthält natürlich ein Element der Zwietracht zwischen dem italienischen und dem slowenischen Flügel und spiegelt in kleinerem Maßstab den Gegensatz zwischen der Sozialdemokratie der Deutsch-Österreicher und der der slawischen Völker innerhalb der Habsburgermonarchie wider: Die unterschiedlichen historisch-kulturellen Traditionen bestimmen auch die Beziehungen unter den sozialistischen Bewegungen der habsburgischen Völker. Die Gefahr eines slawisierten oder balkanisierten Triest, die Puecher an die Wand malt, ist nicht nur Ausdruck der Furcht vor einem anderen Triest, sondern auch der Angst vor einer weniger zivilisierten und westlich orientierten Zukunft der Stadt.

Aus dem sozialistischen Lager Triests kommt auch der bedeutendste Versuch in dieser Epoche, die Triestiner Realität in all ihren vielfältigen historischen, nationalen, ökonomischen und kulturellen Nuancen zu erfassen: 1912 veröffentlicht Angelo Vivante, Sproß einer vermögenden Familie der liberalen Triestiner Bourgeoisie und in seinen jungen Jahren selbst Nationalliberaler, in Florenz im Verlag der Literaturzeitschrift *La Voce* (die von der Gruppe der Triestiner Studenten in der toskanischen Stadt in besonderer Weise für die julischen Probleme sensibilisiert worden war) sein Buch *Irredentismo adriatico* (»Adriatischer Irredentismus«). Der Autor bietet eine eindrucksvolle, wenn auch nicht immer überzeugende Analyse der Entstehung und des Charakters des nationalen Bewußtseins der Stadt und seiner Beziehung zur merkantilen Seele Triests. Er beschreibt – unter demographischem Aspekt vielleicht überbewertend – auch das andere, das slowenische Gesicht der Stadt, das man in Triest möglichst zu übersehen und in Italien völlig abzustreiten versucht. Doch der wesentliche Beitrag, den das Buch leistet, liegt in seiner Reflexion über die Funktion und die Natur der wirtschaftlichen Rolle Triests. Die Analyse der Beziehungen zwischen Triest und dem österreichischen Hinterland und die Suche nach den Gründen und Faktoren des Wohlstands von Hafen und Stadt führen ihn dazu, die Verbindung zwischen Triest und dem Donaubecken für unabdingbar und unersetzlich zu halten. Er äußert die feste Überzeugung, daß die Stadt nicht ihr wirtschaftliches Glück aufs Spiel setzen dürfe, um den irredentistischen Mythen nachzulaufen. Bei Vivante findet die These, die als »These von der ökonomisch bedingten Österreichfreundlichkeit« definiert wurde, aber besser als »These von der Unauflösbarkeit des politischen Bandes zwischen der Stadt und ihrem Hinterland, zwischen Triest und den Völkern Österreichs« zu bezeichnen wäre, ihren durchdachtesten Ausdruck.

Vivantes Buch erscheint zu einem Zeitpunkt, in dem die Debatte um die Zukunft Triests besonders heftig geführt wird, sowohl im Hinblick auf die konstitutionellen und dynastischen Veränderungen, die in Österreich-Ungarn bevorzustehen scheinen, als auch auf die schwelende Unruhe in der slawischen und balkanischen Welt, die wenig später in bewaffnete Konflikte münden sollte – sozusagen als Vorspiel zum großen europäischen Krieg. Diese Konflikte finden in den slawischen Milieus der Monarchie und auch in Triest, wo Vilfan das »Wunder« des Triumphs der slawischen Nationalidee preist, starken Widerhall.

Vivantes Idee von einem »Triest als Träger und Verbindungsglied zwischen unterschiedlichen ethnischen und ökonomischen Strömungen innerhalb eines notwendigerweise neutralen und autonomen Regimes« wird in politisch exakter definierten Begriffen im darauffolgenden Jahr von Puecher bestätigt, der sich für die Monarchie eine liberalere und dezentrierte Struktur wünscht, in der Triest Emporium eines Völkerverbundes sein könnte oder aber eine freie Stadt hanseatischen Typs im Dienst ihres Hinterlands. Der gleiche Wunsch, sich der Logik des nationalen Konflikts zu entziehen, beseelt auch den slowenischen Flügel des Triestiner Sozialismus, dem freilich der kulturelle Aspekt des Föderalismus näherliegt, wie er in Brünn von den Slawen verfochten wurde, sich aber gegen die Thesen der deutsch-österreichischen Sozialdemokraten nicht durchsetzen konnte. Ein slowenischer Sozialist, der lange in Triest gelebt hat, Etbin Kristan, weist auf die Gefahren eines nur territorial verstandenen Föderalismus hin, der die Minoritätenprobleme nicht löse und die zentralistischen Strukturen nicht restlos abbaue. Er vertritt die Meinung, die Nationalität sei nicht geometrisch, sondern arithmetisch zu erfassen und daher nicht »eine Summe von einzelnen, die auf einem bestimmten Territorium leben, sondern ... eine Summe von einzelnen, die eine bestimmte Muttersprache sprechen und sich, selbstverständlich aus freien Stücken, mit besagter Nationalität identifizieren«. In diesen Worten spiegelt sich natürlich auch das konkrete Interesse einer nationalen Gruppe, die in Triest eine Minderheit darstellt und sonst administrativ auf die verschiedenen österreichischen Kronländer verteilt ist.

In das gleiche Klima des Dialogs, das eher von dem Wunsch bestimmt ist, die Funktion, die Triest übernommen hat, zu verstehen, als sie zu leugnen oder aufzuheben, gehört auch das Werk Scipio Slatapers und der Brüder Stuparich, der Gruppe der Triestiner »Vocianer«: ein Werk, das überwiegend kulturell orientiert ist, auch wenn von Slataper einige der härtesten und schonungslosesten Urteile über die Triestiner Führungsschicht stammen. Diese Gruppe blickt in intensiver moralischer Anspannung auf Italien, sieht in ihm jedoch vor allem die eigene Kulturnation: Das bestätigt auch die außerordentliche Anziehungskraft, die Florenz auf sie ausübt. Alle haben bei ihrer Ankunft in der toskanischen Stadt wahrscheinlich das empfunden, was der junge Görzer Intellektuelle Carlo Michelstaedter folgendermaßen ausdrückt: »Ich konnte bei dem Gedanken, die heißersehnte Stadt nun vor mir zu sehen, ein gewisses Gefühl der Rührung nicht unterdrücken.«

Diese Entscheidung für Florenz symbolisiert die Natur ihrer geistigen Beziehung zu Italien. Die Nationalisten, wie Ruggero Timeus, studieren in Rom und fühlen sich angezogen von einer klassischen und imperialen Tradition, von der sie hoffen, sie in der Gegenwart wiederaufleben lassen zu können. Nach Florenz hingegen bringen die Triestiner Vocianer die eigene kulturelle Erfahrung mit: eine mühsam erarbeitete Bildung, die offen ist für die deutsche und die slawische Welt, für die nichtitalienischen Kulturen, die in den Umkreis Triests gehören. Die Generation der Vocianer vermittelt in Triest wie in Italien deutsche Kulturerfahrungen von großer Bedeutung, wenngleich sie für den germanischen Anteil der deutschen Kultur beziehungsweise für die nordischen Kulturen mehr Sensibilität zeigen als für die österreichische, von deren großen neuen Stimmen – sie werden im übrigen selbst in Wien damals kaum gehört und in Triest erst nach 1918 entdeckt – sie nur wenig erfassen. Die Öffnung gegenüber der slawischen Welt beschränkt sich dagegen in Ermangelung der notwendigen kulturellen und sprachlichen Voraussetzungen auf die Forderung nach einem lebendigen, unerläßlichen Dialog, eher also in einem Willen zum Verständnis als in einem konkreten neuen Kennenlernen. Giani Stuparich, der zusammen mit anderen Triestinern in Prag studiert (jedoch an der deutschen Universität), widmet dem tschechischen Problem eine Reihe von Aufsätzen, die später in einem Band zusammengefaßt werden. Sie spiegeln die faszinierende Entdeckung des wirtschaftlichen, kulturellen und politischen Erwachens einer habsburgischen Nation. Ein Erwachen, das sich – wie der Autor, vielleicht mit einem Blick auf Triest, unterstreicht – 1848 in voller Übereinstimmung mit den deutschen Demokraten hatte entwickeln können und seiner Meinung nach trotz des jahrelangen erbitterten nationalen Kampfes immer noch in eine Verständigung zwischen den beiden Landesnationalitäten münden konnte.

Doch diese Aufgeschlossenheit für eine slawische

Nation fern von Triest findet hinsichtlich der Slowenen trotz Vivantes Bemühungen keine Entsprechung. Innerhalb dieser Grenzen besitzen die Vocianer jedoch eine äußerst klare Vorstellung von der kulturellen Funktion und der Mittlerrolle ihrer Stadt. In seinen *Scritti politici* schreibt Slataper stolz: »Die historische Aufgabe Triests ist es, Schmelztiegel und Förderer der Kultur zu sein – dreier Kulturen.«

Triest ist für diese Gruppe junger Intellektueller der Schnittpunkt verschiedener Kulturen, der ideale Beobachtungsposten in Richtung Europa. Seine Funktion muß mit seiner geographischen Lage und seinem historischen Auftrag übereinstimmen; seine Mission ist die Vermittlung und kulturelle Versöhnung zwischen den lateinischen, germanischen und slawischen Völkern. Den kulturellen Aufstieg der Slowenen, vor dem die offiziellen italienischen Stimmen in Triest so sehr warnten, bewertet Slataper als positives Faktum, denn die europäische Erfahrung zeige, daß unterschiedliche Nationen nur dann friedlich zusammenleben könnten, wenn sich zwischen ihnen ein kulturelles Gleichgewicht herausbilde. Von Triest, von diesem »kleinen Winkel Europas«, in dem drei Kulturen und die wichtigsten geistigen Strömungen des Kontinents zusammenflössen, müsse ein Impuls zur Erneuerung Europas ausgehen; die umstrittene Stadt müsse sich in einen Ort des Dialogs und der Gemeinsamkeit verwandeln. An diesen Prinzipien inspiriert sich das Programm für eine Zeitschrift *Europa*, die Slataper mit seinen Freunden herausgeben wollte und die ab 1914 hätte erscheinen sollen – dem Jahr der Katastrophe.

In Gegenposition zu Slataper und seinen Vocianern realisiert sich mit Ruggero Timeus auf einer unnachgiebigen und manichäischen Linie die Begegnung zwischen der Risorgimento-Tradition und dem neuen Nationalismus. Sein Irredentismus ist nach seiner Behauptung »nichts anderes als die Fortführung der patriotischen Einigungsbestrebungen, die unser Risorgimento beseelt haben«. In Triest sei der Irredentismus lebendige Wirklichkeit, im Gegensatz zum Tessin, zu Nizza und Korsika, denn die Stadt werde vom ehemaligen »gemeinsamen Feind« ganz Italiens unterdrückt. Aber während »der alte Irredentismus vom Grundsatz der nationalen Unabhängigkeit für alle ausging«, steht Timeus kein universelles Prinzip vor Augen, sondern die Größe und Sicherheit Italiens, die Vorherrschaft über die Adria und die italienische Expansion im Mittelmeerraum. Diese Konzeption impliziert auf der einen Seite den Konflikt mit Österreich, der »Beherrscherin unseres Meeres«, auf der anderen die Intensivierung des italienisch-slawischen Nationalitätenkampfes im gesamten adriatischen Küstenland, der von Timeus als unvermeidliches historisches Verhängnis betrachtet wird: »Als Theoretiker glaube ich, daß die Kultur nicht durch die Übereinstimmung, sondern durch den Kampf der Rassen voranschreitet.«

Für Timeus würde der Traum der Vocianer von der mediatorischen Synthese unterschiedlicher Nationen und Kulturen auf Assimilation, Absorption und den Verlust der Triestiner Italianità hinauslaufen. Er betrachtet die Mediation als eine Verschleißerscheinung, die bei dekadenten Völkern ohne kulturelles und nationales Bewußtsein auftrete, so bei den Griechen im römischen Imperium oder bei Völkern mit merkantiler Mentalität und Berufung wie den Levantinern. In der Italianità sieht er dagegen eine geistige Kraft, die jung und vital sein und nicht Begegnung und Versöhnung, sondern Auseinandersetzung und Sieg suchen müsse. Für ihn sind Italianità und Irredentismus Synonyme. Bei der nationalen Frage handle es sich um einen Existenzkampf, der nicht mit Kompromiß und Versöhnung, sondern nur mit dem Sieg oder dem Untergang des italienischen Elements enden könne. Das beweise das Schicksal Dalmatiens, wo die Italianità im Begriff sei zu sterben, aufrecht zwar, aber eben doch dem Tod geweiht. (Dem dalmatinischen Problem kommt in der Atmosphäre des damaligen Triest ein beachtliches psychologisches Gewicht zu.) Von einem italienischen Sieg in Triest müsse der Impuls zu einem italienischen Triumph ausgehen, zu einer Expansion auf den Meeren, die einst Rom und Venedig gehörten.

Auch der von außen her kommende Anteil am Phänomen Triest, eine aus einer Vielfalt von Erfahrungen erwachsende Italianità, wird von Timeus auf eine historisch gesehen ebenso drastische wie verengende Weise gedeutet, die freilich in absolutem Einklang mit seinem Denken steht: Die seelen- und kulturlosen Bürokraten, Kaufleute, Händler, Proletarier, die nach Triest strömen, entdecken in der Adriastadt die Kultur und werden zu Menschen und damit zu Italienern, denn das Menschentum in Triest ist für ihn gleichbedeutend mit Italianität. Der Brief, den der junge Triestiner an den österreichischen Konsul in Rom schreibt und in dem er sich weigert, Österreichs Ruf zu den Waffen zu folgen, klingt wie die Forderung nach einer nationalen Reinheit, die weder Schatten noch Vermengung duldet: »Ich bin Italiener, Herr Konsul ... ich bin Sohn von Italienern, Enkel von Italienern, Urenkel von Italienern – und so könnte ich fortfahren. Und es war einer meiner Vorfahren, der 1868 zu jenen Erhebungen aufrief, bei denen in Triest das erste italienische Blut vergossen wurde.«

Obwohl er das adriatische Problem vor allem unter geistiger und politischer Perspektive sieht, gelingt es auch Timeus nicht, sich gänzlich der lebhaften Diskussion über die Triestiner Wirtschaft und die Ursachen des materiellen Wohlstands der Stadt zu entziehen. Doch auch das vermag seine Sicherheit nicht zu erschüttern. Triests Wohlstand ist seiner Meinung nach nicht durch politische oder Zoll-Faktoren bedingt, sondern durch eine rein natürliche Gegebenheit: daß Triest vom österreichischen Hinterland umgeben wird, sei nicht mehr als eine geographische Tatsache. Es handelt sich hier um ein Argument, das, mit einer vertieften ökonomischen Analyse, in einigen Aufsätzen des irredentistischen Volkswirtschaftlers Mario Alberti, die später in den Band *Irredentismo senza romanticismi* (»Irredentismus ohne Romantizismen«) eingehen, aufgegriffen und weiterentwickelt wird. Von Vertretern des Triestiner Unternehmertums wird es dann in den letzten Kriegs- und ersten Nachkriegsmonaten noch einmal aufgegriffen, gleichsam als Beschwörung gegen sämtliche Zweifel und Ängste, die sich am Himmel Triests zusammenballen.

Der unbarmherzige und erbitterte nationale Radikalismus Timeus' bildet bis 1915 die Ausnahme in der öffentlichen italienischen Meinung Triests. Und doch liegen die Wurzeln dieses unverfälschten, aber exaltierten und fanatischen Ausdrucks des nationalen Gefühls, so isoliert er auch sein mag, in jener merkwürdigen Psychose einer ›belagerten Stadt‹, von der die italienische Gruppe nach und nach ergriffen wird. Weit verbreitet ist in der Stadt das Gefühl der Isolierung und Ohnmacht gegenüber dem, was als ›slawischer Ansturm‹ empfunden wird, der die nationale, politische und soziale Physiognomie, die sich Triest im Lauf seiner Geschichte erworben hat, in Frage stelle. Ein Gefühl, das seine Entsprechung in einem wachsenden, virulenten slowenischen Nationalismus findet, der seinerseits die Physiognomie Triests als einer vorwiegend italienischen Stadt aggressiv bestreitet. Nicht nur im Hinblick auf Triest, sondern auf die ganze julische Italianität wurde dieses Klima von dem aus einer istrischen Familie stammenden Historiker Ernesto Sestan meisterlich beschrieben: »In den Jahren unmittelbar vor dem Ersten Weltkrieg herrschen daher im Bürgertum Julisch-Venetiens eine wachsende Unruhe, eine Gereiztheit und eine gleichsam pathologische Hypertonie des Nationalgefühls, das mehr noch als in den vorangegangenen Jahrzehnten in fast obsessiver Weise die Alltagsatmosphäre beherrscht, in der der Italiener jener Region lebt und die zum Maßstab aller Werte und Verdienste wird.«

Beispielhaft für diese Gemütsverfassung ist die Episode um die Grundschule von Roiano: Ein Schulgebäude, das in dem Triestiner Vorort Roiano errichtet worden war und sowohl italienische wie slowenische Klassen aufnehmen sollte, reichte einige Meter weit in städtisches Gebiet hinein. Das Gebäude wurde abgerissen und versetzt, denn slowenische Schulklassen sollten den italienischen Boden des Stadtgebiets nicht verseuchen.

Vom gleichen Klima zeugen auch die Stimmen jener, die sich bereit erklärten, selbst den Wohlstand der Stadt für die Behauptung ihres nationalen Gesichts zu opfern, und sich dazu verstiegen, sogar ein vom Gras überwuchertes Triest in Kauf nehmen zu wollen, wenn es nur mit Italien vereinigt sei. Der wirtschaftliche Niedergang Triests wurde von den Nationalliberalen, der Partei jener Gruppen, deren wirtschaftliche Macht sich gerade auf den Wohlstand Triests gründete, mit Sicherheit weder vorausgesehen noch gewünscht. Äußerungen dieser Art zeigen daher, daß man in Triest nicht umhinkonnte, jeden Wert dem Nationalgefühl unterzuordnen, wenn man die italienische Mehrheit zusammenhalten und mobilisieren wollte. Zugleich spiegelt sich in ihnen die komplexe und widersprüchliche Wirklichkeit der Stadt, ihre doppelte Seele. Diese doppelte Seele, die beispielsweise bei Ermanno Gentilli deutlich wird, einem Triestiner Versicherer, Begründer des Erfolgs der Wiener Ersten Allgemeinen Versicherungsgesellschaft, Ritter des Franz-Joseph-Ordens, der bei keiner der irredentistischen Spendenaktionen fehlte, zu denen die italienisch-nationale Triestiner Tageszeitung *Il Piccolo* aufrief.

Triest erlebt den Vorabend des europäischen Dramas auf besonders intensive Weise. Stärker als anderswo lebt sozusagen in seiner öffentlichen Meinung, in seinem Bewußtsein, in seiner Kultur eine Vorahnung, daß etwas passieren wird, daß »die Welt von gestern« im Begriff ist unterzugehen. Die Diskussion über die Zukunft der Stadt als Teil der Diskussion über die Zukunft Österreichs und selbst ganz Europas wird nie so intensiv geführt wie in dieser Zeitspanne zwischen 1911 und 1914. Angesichts der gegeneinander konkurrierenden Nationalismen weist der Triestiner Sozialist Rodolfo Cerniutz warnend und vorausschauend darauf hin, daß die Lösung des Nationalitätenproblems in Triest im Sinne der italienischen und slowenischen Nationalparteien die Wiederholung dessen impliziere, was auf dem Balkan geschehen sei: nämlich Krieg.

Das erinnert an das, was man zur selben Zeit in einem anderen umstrittenen und zerrissenen Winkel Europas dachte, in Elsaß-Lothringen, wo sich die nachwachsenden Generationen in zunehmendem Maße der Instrumentalisierung ihrer regionalen Probleme im Sinn des französisch-deutschen Machtkonflikts widersetzten. Sie forderten, daß die beiden Gebiete frei vom manichäischen Zwang zur Wahl zwischen Frankreich und Deutschland zu einer »Brücke« der Versöhnung zwischen diesen Ländern werden müßten, um die Katastrophe eines neuen Krieges zu verhindern.

Vor diesem politisch-nationalen Hintergrund, der auch auf italienischer Seite wesentlich differenzierter und komplexer ist, als es die nationalistische Mythologie lange Zeit wahrhaben will – und der gekennzeichnet ist von der zwingenden Bindung der führenden italienischen Schicht Triests an die wirtschaftlichen Realitäten Österreichs, von der Kraft des internationalistischen Sozialismus, von den Verschmelzungs- und Versöhnungsidealen eines Teils der studentischen und intellektuellen Jugend –, bricht der Krieg zwischen Österreich und Serbien aus, der sich zum europäischen Konflikt ausweitet.

4. Apoll und Merkur

Die verschiedenen Nationalitäten, die in Triest aufeinanderstießen, besaßen also ihre jeweiligen kulturellen Institutionen und Traditionen, jedoch entwickelten sie zunächst keine gemeinsame Kultur. Vor allem aber gab es bis zum 20. Jahrhundert keine Literatur, die die existentiellen und sozialen Probleme dieses Völkergemischs in adäquater Weise zum Ausdruck gebracht hätte. Bis zum Ende des 19. Jahrhunderts bildete Triest literarisch eine Peripherie, genauer gesagt, eine Reihe von Peripherien, die im Vergleich zu ihren jeweiligen Zentren epigonal waren. Die Triestiner Autoren des 19. Jahrhunderts sind Epigonen der italienischen, deren Werk sie verspätet rezipieren und weiterführen. Da ist die risorgimentale und nachrisorgimentale Lyrik eines Besenghi degli Ughi, Fachinetti und Revere, die eines Picciola und Pitteri, die Carducci nachahmen, oder die eines Rinaldi, in der Pascoli nachklingt. Mehr Poesie liegt vielleicht in den liebenswürdig-gelehrten Beschwörungen der Vergangenheit aus der unterhaltsamen Feder Giuseppe Caprins. Es handelt sich hier um eine Literatur, die auf den Traditionen des istrischen Humanismus und der philologischen Studien zur vaterländischen Geschichte und Dichtung fußt und sich von Domenico Rossetti bis Pietro Kandler edler Vorgänger rühmen kann.

Das Vermächtnis weltanschaulichen Engagements, wie es im triestinisch-istrischen Humanismus vor allem in den Zeiten der Reformation und der Aufklärung so lebendig war, verblaßt jedoch im Dekor klassizistischer Gelehrsamkeit. Es ist eine Kultur, deren Geist auch noch in ihren Interpreten und Geschichtsschreibern nachklingt; so etwa bei Baccio Ziliotto in seiner *Literaturge-*

schichte Triests und Istriens (1924), in der sich antikisierender Geschmack, klassizistisch-unpolitische Haltung und nationalliberale Ideale verbinden. Diese Kultur wird in ihrer gelehrsamen und konservativen Geschichtsfremdheit noch Jahrzehnte weiterleben und hat auch heute noch ihre Nische: in der würdevollen Lokalliteratur, die auf pathetische, aber auch dreiste Weise die geschichtliche Entwicklung negiert.

Dieser frühen Triestiner Literatur fehlt alles spezifisch Triestinische. Sie ist nichts als eine zweitrangige, verspätete italienische Literatur. Die Sonderstellung Triests, die das Festhalten an diesen in Italien bereits überholten literarischen Formeln bedingt, tilgt jede Spur der eigenen Exzentrizität und führt zur völligen Anpassung an eine »allgemeine« italienische Literatur. Ähnlich ist das Schicksal der spärlichen, zweitklassigen Dichtung in deutscher Sprache, die aus jenen Gruppen und Zirkeln hervorgeht, von denen bereits die Rede war. Ihre Autoren sind Lehrer an den deutschen Schulen, die auch außerhalb des Klassenzimmers mit ihren klassizistischen Stilübungen fortfahren und sie mit romantisierender Sentimentalität verbinden. Ihre Namen – Raab, Menzel, Grad, Schatzmayer, Höltzl, Mähr, Hoffman, Herr, Brahm, Steinbüchel, von Schaub, Swida – tauchen in keiner Literaturgeschichte auf. Dagegen bezeugen Lebensdokumente wie die hochinteressanten Tagebücher von Hohenberger und Mosser, auf die Silvana de Lugnani wieder aufmerksam gemacht hat, die Existenz dieser deutschen Kultur und ihrer Autoren.

Wesensmerkmal ihrer Dichtung ist einerseits die epigonale Verspätung und andererseits die Unverbindlichkeit einer von der Realität Triests losgelösten Stilübung. Moritz Horst (Pseudonym für Anna Jahn Schimpff) verfaßt vier Bände Erzählungen *Aus dem Küstenlande* (1865), erfüllt von biedermeierlicher Resignation und dem Gedanken einer habsburgischen nationalen Versöhnung auf julischem Boden. Heinrich von Littrow, Seekapitän und später Direktor der Akademie für Handel und Wirtschaft, beschreibt in einer Girlande von Gedichten Station um Station der Eisenbahnlinie Wien–Triest: *Von Wien nach Triest. Eisenbahnlektüre in gemüthlichen Reimen* (1863). In ihnen hebt er – mit einer komisch wirkenden stilistischen Unbeholfenheit, jedoch nicht ohne politischen Scharfsinn – den Zusammenhang zwischen dem Wohlstand Triests und seiner Bindung an das Kaiserreich rühmend hervor, verurteilt die italienischen irredentistischen Umtriebe und mit besonderer Schärfe die sprachlichen und nationalen Unabhängigkeitsbestrebungen der Slowenen. Rudolf Baumbach dagegen besingt in Versen, die an die zahllosen spätromantischen deutschen Gedichtsammlungen erinnern, den Wein und das Gebirge, insbesondere die Gipfel und Legenden des Tricorno (slowenisch Triglav), höchste Erhebung der Julischen Alpen und heiliger Berg der Slowenen.

Diese Minimalpoesie existiert in der Isolation und im Abseits. Rudolf Hamerling beispielsweise, ebenfalls Gymnasiallehrer, lebt von 1855 bis 1865 in Triest, ohne die Realität der Stadt zur Kenntnis zu nehmen; er bedient sich ihrer – wie Silvana de Lugnani bemerkt hat – lediglich als eines vagen und mythischen Hintergrunds für seine ästhetisierende, apokalyptische Dichtung, die, nicht ohne Pathos und formales Können, dem sakralen Kult einer todgeweihten Schönheit gewidmet ist, die der Vulgarität des Lebens und des Handels entgegengesetzt wird. Nur wenige Freunde lesen unter den Weinlauben einer Osteria zusammen mit ihrem Dichter Baumbachs Kanzonen; kein italienischer Intellektueller nimmt von Hamerling Kenntnis, der seinerseits die Welt um sich herum ignoriert.

Jovan Vesel Koseski, ein Slowene, der in der habsburgischen Verwaltung Triests Karriere macht und sogar einen Adelstitel verliehen bekommt, beschließt, Gedichte auf slowenisch zu schreiben, um »unseren Dialekt zu adeln« und der »so verbreiteten offensiven Mißachtung ihm gegenüber« entgegenzutreten, wie er in einem – übrigens deutsch verfaßten – Brief meint. Er schreibt in seinem Studierstübchen holprige Verse, die von Bleiweis in der Laibacher Zeitung *Novice* als Meisterwerke einer im Entstehen begriffenen Literatur gefeiert, vom Triestiner Milieu, in dem Koseski sich tagtäglich bewegt, jedoch übergangen werden. Als Dichter ist der Beamte eine Art Mister Hyde, wie Aleš Lokar es ausdrückt.

Doch nicht nur der äußerst mittelmäßige Koseski bleibt in der Stadt unbekannt, sondern beispielsweise auch der bedeutende Lyriker Prešeren, mit dem die eigentliche moderne slowenische Literatur beginnt. Ebenso Henrik Tuma, ein geistreicher und abwägender Intellektueller, der sich in Görz für die kulturellen und schulischen Belange der Slowenen einsetzte und von dem der Vorschlag stammt, eine italienisch-slowenische Universität in Triest zu gründen; seine Autobiographie *Aus meinem Leben* (1937) bietet eine äußerst interessante Analyse der k.u.k. Monarchie in ihren verschiedenen Provinzen, sozusagen von unten her, aus der Perspektive der subalternen Klassen und Völker, die zu einem eigenen Bewußtsein erwachen, ohne zu rebellieren. Es besteht kaum offizieller Kontakt zwischen der Stadt und der aufstrebenden slowenischen Welt, deren Vitalität in dieser kulturellen Anfangsphase weniger in der eigentlichen Literatur – zum Beispiel den Schriften von Verdeljski, das heißt Josip Godina, – als vielmehr in politisch-kulturellen Initiativen zum Ausdruck kommt: etwa in der sozialistisch geprägten Gesellschaft *Ljudski oder* (»Volksbühne«) mit ihrer Bibliothek und ihren Vorträgen, darunter jenem berühmten, den Ivan Cankar 1907 über die slowenische Kultur hielt, oder in den – ebenfalls sozialistisch orientierten – Zeitungen *Delavski list*, gegründet 1890, und *Rdeči prapor* (»Rote Fahne«), dem offiziellen Organ der 1898 von Etbin Kristan in Triest begründeten jugoslawischen Sozialdemokratie.

Die eigentliche Triestiner Literatur entsteht nach Bruno Maier in den ersten Jahren des 20. Jahrhunderts. Sie erwächst aus dieser Leere und als Reaktion auf diese Leere und verdankt die Größe ihres Anfangs dem Bemühen, aus dem Nichts etwas zu schaffen. Schon im 19. Jahrhundert hatten Literaten die zutiefst bürgerliche und kommerzielle Seele der Stadt intuitiv erfaßt, ihre vorgebliche Gleichgültigkeit gegenüber der Literatur, die Herrschaft Merkurs über Apoll – Leitmotiv der moralischen Polemik, die die Triestiner Literatur beseelt. Sie ist – und sie weiß, daß sie es ist – die Literatur einer Stadt, die vielleicht bürgerlicher ist als jede andere, die ihre Bürgerlichkeit wie ein Schicksal erfährt, wie das Sein schlechthin.

Ebenso wie das Wort »bürgerlich« ist auch der Zustand ambivalent und widersprüchlich. Triest, Emporium und Hafen des Habsburgerreichs, war eine kosmopolitische Provinzstadt, in der, wie gesagt, das italienische Bürgertum die unterschiedlichsten ethnischen und kulturellen Gruppen in großem Maß assimilierte: Deutsche, Slowenen, Kroaten, Griechen, Levantiner, Juden. Als Stadt ohne kontinuierliche Vergangenheit war Triest eine bürgerliche Stadt par excellence – wirtschaftlich wie geistig existierte sie nur innerhalb der Dimension des Merkantilen. Keine illustre Geschichte, nur eine minimale jüngere Vergangenheit hatte Triest aufzuweisen: die verästelten Karrieren ihrer zusammengewürfelten Einwohner, die Aufpfropfungen, die Überschneidungen und die Auseinandersetzungen, ein latentes Geflecht aus Widersprüchlichkeiten, alten Rissen, aus Staunen und Beunruhigung, verborgen hinter bürgerlicher Wohlanständigkeit und klassizistischer Architektur – jener klassizistischen Architektur, die der theresianischen Stadt ihr solides und bestimmtes, zugleich aber konventionelles und täuschendes Pathos verleiht. Carlo Wostry hält in seinen Bildern das üppige kaufmännische Leben Triests fest – die Malerei, die in der bürgerlichen Stadt entstehen sollte, war jedoch, wie Giulio Montenero schrieb, eine Kunst der »phantastischen Trostlosigkeit«, das phantasie-

volle und beunruhigende Schaffen eines Veruda, Cambon, Grünhut, Fittke, Bolaffio, Rovan und Nathan.
Unter der grauen Korrektheit des bürgerlichen Gewands entwickelt sich die Berufung zur Analyse. Joyce wird weitgehend von Triest und von Svevo den Impuls erhalten, in die kleine Privatpsychologie einzutauchen und ihren schlammigen kollektiven Grund zutage zu fördern. Svevo, der Archäologe der privaten Existenz, wird sich an den Narben, die die Psychopathie des Alltags auf dem Gesicht des Durchschnittsmenschen hinterläßt, bis zu den Wurzeln des Lebens hinabtasten.

Julius Kugy (1858–1944), Kaufmann, Musikwissenschaftler, Alpinist und Dichter, beschwört in seiner Autobiographie die unberührte bürgerliche Gediegenheit seiner Triestiner Kindheit, intakt wie die erste Generation der Buddenbrooks: »Es lag so viel Sonnenschein, Licht, Glanz und warme Stimmung über dies alles gegossen. Der südliche Himmel lachte wie ein blaues Wunder strahlend herab, das flimmernde Meer sandte von seinen Farben durch die Lüfte herüber, die Sonne unserer Jugend zog über uns ihre glorreiche Bahn und grüßte im Niedergehen mit feurigen Strahlengarben. Es dufteten Jelängerjelieber und Jasmin, es glühten die roten Sommerrosen, es reiften die Trauben. Sicher behütet und zärtlich geführt, bin ich in diesem wohligen Heimatreiche allgemach zum Bewußtsein gekommen, daß ich da bin.«

Kugys Leben und Werk verkörpern die Sicherheit einer Welt und einer Persönlichkeit, die sich unter der Führung einer väterlichen Hand harmonisch entwickeln konnte. In seinen Büchern wird eine bürgerliche Gediegenheit spürbar, die kaufmännischen Fleiß, künstlerische Erhebung in der Musik und Harmonie mit der Natur zu einer klugen und kultivierten Geschlossenheit des Lebens vereint, zu einer Existenz, der Disziplin (Kugy kämpft als österreichischer Patriot im Ersten Weltkrieg) und brüderliche Toleranz (auch im Schützengraben bleibt er den Freunden, die für Italien kämpfen, verbunden) nicht fremd sind. Ein einheitlicher Atem durchzieht die liebevolle Beschreibung, die Kugy vom reichhaltigen väterlichen Warenmagazin gibt (mit einer Poesie des Handels, die an Goethes *Wilhelm Meister* heranreicht), wie die klare, ernste Betrachtung (auch sie goetheanisch) seiner geliebten Julischen Alpen.

Die »Mesalliance« zwischen Apoll und Merkur bedingt jedoch auch Unruhe und Unsicherheit, ein Umschlagen der Werte, und läßt Triest zu einem zweifelhaften »Durchgangsort« werden, in dem »jedes Ding doppelt oder dreifach« erscheint; der »Handelscharakter« Triests liegt wie »graues Blei« über der Stadt, doch er verleiht ihr auch »eine bedrückende Originalität« (Slataper).

In einer Stadt ohne kulturelle Traditionen hat jene Literatur, die sich dem humanistischen Pantheon der vaterländischen Schriften entzieht, keinen festen Ort; sie erlangt nicht den Rang einer seriösen Tätigkeit, sondern wird in den Pausen und Intervallen des gesellschaftlichen und beruflichen Lebens wie ein verborgenes Laster gepflegt. Der Schriftsteller ist eine Art Heimlichtuer, ein Kaufmann, der sich einer einsamen und verächtlichen Sucht hingibt – wie es auch für Svevo gelten sollte –, aber diese Heimlichkeit verleiht ihm die Wahrheit des modernen Schriftstellers, der sich an keine Institution oder literarische Gesellschaft binden kann, sondern, wenn er sich für die Phantasie entscheidet, ein Umherirrender und Abtrünniger sein muß, ein Schiffbrüchiger ohne die Gesetzestafeln und Stützen der Gesellschaft, einer, der sein Gekritzel in Flaschen birgt, die ins Unbekannte treiben. Entwurzelte außerhalb jedes kulturellen Kontexts wie Svevo und Saba – die beiden Großen der Triestiner Literatur, die Triest zu einer Hauptstadt der Weltliteratur gemacht haben – können keinesfalls an der rhetorisch-humanistischen Lokaltradition teilhaben und erschaffen gerade deshalb eine eigene poetische Welt.

Sie eröffnen sich Kulturen, die sich von der italienischen unterscheiden, machen Italien damit bekannt und bringen so eine italienische Dichtung übernationaler Prägung hervor.

Nicht der literarische Klub ist der Ort der Literatur, sondern das Büro, Svevos Schreibtisch in der Unionbank, das Hinterzimmer in Sabas Buchhandlung oder, wie für Joyce, das Kaffeehaus, die Kneipe. Wie Dublin wird Triest dank seiner Armut an kulturellen Traditionen des 19. Jahrhunderts zu einer Kapitale der Dichtung; an der äußersten Peripherie der großen Kulturströmungen des 19. Jahrhunderts, zum Beispiel des Idealismus, wird es zum Vorposten einer analytischen Kultur, die aus der Krise jener einheitlichen Strömungen erwächst.

Die Literatur entsteht aus der gesellschaftlichen Norm und übertritt sie zugleich. Der Schriftsteller verbirgt sich hinter dem Kaufmann, aber jeder Kaufmann ist ein potentieller Schriftsteller. Die kaufmännische Seele liegt auf ökonomischer Ebene mit der italienischen und auf geistiger Ebene mit der poetischen in Konflikt. »In jedem Kaufmann«, sagt Slataper, »schlummert ein metaphysischer Schmerz.« Aber diese »gequälte Seele« ist die Poesie, die »Qual einander widerstreitender Kräfte und zersplitternder Sehnsüchte und grausamer Kämpfe und Ergebungen«, das Drama Triests: »Das ist Triest: ein Produkt der Tragödie. Etwas, das durch das Opfer des klaren Lebens seine bedrückende Originalität erhält. Man muß seinen Frieden opfern, um ihr Ausdruck zu verleihen. Doch man muß ihr Ausdruck verleihen... Triest hat einen triestinischen Typus: Es muß eine Triestiner Kunst wollen. Daß es mir doch gelänge, mit der Freude des klaren Ausdrucks dieses unser verkrampftes und bedrückendes Leben nachzuschaffen.« (Slataper) Der Triestiner Schriftsteller ist sich bewußt, daß seine Dichtung nicht in der bloßen Leugnung oder Vergeistigung Merkurs bestehen kann, sondern nur in einer Durchdringung sämtlicher Antithesen Triests: »Handel und Literatur, Salons und Altstadt, Karst und Straßenpflaster, Slowenen und Italiener«. Triest kann seine »Doppelseele«, seine »zwei Naturen« nicht unterdrücken, denn damit würde es untergehen. Genau dieses Problem wird der Angelpunkt der späteren Geschichte der Stadt sein: der – oft selbstzerstörerische – Versuch, eine ihrer Seelen abzutöten oder aber, im Gegenteil, in einer Übersteigerung ihrer Gegensätze zu existieren.

Die unpoetische Handelsstadt, der die Reisenden des vorigen Jahrhunderts einen Mangel an Geistigkeit attestierten, wird zur Quelle der Dichtung: Für Saba ist Triest »herb und lieblich«, »die seltsamste Stadt«, die etwas von »männlicher Jugend« und eine »spröde Anmut« besitzt. Die spröde Anmut Triest *ist* Sabas Dichtung, der mit Recht behaupten konnte, er habe durch seinen Gesang die Stadt für immer mit Italien vermählt – ihr also die geistige Italianità verliehen und sie nicht etwa von ihr erhalten. Sicher, Saba steht bereits jenseits der bürgerlichen Ambiguität: Seine Lyrik – moderne Dichtung der Gespaltenheit, der Analyse und der Introversion, die sich bereits im ersten Jahrzehnt unseres Jahrhunderts durchsetzt, ihre Höhepunkte jedoch zwischen den Kriegen und im Zweiten Weltkrieg erreicht – vermag es auch, sich an der Oberfläche zu bewegen, wieder klar und leicht zu werden, das Urübel des Lebens ins Auge zu fassen, ohne von ihm gebannt zu bleiben, und unermüdlich auf das Lustprinzip hinzuweisen, selbst im Wissen um den (nicht nur in biologischer, sondern auch in historisch-politischer Hinsicht) unvermeidlichen Sieg des Todestriebs. Saba berief sich oft und gern auf Nietzsche mit dem Ausspruch: »Wir sind tief, werden wir wieder klar.« Sabas Dichtung strebt nach dieser reinen und gleichmütigen Anmut, nach einer glasklaren, nüchternen Transparenz, die den dunklen Grund des Lebens und der Triebe an der durchsichtigen Oberfläche der Dinge deutlich und unverstellt erscheinen läßt. Das Blau, das kräftige und gierige Blau, das in Sabas Lyrik gefeiert wird, ist die

Farbe der Poesie, verstanden als Blick, der sich auf die Welt und auf den Grund der Seele richtet, ohne davor eine Wand aufzuziehen; höchstens einen hauchdünnen Schleier, leicht wie die Luft und transparent wie kristallklares Wasser, auf dessen Spiegel sich deutlich die gewundene Geometrie der Meerestiefe abzeichnet.

Der *Canzoniere*, Sabas lyrisches Werk, ist getragen von dieser Spannung zwischen der Tiefe, die sich im Dunkel trübt, und der harten Helligkeit der Oberfläche, in deren leuchtendem und gleichgültigem Spiel sich jede Bedeutung erschöpft. Im *Canzoniere* geht ein abgesondertes, dem Verlangen wie dem Leiden beständig ausgesetztes Leben in einer Dichtung auf, die – dazu bestimmt, Leiden und Leidenschaften einer ganzen Epoche auf sich zu laden – jeder noch so privaten und intimen autobiographischen Begebenheit einen exemplarischen, allgemeingültigen Sinn verleiht.

Neben der Vertikalität und Tiefe der großen zeitgenössischen Lyrik gewinnt Saba, der auch in dieser Hinsicht eine ungewöhnliche Konzentration und Dichte erreicht, nach seinen eigenen Worten auch die Dimension der Weite (die der modernen Lyrik hingegen oft fehlt): Er schildert das Leben in seiner ganzen Breite, im großen Maßstab und erfaßt die Alltagsexistenz in ihrer Zerrissenheit und ihrem ganzen warmen, vermischten Reichtum. Das lyrische Werk wird so – auch wenn es mitunter Gefahr läuft, die Ablagerungen und Abfälle der dichterischen Arbeit mitzuschleppen – zum umfassenden Zeugnis eines Lebensstromes, der in Poesie mündet. Die Dichtkunst deckt sich mit der Empfindung des Lebens als einer großen, gleichmütigen Einheit, die alles in ihr Fließen jenseits von Gut und Böse hineinzieht: »Vom Leben sage ich dir, daß es ein einziges und alles in ihm enthalten ist.« Als Freischärler der Poesie – wie alle bedeutenden Triestiner Autoren, Einzelkämpfer auf verstreuten und peripheren Posten – lebt Saba sein warmes Leben, lotet es aus, den unerbittlichen Blick auf das

Unbehagen in der Kultur gerichtet – verschanzt in seinem Antiquariat, das Neurosenhöhle und zugleich bergendes Refugium der Freundschaft ist. In diesem verborgenen Winkel verbringt er den größten Teil seines Daseins, überläßt sich hemmungslos seinen Leidenschaften und Ängsten, nimmt teil am »düsteren Wahnsinn« des Europas der dreißiger und vierziger Jahre und destilliert in seiner Poesie eine im Kampf gegen Angst und Unglücklichsein mühsam erworbene Weisheit, um die vielen, »vergebens uneinigen Stimmen« des Lebens in Harmonie zu vereinen.

Die von Saba besungene »schmerzliche Liebe« ist die Wiedereroberung des Verlangens trotz der Neurose der Zivilisation, die Vertonung des »Weltschmerzes« in »sanfter Melodie«, die Sehnsucht nach einem Glücksgefühl über und jenseits der Linie des Schmerzes, im Glanz des Lebensscheins, in dem sich, wie es in einem Gedicht heißt, zu Beginn des Sommers an den Ufern und Küsten für einen Augenblick »alles fröhlich bewegt, als ob alles glücklich wäre zu leben«. Saba selbst erklärte in einem erzählerischen Rückblick, jetzt, da er alt sei, würde es ihm gefallen, »mit ruhiger Unschuld die wunderbare Welt zu malen«. Entstanden unter Unruhe und Ängsten, ist Sabas Dichtung ohne Zweifel ein großartiges Zeugnis von Mut und Lebensfreude. Die Tiefe des Verlangens scheint in den Bewegungen und in der Einfachheit der Oberfläche völlig gelöst, alles scheint in der Reinheit des Lebens, wie es ist und vor unseren Augen dahinfließt, aufzugehen; die Poesie identifiziert sich mit einem schlichten Katalog von Dingen und Handlungen, die in kühner Unschuld beim Namen genannt werden. Saba bewegt sich mit unstillbarem Freiheitsgefühl innerhalb jener Weisheit der Kunst, die jeden Dualismus zwischen falscher und wahrer Welt, zwischen Schein und Wirklichkeit, zwischen dem Leben und seiner Deutung überwindet. Das Gute und das Böse ziehen in seinem Werk dahin wie die Wellen des Meeres.

Sabas Unschuld ist empfindlich und aggressiv, schwierig und düster, grausam und heikel: Es ist die Unschuld dessen, der das Leben ganz akzeptiert, in seiner Süße und in seiner Bestialität, wie die Vögel in Sabas Lyrik, die singen und sich wild auf ihre Opfer stürzen. Es ist jener undurchschaubare Strudel aus Hingabe und Gier, jene »verschwiegene Sehnsucht«, die Saba selbst zutiefst empfunden und verkörpert hat – mit einem nie sublimierten, nie befriedigten Verlangen, in dem der Elan der Liebe sich mit erregtester Egozentrik verband. Sein Unglücklichsein ließ immer eine Rechnung mit dem Leben offen, und dieser nicht ausschöpfbare Kredit trieb ihn dazu, vor nichts zurückzuweichen, ohne Zögern und ohne Verzicht zuzupacken. Sabas Dichtung, dieses Geflecht aus reifer Weisheit und kindlichem Staunen, senkt ihre Wurzeln in jenes Geheimnis der Tiefe, das sie ans Licht der Vernunft bringt, um es dann mit einem Lächeln schmerzlicher und überlegener Heiterkeit wieder hinter sich zu werfen.

Diese Unschuld der Poesie kennt Güte und Bitterkeit und dringt zu jenem anarchischen und wilden Urgrund des Lebens vor, den Saba in einem großartigen Gedicht über das Alter in der Wahrheit des Tieres entdeckt, dem Scham und Reue fremd sind. Saba ist sich voll bewußt – und weist in Gedichten von höchster, dunkler Tragik darauf hin –, wie »unbedacht« seine Liebe zum Leben ist, wie besitzgierig selbst in der leidenschaftlichen Hingabe, wie beladen mit Gewalt und Schuld. Die klare Leichtigkeit, die sicher ein Wunder seiner Lyrik ist, erwächst aus einer komplizierten und düsteren Tiefe, die die ganze Skala des Verlangens birgt. Auf den Wellen haschen sich – wie es in einem Gedicht heißt – weiße Schaumkronen, die auf hoher See Sirenen waren, und die »schmerzliche Liebe« treibt (in einem anderen Gedicht) den Dichter hinaus aufs Meer.

Saba, der »banale Worte« und den Reim »*fiore – amore*« liebte, ist eine der klassischsten Stimmen in der Lyrik des

20. Jahrhunderts. Er hat für alle gesprochen, wenn er von der unfaßlichen Melancholie des Lebens und der für einen Augenblick greifbaren Gnade der Fülle redet. In ihm fand die Stadt der bürgerlichen Senilität zum Ausdruck einer unwiderstehlichen, wenn auch schmerzlichen Anmut der Begierde, auf dämonische Weise frei von jeder Unterdrückung.

Auch die bürgerliche Stadt hat zwei Seelen – oder besser: auch ihre bürgerliche Seele wird in zweifacher Weise erfahren. Svevos Größe besteht nicht zuletzt in der Unbedingtheit, mit der er die bürgerliche Existenz als die absolute Form des Auf-der-Welt-Seins gelebt hat – jene schleimige und chamäleonhafte Fähigkeit der bürgerlichen Kultur, sich für das Leben selbst zu halten, sich mit ihm zu identifizieren und sich das Recht anzumaßen, es in seiner Totalität zu repräsentieren. Triest ist das ideale Szenarium für diese zweideutige und senile Gegenüberstellung und Identifikation von Leben und Bürgertum, die in der europäischen Literatur – etwa bei Thomas Mann – nicht selten sind und als deren größter Dichter Svevo gelten kann.

Wenn Tonio Kröger ein von der Kunst verwirrter Bürger ist, einer, den die Kunst wenigstens zum Teil der bürgerlichen Tätigkeit zu entfremden vermag, so ist Svevo ein Künstler, den das bürgerliche Leben beinahe völlig von der Dichtung abgebracht und für sich vereinnahmt hätte, um aus ihm jenen Geschäftsmann zu machen, als den die Familie ihn offensichtlich sehen wollte und der er – in jener paradoxen Aufhebung der Gegensätze, die seine Existenz kennzeichnet – trotz allem tatsächlich wurde.

Der Kaufmann Ettore Schmitz, der der Schriftsteller Italo Svevo wird, ist der Extremfall des Triestiners, der schreibt, des Individuums, das dem ökonomischen Kosmos Österreichs angehört und sich mit den Schöpfungen seiner Phantasie in den kulturellen Kosmos Italiens versetzt. Der Triumph des bürgerlichen Geistes, von Svevo tagtäglich in einem heimlichen Kleinkrieg von Gesten und Gefühlen unterlaufen, zeichnet sich bis zuletzt als unerbittliche Konsequenz der *condition humaine* ab und erscheint auch Svevo unverwundbar, trotz der Attacken, die er mit seiner heimlichen, wie ein Laster betriebenen schriftstellerischen Arbeit gegen ihn führt. Erst ganz zuletzt wird der Autor des *Zeno* mit zögernder und ungläubiger Freude entdecken, daß er keineswegs ein Opfer oder Produkt jener Welt war, die er für die einzig mögliche gehalten hatte, sondern vielmehr ein Auflöser und Zerstörer – ihr Nachfahre. Er wird dies entdecken, weil andere – berühmte Literaten und als solche in ganz Europa anerkannt – aussprechen, was er, der solide und skeptische Provinzkaufmann, zwar ahnte, sich jedoch nicht einzugestehen wagte.

Svevo erlebt seine größte schöpferische Phase in der Nachkriegszeit, nach dem Mißerfolg der beiden vor der Jahrhundertwende geschriebenen Romane und einer langen scheinbaren literarischen Abstinenz. Die späte Befreiung erweckt in den Werken des alten Svevo Witz und Verstand zu neuem Leben, ohne jedoch das Bewußtsein vom langen Triumph des bürgerlichen Geistes abzustumpfen. Gerade die Erfahrung dieses Triumphes, die Svevo am eigenen Leib erlebt und erlitten hat und zu der er sich mit bitterer Ironie bekennt, ist es, die aus ihm vielleicht den größten, jedenfalls aber den desillusioniertesten Dichter des bürgerlichen Lebens macht, den Schriftsteller, der die bürgerliche Gespaltenheit und den Kompromiß, mit dem sie überdeckt wird, am schärfsten gesehen hat, ohne sich dabei der Illusion hinzugeben, dieser Zwiespalt ließe sich heilen, und noch weniger derjenigen, der Kompromiß könne zu einer wirklichen Versöhnung der einander widerstreitenden Werte führen. Für Svevo ist dieser Riß so irreparabel, daß nur eine Möglichkeit der Rettung bleibt: sich in ihn hineinzuzwängen, in irgendeiner Spalte zwischen den scharfen Zacken seiner

Ränder Unterschlupf zu suchen und dort ein paar Fetzen Glück und Zufriedenheit des wahren Lebens zu erhaschen.

In seinen beiden ersten Romanen exemplifiziert Svevo diese Lebensflucht an den Motiven Alter und Untauglichkeit als Symbolen der Befindlichkeit des Individuums in der spätbürgerlichen Zivilisation. *Senilità* (»Ein Mann wird älter«), Svevos zweiter Roman (veröffentlicht 1898), den Joyce so schätzte, unterstreicht bereits im Titel die existentielle Müdigkeit – genauer gesagt, das Bewußtsein dieser Müdigkeit –, die die europäische Kultur und die bürgerliche Intelligenz erfaßt und die innerlich, auf der unmittelbaren Ebene der Gefühle und Triebe, im Widerspruch von Liebe und Eifersucht erlebt wird. Das Altern und die Erschöpfung der Gesellschaft verdammen den Intellektuellen zur Untauglichkeit – ein Prozeß, der in einer stark von Schopenhauer und den Naturalisten beeinflußten Weise und mit der Tendenz, das Scheitern im Privaten als gesellschaftliches Schicksal zu deuten, dargestellt wird.

Svevos erster Roman *Una vita* (»Ein Leben«; 1892) sollte ursprünglich den Titel »Ein Untauglicher« tragen. Er zeigt, wie das bürgerliche Grau die natürlichen Instinkte verdorren läßt, während *Senilità* eine faszinierende Analyse nicht nur des Besitzanspruchs in der Liebe, seiner Frustration und der Eifersucht, sondern auch der Laster der unbeschäftigten Phantasie bietet. Der geschlagene Held, der sich zuletzt selbst betrügt, indem er in der Erinnerung die ungetreue und verlorene Geliebte idealisiert, ist nicht nur ein Mensch, der sein Unglück in der Liebe zu kompensieren sucht, sondern auch der apathische Intellektuelle, der sich in den Spitzfindigkeiten und Abschweifungen der Trägheit ergeht – jenem großen europäischen Übel des moralischen Müßiggangs, von dem vor allem die französischen und russischen Autoren, die Svevo vertraut waren, berühmte Beispiele geliefert haben.

In seinem Spätwerk greift Svevo diese großen Themen wieder auf, aber nicht in der Form realistischer Darstellung oder Erfindung wie in den beiden Jugendwerken, sondern als Parabel oder Metapher. Die Dichtung will nicht mehr ein umfassendes, auf illusorische und fiktive Weise seiner natürlichen Unmittelbarkeit getreues, Porträt des Lebens bieten, sondern sie wird zu einem Traktat der Existenz, einer Enzyklopädie des Lebens, offen und auf seine flüchtigen, sensiblen Verlockungen reagierend, jedoch ironisch überzeugt, sie – oder besser ihr Echo und ihre flüchtige Spur – allein in dem schmerzlichen Katalog, den die emsige und unruhige Feder davon zu Papier bringt, festhalten zu können. In diesem Sinn reiht sich Svevo in die große analytische, ethisch-wissenschaftliche Tradition der österreichischen oder mitteleuropäischen Erzählkunst ein, die vom Beginn des Jahrhunderts bis in die zwanziger und dreißiger Jahre die Literatur in ein Glossar des zeitgenössischen Deliriums, in ein Handbuch der Geometrie der Finsternis verwandelt hat.

Von *La coscienza di Zeno* (»Zeno Cosini«) bis zu den letzten Erzählungen ist Svevo von einer analytischen Leidenschaft besessen, die jede Ganzheit zerlegt, als wollte sie ein Universallexikon des Lebens daraus machen. Ebenso wie die Klassiker dieser Tradition – von Kafka bis zu Broch, von Musil bis zu Canetti (die beiden letzteren haben ihn übrigens gelesen und geliebt) – ist auch Svevo ein Landvermesser der Welt, ein Enzyklopädist, der für jede Einzelheit der Existenz, für jedes Stück der zerbrochenen Totalität Stichwörter und Definitionen zu Papier bringt. Sein Streben nach Totalität geht induktiv vom unmittelbar Gegebenen aus, um – das spezifisch politisch-gesellschaftliche Moment überspringend – zu einer anthropologischen Morphologie zu gelangen, die in der Besonderheit der marginalen Geste die historische Spannung einer Gesellschaft, einer ganzen Epoche erfaßt und verdichtet. In der ›nervösen‹ Zigarette Zenos oder im zaghaften Techtelmechtel von Giovanni Chierici, dem alten

Protagonisten der Komödie *La rigenerazione* (»Ein Mann wird jünger«), erscheint das bürgerliche Universum in seiner ganzen, verschwiegenen und vergeblich unterlaufenen, tragischen Ausweglosigkeit.

Die Darstellung des Lebens, das heißt also die Roman-Enzyklopädie, ist dazu verurteilt, unvollendet, obskur und irregulär zu bleiben. »Ich erinnere mich deutlich an alles, aber ich verstehe gar nichts«, sagt Zeno Cosini, Verfasser der Autobiographie, die ihn heilen und Klarheit gewinnen lassen sollte. Die Kategorien, nach denen die Dichtung und die Intelligenz das Gewimmel der Welt ordnen, sind bei all ihrer Strenge nicht logischer als die, mit denen der Hund Argo in der Erzählung *Argo e il suo padrone* (»Argo und sein Herr«) Ordnung in die Gerüche bringen will: »Es gibt drei Gerüche auf dieser Welt: den Geruch des Herrn, den Geruch der anderen Menschen, den Geruch Titìs, den Geruch verschiedener Tierrassen (Hasen, die manchmal, aber sehr selten, gehörnt und groß sind, sowie Vögel und Katzen) und schließlich den Geruch von Sachen.« Der fiktive Herausgeber der Betrachtungen des Hundes bemerkt, »dies ist die wahre, die große philosophische Aufrichtigkeit«. Es ist diese philosophische Aufrichtigkeit, die – längst vor der von Borges erfundenen berühmten chinesischen Enzyklopädie, die Foucault zum Ausgangspunkt für sein Buch *Die Ordnung der Dinge* nahm – die Absurdität jeder Klassifikationstabelle aufzeigt, die Unmöglichkeit, eine feste Beziehung zwischen einer Kategorie und ihren Objekten herzustellen, die Verflüchtigung jeder Identität, die sich ständig in immer kleinere Untereinheiten auflöst.

Das Bemühen, zu katalogisieren und zusammenzufassen, bleibt unaufhörlich: Herr Aghios, in der Erzählung *Corto viaggio sentimentale* (»Kurze sentimentale Reise«), nimmt sich vor, nicht nur Ordnung in seinen Taschen zu schaffen, sondern in einer von ihnen auch einen Plan der Taschen mit einem Verzeichnis der darin enthaltenen Gegenstände aufzubewahren. Der Vorsatz scheitert jedoch daran, daß es keinen festen Platz gibt, an dem man die Dinge ordentlich ausbreiten und gruppieren könnte. Dieser Ort wäre das Denken, das jedoch zersplittert ist und die Widersprüchlichkeiten der Realität nicht mehr in einer Einheit auflösen kann oder will, sondern selbst das Ferment dieser Widersprüchlichkeiten ist, das Agens, das die Einheit der Welt und des Erlebten aufhebt.

Wie Argo mit den Gerüchen, so ergeht es Zeno mit seinen Erinnerungen, genauer gesagt mit den Erfahrungen und Bedeutungseinheiten seines Lebens, die seine therapeutische Autobiographie ordnen sollte und statt dessen noch mehr durcheinanderbringt. Als Zeno sich zu Beginn des Romans mit Papier und Bleistift in der Hand zum Schreiben anschickt, bemerkt er: »Meine Stirn hat keine Falten. Ich tue mir nicht den geringsten Zwang an. Meine Gedanken erscheinen von mir losgelöst. Beinahe kann ich sie sehen. Sie steigen, fallen ... Das ist alles, was sie tun. Ich mahne sie an ihre Pflicht, deutlicher zu werden, indem ich den Bleistift erhebe. Meine Stirn faltet sich sofort: aus wieviel Buchstaben besteht doch jedes Wort. Das Gegenwärtige schließt sich gebieterisch um mich, das Vergangene verschwindet.«

Svevo gehört jener Generation von Schriftstellern an, mit denen sich – auf höchster literarischer Ebene – die fundamentale Revolution der modernen Literatur beziehungsweise die Auflösung der Totalität und des großen klassischen Stils vollzieht. Mit letzterem zerbricht auch jene metaphysische Gewalt, die – nach Nietzsche und Heidegger – jedem großen Stil innewohnt, der die schmerzlichen und auch die befreienden Dissonanzen der Welt in die geschlossene Harmonie von Form und Bedeutung preßt. Der zersplitterte Ort der Klassifikation ist vor allem die Sprache, die Ordnung des Logos und der Syntax, die dem Leben Sinn und Hierarchie aufzwingt. Mit *Nietzsche* betitelt Svevo genial eine Sammlung von Skizzen und Gedankensplittern, die zwar nicht unmittelbar mit dem deutschen Philosophen zu tun haben, ja ihn nicht einmal erwähnen, aber einem nackten und wilden Leben gelten, befreit von jeder Ordnung und jedem Wert: ein Leben ohne »Winkel, die sich mathematisch berechnen lassen« und das erscheint wie »der Streit in einem großen Wasser unter den einzelnen Wassermolekülen, welches verdunsten soll«. Das Leben ist »eine Krankheit der Materie«, ein Entzündungsprozeß, der in einem bestimmten Augenblick und ohne ersichtlichen Grund die tote Materie zum Eitern gebracht hat und in einem anderen bestimmten Augenblick in der Reinheit des Anorganischen und des Unbeseelten wieder erlöschen wird.

Wie für Musil wohnt auch für Svevo das Leben nicht mehr in der Totalität; eine Anarchie der einzelnen Atome zerfrißt die große Einheit der Rede und der Existenz, jedes Detail gewinnt Autonomie auf Kosten des Ganzen. Das Subjekt steht vor dem Wirbel einer ungeheuren Proliferation des Begehrens, in dem es sich selbst auflöst, da es seine Einheit als Kette empfindet. In *Kurze sentimentale Reise*, der ironischen Geschichte einer harmlosen Zugfahrt von Mailand nach Triest, wird der alte Herr Aghios aus der Banalität seiner Umgebung unmerklich in den Strudel des Ungewissen und Veränderlichen gezogen: Er »betrachtete ein paar Minuten lang entzückt den Rauch, der von einer Lokomotive aufstieg, die außerhalb des Bahnhofs stand. Der Wind trieb ihn vor sich her. Er stieg aus dem Schornstein in Schwaden auf und wurde vom Wind sofort aufgelöst und zerstreut. Es war, als entkleide sich jeder einzelne dieser Rauchschwaden, während sie der Zerstörung anheimfiel, und enthülle einen in ihrem Innern verborgenen Kopf, einen Rüssel, ein Lebewesen. Die Augen dieser Köpfe waren, während sie sich auflösten, weit aufgerissen, wie um besser sehen zu können, immer besser, bis sie ganz zerrissen.«

Es ist der Wirbel des Lebens, der Untergang der Tiere, die in Urzeiten die wüste Erde bevölkerten, um zu lieben und sich zu verlassen, weiter zu lieben und sich weiter zu verlassen – in jedem Stadium ihrer Evolution. In dem Traum, den der ehrbare Herr Aghios auf seinem Platz im Zug träumt, befindet er sich im All, mit der schönen Tochter, die inzestuös unter ihm liegt und deren blondes Haar im unendlichen Raum flattert.

Der Friede, das heißt die Ordnung und der Sinn, die man dem Leben gibt, kann nur eine Wirkung der Distanz sein, wie die täuschende Unbeweglichkeit der Lichter eines fernen Dorfes, das man vom Zugfenster aus sieht. Es geht um die willkürliche Annahme eines perspektivischen Punktes, der dem stolzen Ich die fiktive Organisation des Chaos ermöglicht.

Zenos Lachen erwächst aus dieser Leere und dem ironischen, schmerzlichen Kleinkrieg, durch den er sie unterlaufen will. Svevo ist der postmoderne Schriftsteller, der vielleicht deutlicher als jeder andere den Untergang der individuellen Existenz erkannt hat. Für sich selbst beschränkt er sich – in dem selbstironischen Bericht *Soggiorno londinese* (»Londoner Aufenthalt«) – darauf, »jene ständige eigenartige Zerstreutheit, die mein Schicksal ist«, zu registrieren.

Svevo sucht die Rettung aus dieser Zerstreutheit in einem ständigen Pendeln zwischen dem Leben und der Darstellung des Lebens. In den späten Erzählungen und Entwürfen, die – wie Gabriella Contini schrieb – wahrscheinlich in einen vierten Roman hätten münden sollen, stellt er sich vor, Zeno Cosini, Protagonist und fiktiver Verfasser seiner Autobiographie, sei ein wenig älter geworden und entdecke, daß er die unruhige Bewegtheit seines Lebens der toten Starrheit des Schreibens geopfert und sich selbst in seiner Autobiographie versteinert habe, daß er inzwischen nur mehr der sei, der sein Leben geschrieben, und nicht der, der es gelebt habe. In *Le confessioni del vegliardo* (»Die Bekenntnisse des alten Mannes«), einer dieser letzten Erzählungen beziehungsweise Romankapitel, begreift der alte Zeno, daß das Wichtigste seines Lebens jene Beschreibung eines Teils davon ist, die er selbst zu Papier gebracht hat, und daß dieser Teil, der an und für sich nicht bedeutend gewesen war, es nun ebendeshalb geworden ist.

In diesen Erzählungen findet ein beständiger Rollentausch zwischen Alter, Untauglichkeit und Schreiben statt. Wenn das Svevianische Individuum der Lebensuntaugliche ist, dann ist der Alte das Svevianische Individuum par excellence, der Bedrohte, der vom Leben, aber auch vom sozialen Getriebe, das aus jedem einen Besiegten macht, Ausgeschlossene. Altern wird zum Symbol des Überlebens. Wenn das Leben eine Krankheit der Materie ist, dann ist das Alter das wahre Gesicht dieses Lebens, verstanden als Krankheit, als entropischer Prozeß und negative Evolution – aus der pessimistischen Sicht eines bürgerlichen Intellektuellen, der illusionslos und ohne sich davon auszuschließen den Niedergang seiner eigenen Kultur beobachtet. Aber in diesen meisterlichen Texten des späten Svevo, in denen eine lächelnde, doppeldeutige Weisheit mit dem Schleier liebenswürdiger Zurückhaltung die tiefsten Wunden und Risse der Persönlichkeit überdeckt, ist das Alter nicht mehr das Bild der Untauglichkeit, sondern das des eigentlichen Lebens; es ist das Bollwerk gegen die Untauglichkeit oder verkörpert zumindest den Kleinkrieg, durch den sie zurückgedrängt, vertuscht und in eine Waffe zum Kampf für das Überleben verwandelt wird.

»Das Leben eines alten Mannes ist wirklich wild.« Das Alter ist wild, weil es der Stillstand ist; es ist, sagt Svevo, das Leben, dem nur das fehlt, was es nie besaß, nämlich die Zukunft, und das deshalb auf bloße Gegenwart reduziert ist, auf ein freundliches und tatenloses Intervall, auf Müßiggang ohne Pflichten und Sinn. Nicht zufällig schreibt der Icherzähler der späten Texte Svevos über *Mein Müßiggang*. Das Alter bedeutet Freiheit von der Verpflichtung, sich und den anderen den eigenen Wert, die eigene Tüchtigkeit und Vitalität unter Beweis zu stellen. Gegen das Unbehagen in der Kultur, die den Menschen zunehmend der Natur, also dem Leben entfremdet, wehrt sich der Svevianische Held, indem er sich damit abfindet und sich darin einzurichten versucht. Vor diesem Unbehagen in der Kultur rettet sich nur, wer es bis zur Neige lebt, indem er sich so weit damit identifiziert, daß er es zu seiner eigenen Natur macht, zur einzig authentischen.

Die Alten Svevos sind, wie er in einer Tagebuchnotiz vermerkt, damit beschäftigt, »täglich etwas hinzukritzeln«. Diese Tätigkeit ist, heißt es in *Il vecchione* (»Der Greis«), eine »Gesundheitsmaßnahme«. Sie dient dazu, die Alten jung zu erhalten, also lebendig und gesund. Schreiben bedeutet, das Leben in Vergangenheit zu verwandeln, das heißt zu altern; sich von der widerborstigen und kantigen Gegenwart zu befreien, um eine andere, glatte und in einem reinen, unbestimmten Dahinfließen sich erschöpfende Gegenwart dafür einzutauschen: die des Alters oder der Lektüre.

»Das einzig Wichtige im Leben«, sagt der alte Mann in den *Bekenntnissen*, »besteht in der Selbstbesinnung.« Und er wünscht sich, daß das Leben »literarisiert« werde, daß jeder seine Zeit damit zubringe, das Leben zu lesen, das von anderen geschriebene oder noch besser sein eigenes. Diese Einsicht ist bitter, aber auch tröstlich; sie beinhaltet die Erkenntnis, daß das wirkliche Leben ohne Spuren vergeht, aber auch die beruhigende Entdeckung eines Schutzes vor den sinnlosen Verwundungen und absurden Schlägen, die einem das »grauenvolle wirkliche Leben«, wie der alte Mann sich ausdrückt, im Augenblick, in dem es gelebt wird, unbarmherzig beibringt. Die große mitteleuropäische Literatur hat – von Svevo bis Kafka, von Musil bis Canetti und Doderer – die Angst vor dem unmittelbaren Leben zum Ausdruck gebracht, das im Augenblick seines Flusses verletzt und zubeißt, und den Versuch unternommen, durch Schreiben einen Schutzmechanismus gegen diese Grausamkeit zu konstruieren.

Alter und Schreiben bedeuten die anarchische Zersetzung jeder definierten Organisation der Existenz; sie kulminieren nicht im Moment der Realisation, sondern in dem der Möglichkeit: in der Unabhängigkeit des alten Mannes, der das Familieninferno hinter sich läßt, oder in der glücklichen Erwartung des Schriftstellers Mario Samigli (in der Erzählung *Una burla riuscita* – »Ein gelungener Scherz«), der mit der Feder in der Hand vor dem immer leeren Blatt sitzt: »Diese Jahre waren die glücklichsten seines Lebens. Sie waren reich an schönen Träumen und frei von jeder beschwerlichen Mühewaltung. Sie waren wie eine zweite fröhliche Kindheit und köstlicher selbst als die Reifezeit des glücklicheren Schriftstellers, der, von dem Worte mehr getrieben als gehemmt, alles zu Papier bringt und dann einer leeren Schale gleicht, während er immer noch glaubt, eine schmackhafte Frucht zu sein.« Svevos Held versucht auf diese Weise, weniger einen Zustand der Trägheit als vielmehr den einer ständigen, immer offenen Spannung festzuhalten: »Dieser glückliche Zustand« – heißt es in *Ein gelungener Scherz* weiter – »konnte nur Bestand haben, solange Mario sich mühte, ihm ein Ende zu machen, und Mario mühte sich ständig, wenngleich er keine allzu gewaltigen Anstrengungen machte. Zu seinem Glück gelang es ihm aber nie, den Weg zu finden, der ihn in das Ungewisse geführt hätte.«

Dieses Scheitern der Svevianischen Figur, die den Weg hinaus nicht findet, ist zugleich ihre wirksamste Verteidigung. Beim alten Mann wird diese unbewußte Verteidigung zur bewußten List. Aus der Psychoanalyse bezieht Svevo vor allem den Sinn für das Unbehagen in der Kultur, der am Ende von *Zeno Cosini* zur Vorausschau einer globalen Vernichtung führt. Der Svevianische Held hat nicht die Angst, nicht geliebt zu werden, sondern die, nicht zu lieben; er fürchtet nicht, daß sein Verlangen ungestillt bleiben, sondern daß es verlöschen könnte. Svevo hat begriffen, daß der moderne Mensch sich nicht nur in seiner Möglichkeit, glücklich zu sein, beeinträchtigt fühlt, sondern auch in der, nach Glück zu streben, und daß er Angst hat, an den Wurzeln des Lebens und des Gefühls verletzt zu werden. Es ist nicht die Vernunft, die bedroht wird, sondern das Unbewußte, die Tiefe des Begehrens. Die höchst menschliche Vernunft der Svevianischen Figuren ist – wie Eduardo Saccone scharfsichtig bemerkte – darauf bedacht, eine Strategie zu entwickeln, um die Gefahr, nicht mehr zu lieben, nicht mehr zu begehren, zu bannen oder zumindest zurückzudrängen.

Diese Kunst des Zurückdrängens und Hinausschiebens ist eine typisch habsburgische Verteidigungstechnik, ein ›Fortwursteln‹, das zu einem politischen Lebensstil wurde. Österreich, provisorischer Kompromiß zwischen antithetischen Tendenzen und prekäres Nebeneinander von Gegensätzen, verdankte sein Überleben seit dem vergangenen Jahrhundert der Kunst, diesen provisorischen Zustand zu erhalten und jeder Entscheidung auszuweichen, die dieses Gleichgewicht zerstört und viele seiner wesentlichen antithetischen Komponenten eliminiert beziehungsweise zu einer eindimensionalen Linie vereinfacht hätte.

Nur das Umgehen einer Entscheidung ermöglicht ein etwas längeres Überleben. Von den Figuren Grillparzers bis zu denen Hofmannsthals vermeidet der österreichische Held eine Entscheidung, um nicht unterzugehen; er bewegt sich ständig zwischen zwei Polen und versucht, die antithetischen Stränge möglichst weit voneinander entfernt zu halten, damit sie sich nie in einer Synthese berühren, die ihre Zerstörung bedeuten würde. Zwischen Gattin und Geliebter, zwischen Gesundheit und Krankheit, zwischen Rauchen und Entgiftung, zwischen Trieb und Moral, zwischen Ada, Augusta und Carla, zwischen dem konkret Existierenden und dem nur Eingebildeten treffen Zeno und die anderen Alten bei Svevo nie eine Wahl, um nicht zu verlieren. Diese Verhaltensstrategie der Entschlußlosigkeit und des Ausweichens, die die im

Spiel befindlichen Teile stets daran hindern will, sich zu einem endgültigen Ganzen zu vereinigen, ist die Sphäre des prekären und bedrohten Lebens, des erotischen Begehrens, das immer durch die ironischen Schwingungen entflammt, die Sphäre der stets flüchtigen Bedeutung. Das Ich selbst löst sich in einem bewegten Spannungsfeld auf, und in dieser Bewegtheit findet es seine wahre Identität.

Die Bewegung des Svevianischen Romans liegt in der Suche nach einer denkbaren Alternative für die zwingend zweigleisige Anlage des Dilemmas: Die Entschlußlosigkeit wird zum Widerstand gegen die Nivellierung der vielfältigen vitalen Potenzen innerhalb des rationalisierten und verdinglichten Universums bürgerlicher Planung. Dem Kult des Realitätsprinzips in jeder Version – hegelianisch oder freudianisch – wird das Gefühl für die Möglichkeiten entgegengesetzt.

Dieses Ausweichen ist auch die Haltung der Triestiner Gesellschaft, ihrer unschlüssigen und kompromißbereiten merkantilen Schicht, aus der Svevo eine existentielle Kategorie gemacht hat. Der Alte bei Svevo ist der große Anarchist, insofern er, von der Realität entthront, mit deren Fassade spielt und als einziger weiß, daß würdevolles Auftreten das Mäntelchen der Heuchelei ist. Das anarchische Bewußtsein vom Nihilismus des modernen, gänzlich formalisierten Lebens unterdrückt auch jeden unmittelbaren Protest gegen diesen Greuel, um mit dessen Logik nicht einmal in Berührung zu kommen. Mit »von der Sonne müden Augen« und dem »Bedürfnis nach Ruhe« läßt der »Greis« in einer der späten Erzählungen die Dinge an sich herankommen und vorübergleiten, ohne daß sie ihm etwas zu sagen hätten. Aber der Alte ist auch der einzige, der – zum Beispiel in der Komödie *Ein Mann wird jünger* – einen tragikomischen Ausbruch aus der Ordnung versucht, während die anderen, die Jungen, lediglich darauf brennen, sich zu integrieren.

Diese skeptische und abenteuerliche Überwindung

des eigenen Selbst ist zugleich ein ironisches Ausweichen vor der Tragödie. Man findet sich damit ab, die bürgerliche Welt zu lieben, die man nicht achten kann. Der Alte in *Ein Mann wird jünger* sieht sich zwischen Dingen, die sich nicht an ihrem Platz befinden, aber er sagt, er lebe, als ob sie es täten. Die liebenswerte Oberflächlichkeit des bürgerlichen Lebens wird zum Schleier, der das Nichtvorhandensein eines intensiven und tiefen Lebens verhüllen soll, zum konformistischen und korrekten Gewand, das man in gelassener Respektierung der Normen und Formen anlegt, als verberge die konventionelle Fassade einen mysteriösen Wesenskern, während man doch genau weiß, daß dahinter nichts ist. Das äußere Benehmen, die freundliche und banale bürgerliche Wohlanständigkeit erscheinen als der einzige Schutzwall vor der dahinterliegenden Leere, vor der verzweifelten Erkenntnis, daß es kein wirkliches Leben gibt oder aber, daß es grauenvoll ist.

Nachdem sie die Unordnung und Absurdität der Urwurzeln des Lebens ergründet hatte, schuf sich Svevos Intelligenz eine Nische im Chaos und entwickelte eine sublime Strategie, mit der Unmöglichkeit zu leben zurechtzukommen. Der alte Mann, der sich an alles erinnert und nichts begreift, der in den Strudel der Triebe eintaucht und korrekt am Schreibtisch seines Büros sitzt, weiß, daß der moderne Bürger keine persönliche Biographie hat. Aber gerade dieses Wissen verschafft ihm die einzig denkbare persönliche und originelle Biographie, ermöglicht Zeno sein zarathustrisches Lachen, das sich auch gegen ihn selbst wendet, gegen die Ambiguität der eigenen Intelligenz, die in ebendem Betrug verwurzelt ist, den sie demaskiert, ohne sich von ihm lösen zu können.

Auf einer der letzten Seiten, die Svevo schrieb, stellt sich sein alter Mann, während er sich zu mitternächtlicher Stunde auszieht, um zu Bett zu gehen, vor, daß ihm jetzt Mephistopheles erscheinen und den alten Pakt anbieten könnte. Er hätte keine Hemmungen, ihm seine Seele zu verschreiben, aber er wüßte nicht, was er dafür erbitten sollte: nicht die Jugend, denn die ist ebenso schrecklich, wie das Alter unerträglich ist; nicht die Unsterblichkeit, denn das Leben ist nicht auszuhalten, auch wenn der Tod grauenvoll ist. Während er sich den Teufel wie den Vertreter einer Firma vorstellt, der nichts mehr anzubieten hat – in der Hölle sitzend und sich verlegen den Bart kratzend –, schlüpft er lachend unter die Decke. Und seine Frau, die schon halb eingeschlafen ist, murmelt, wie glücklich er doch sein müsse, daß er sogar um diese Stunde noch zum Lachen aufgelegt sei.

5. Slatapers Veilchen

Slataper faßt das Problem der bürgerlichen Stadt in klare historisch-politische Termini; Svevo erlebt und erkundet sie auf der minimalen Ebene, auf der alltäglichen. In ihm weckt die bürgerliche Stadt die Vorahnung einer Sackgasse und eines Endes: der Sackgasse und des Endes einer lokalen Führungsschicht, nämlich der triestinischen, genauer gesagt, der triestinisch-jüdischen (wie Fabio Cusin 1945 in seinem Bändchen *La Liberazione di Trieste*, »Die Befreiung Triests«, schreibt), die zum Symbol der herrschenden Klasse des alten Europas wird. Slataper stellt sich den eindeutig politischen Themen der »gequälten Seele« Triests, richtet seinen Blick auf die Zukunft und will aus dieser gequälten Seele eine neue Kultur begründen.

Dieses Vorhaben schließt einen tiefen Widerspruch in sich: zwischen dem vitalen, auf den Aufbau gerichteten Elan und der strengen Selbstbeschränkung, die er sich ebendieses Zieles wegen auferlegt und die letztlich zur Selbstverleugnung führt und die Energie in Todestrieb umschlagen läßt – ein Umschlag, der die Leidenschaft, eine Kultur aufzubauen, schwächt, weil er dunkel ahnen läßt, daß sie keinen Bestand haben wird.

In einer Erzählung aus dem Jahr 1965 erinnert sich der Gradeser Dichter Biagio Marin an einen Februarmorgen in Rom 1915, den er mit Slataper verbrachte. Es herrschte die gespannte Atmosphäre, die kennzeichnend war für die Monate vor dem Kriegseintritt Italiens, und die beiden Freunde widmeten diesen Vormittag dem Besuch der Gräber Shelleys und Keats', die unter einem dichten Veilchenteppich lagen. Slataper, der noch vor Ablauf eines Jahres sterben sollte, hatte bereits *Il mio Carso*, die

Hebbelübersetzungen und seine politischen und literarischen Artikel veröffentlicht, die die Entstehung der Triestiner Literatur markierten. Er hatte mit einer Dissertation über Ibsen promoviert, die auch heute noch zu den fundiertesten Arbeiten über den norwegischen Dichter zählt, und er war, wie Marin schreibt, der eigentliche Kopf der Triestiner Vocianer, ihr anerkannter moralischer und intellektueller Führer. Marin – Verfasser einer damals noch unbekannten, vor allem aber unbeachteten Sammlung von Gedichten in seiner heimischen Mundart (1912) – war der ergebene und ungezähmte jüngere Bruder, der undisziplinierte und ungestüme Provinzler, der sich selbst für ungebildet hält und voll Bewunderung auf die feste Wertordnung des großen Bruders blickt.

An diesem Morgen in den Straßen Roms ist es Slataper, der mit selbstvergessener Leidenschaft redet: Er redet von Dichtung und Größe, von Pflichten und Opfern, mit denen ihrer beider Weg gepflastert sei, und von der schweren Prüfung, die mit dem Krieg auf sie zukomme – einem Krieg, den er mit den Illusionen des mazzinischen und sozialistischen Intellektuellen sieht, der sich von ihm das Ende der Unterdrückung, das Erwachen ungebrochener »jahrhundertealter« Kraftreserven der Völker und eine neue Solidarität unter freien Nationen erwartet. An diesem klaren, schon fast frühlingshaften Februartag ist Marin – der sich fünfzig Jahre später desillusioniert, aber immer noch bewegt an die Dementis erinnert, mit denen die Geschichte diese Träume widerlegt hat – nur derjenige, der zuhört. Er lauscht Slataper mit dem enthusiastischen Respekt, aber auch mit der leisen Unsicherheit des Schülers, der sich einem resoluten Meister gegenübersieht.

In ihr Gespräch vertieft, kommen die beiden an einer kleinen Veilchenverkäuferin vorbei, halb noch ein Kind und halb schon eine Frau, die, von der hohen und eindrucksvollen Gestalt Scipios bezaubert, ihm plötzlich naiv und verwirrt den ganzen Bund Blumen hinstreckt:

»Sie gehören dir, du Schöner, nimm sie alle.« Scipio, der verblüfft stehengeblieben ist, um das Mädchen nicht umzurennen, winkt mit seiner großen Hand ab. Als die Kleine ihm die Blumen trotzdem weiter vors Gesicht hält, die Augen schon voller Tränen wegen seiner Ablehnung, schiebt Slataper den Veilchenbund weg, tut einen Schritt zur Seite und geht weiter »seinen Weg, auf dem soviel getan werden mußte« – zum Wohl aller. Und Marin, immer noch auf seinen Fersen, jedoch nicht mehr der unterwürfige Schüler, überschüttet ihn mit Vorwürfen wegen seiner Hartherzigkeit und der Verachtung dieser Gabe der Götter, wegen seiner Stumpfheit gegenüber jenem Gesetz, das das Mädchen dazu bewogen hatte, ihm alles zu geben, was es besaß. An dieser Stelle wird die Anekdote zum Apolog, zur Lehrfabel über einen Zwist im Herzen unserer Kultur. Im Eifer des Disputs verteidigt Marin das Gebot zu verweilen, die Gaben des Lebens anzunehmen, während Slataper auf der Notwendigkeit besteht, die zarten Verlockungen zu negieren, um das Ziel nicht aus dem Auge zu verlieren, nicht im Fluidum der Möglichkeiten aufzugehen, nicht zu vergessen, was man den anderen schuldet.

Marin erzählt diese Episode mit einer bezaubernden Frische, jener Veilchen würdig und durch den Geist und die Jahre gefiltert. Am Vorabend des großen Krieges – der das Ende jenes Humanismus bedeutet, in dessen Namen die beiden Freunde miteinander streiten, und damit vielleicht auch des Zwistes, der sie trennt – ist die Erzählung eine wunderschöne Parabel jenes Konflikts zwischen Lebensfülle und ethischer Verantwortlichkeit, der die westliche Kultur seit der Geschichte von Odysseus und den Sirenen begleitet und bis zu der schmerzlichen List reicht, mit der der alte Goethe die Leidenschaft durch den Verzicht zu überwinden und zugleich zu retten versucht – oder, wenn man so will, bis zu den Forderungen von heute, die von einer Revolution nicht nur eine neue Ordnung, sondern Glück und Freude erwarten, eine Totalität des Lebens, die der Zivilisation den Tribut der Repression verweigert.

Wie jeder echte Dialog spielt sich auch der zwischen Marin und Slataper zwischen Partnern ab, von denen der eine die Position des anderen versteht und achtet, ja nahe daran ist, sie zu teilen. Marin ignoriert nicht die Moral, und Slataper unterschätzt nicht die Gnade. Nicht zufällig wirft Slataper in seinem Buch über Ibsen dem Norweger eine ethische Unbeweglichkeit vor, die ihm das Leben erstarren zu lassen scheint und gegen die er den freien Fluß der Shakespeareschen Leidenschaften beschwört. Marin dagegen wird sich in seinem Werk und in seiner ganzen Existenz auf kühne Weise fähig zeigen, die eigene Spontaneität und den Überschwang des Gefühls unter Kontrolle zu halten. Im übrigen besteht das Pathos des Lebens, das sich dem Bewußtsein widersetzt, der dionysische Eros, der sich der Herrschaft und Kontrolle der Vernunft entzieht, nur im Konflikt mit dem Bewußtsein und löst sich auf, wenn dieses durch die kollektiven Mechanismen nivelliert wird.

In diesem Dialog ist Marin eine der beiden streitenden Stimmen und zugleich der Chor, der sie miteinander versöhnt und eins werden läßt. Die Größe Marins, die seiner Dichtung und die seiner Person, wird – im fruchtbaren Crescendo seiner Kreativität vom Beginn des Jahrhunderts bis in die achtziger Jahre – in dieser ungewöhnlichen Ganzheit, im Miteinander von Zerrissenheit (jenem ununterbrochenen Zwist, in dem das individuelle Bewußtsein mit der Welt liegt) und Harmonie bestehen. Marins intensive sinnliche Liebe zu den individuellen Formen will diese genießen, aber zugleich übersteigen; er strebt in ihnen und über sie hinaus nach jenem »Meer des Ewigen« (*El mar de l'eterno*, wie eine Sammlung seiner Gedichte von 1967 heißt), aus dem sie kommen und in das sie zurückkehren. Die Liebe zur vollendeten Form, die seine weite und unerschöpfliche Dichtung bestimmt, ist auch der Wunsch nach Metamorphose, Unduldsamkeit der eigenen Individualität gegenüber, die ihn daran hindert, ein anderer zu sein und zu werden, sich mit den übrigen Bildern der Welt zu identifizieren.

Die Einheit der Lyrik Marins – der sich mit seiner ganzen Existenz zu einer vitalen, in ihren abnormen Auswüchsen fast monströsen, aber in eine reine und immaterielle Musikalität transponierten Proliferation bekennt – steht jenseits des von der Vocianer Generation gelebten Konflikts, obwohl sie dieser in ihrer ethischen Anspannung verpflichtet ist. Marin, so schrieb Pasolini, besingt unaufhörlich die zeugende Erregtheit, die geschichtslose und absolute Unschuld einer Geschlechtlichkeit, die sich nicht erschöpft und selbst noch den Tod umarmt. Ausgehend von der erhabenen, undurchschaubaren, ewigen Wiederkehr in der Natur, begründet Marins Dichtung in ihrer Synthese von sinnlicher Sehnsucht und musikalischer Transparenz die Einheit der Welt, eröffnet einen Horizont, an dem die Erscheinungen der Welt ins Licht tauchen.

Und doch ist Marin, was das Bewußtsein des ethischen Konflikts angeht, Vocianer und Slataperianer. Davon zeugt zum Beispiel das Epigraph, das er in dem Band *In memoria* (1978) seinem Enkel Guido gewidmet hat: »Die in diesem Band versammelten Gedichte sind aus dem Bedürfnis entstanden, das Andenken an einen jungen Mann zu bewahren und vor dem Geheimnis seines Todes zu verweilen. Er war ein edles und sanftes Geschöpf, und ich, sein Großvater, hatte ihn sehr gern. Guido, Serenas Sohn, der im Juli 1977 sein Diplom als Schiffsingenieur erworben und sich verlobt hatte, tötete sich nach einem Gespräch mit seinem Vater am 11. November 1977 durch einen Pistolenschuß. Keiner von uns hat ihm das rettende Wort zu sagen gewußt.«

Die Generation der Triestiner Vocianer, geführt und verkörpert von Slataper, hat dieses rettende Wort gesucht, das aus dem stets gegenwärtigen Tod geboren wird und ihn zugleich zu überwinden vermag. Der Karst,

Symbol der Unfruchtbarkeit und zugleich der strengen Frische des vom Tod umgebenen Lebens, wird für Slataper zum Symbol des lebenspendenden dichterischen Wortes: »Hier ist Geröll und Tod. Aber wenn ein Wort aus dir geboren werden soll – küsse den wilden Thymian, der das Leben aus den Steinen saugt!« Dieses Wort, das geboren wird, steht zugleich für die sprachliche Leistung des Triestiner Schriftstellers, seine mühsame Eroberung der italienischen Sprache, jene »Sprachanstrengung«, die der Literaturkritiker Pietro Pancrazi bei den julischen Schriftstellern entdeckte und die unter anderem die berühmten Vorwürfe gegen Svevo, »schlecht zu schreiben«, nach sich zog.

Die Triestiner Gruppe, die im ersten Jahrzehnt des 20. Jahrhunderts in Florenz studiert – Slataper, Giani und Carlo Stuparich, Spaini, Devescovi, Marin und viele andere –, ist auch auf der Suche nach einer sprachlichen Bildung, nach einer stilistischen Vervollkommnung ihres Italienisch, die es ihr ermöglicht, ihre eigene Kultur zu begründen und zu entwickeln. Florenz wird zum Pol einer ideellen Linie Florenz–Wien oder eines Dreiecks Florenz–Wien–Prag (wo beispielsweise später Devescovi und Giani Stuparich studieren). Drei Städte, die (neben anderen) die Kulturzentren darstellen, in denen die jungen Triestiner Intellektuellen ihre Bildung erhalten und gleichzeitig eine Vermittlungsfunktion ausüben. In Triest entdeckt man zu Beginn des Jahrhunderts eine in Italien noch unbekannte internationale Literatur: Strindberg, Freud, Weininger, Ibsen, Hebbel. Rilke findet auf Schloß Duino ein provisorisches und zugleich dauerhaftes Asyl in seinem unsteten Leben und erhält dort die erste Anregung zu den *Duineser Elegien*. Die jungen Triestiner Schriftsteller entdecken ihre Originalität und ihre Funktion, indem sie sich sowohl der italienischen wie der deutschen Tradition einer akademischen Literatur entziehen. Sie schließen sich in Florenz der vocianischen Bewegung an, die die nationale Kultur erneuern will und von den offiziellen, kanonisierten Vorbildern abrückt; und sie wenden sich in Triest einer neuen deutschen und nordischen Literatur zu, die der klassizistischen und romantisierenden, wie sie sich die deutsche Volksgruppe in Triest zu eigen gemacht hatte, antithetisch gegenübersteht.

Slataper stellt den italienischen Lesern die *Tagebücher* und die *Judith* von Hebbel vor und ganz besonders Ibsen; Giani Stuparich wird mit seinem Buch *La nazione ceca* (»Die tschechische Nation«; 1915) einen wesentlichen Teil der mitteleuropäischen Kultur erschließen; Alberto Spaini wird einer der ersten Kafkaübersetzer und -interpreten, Ervino Pocar einer der bedeutendsten Übersetzer und Vermittler deutscher Literatur werden. Die jungen Triestiner kommen wie bartlose und ungehobelte Schüler nach Florenz und erhalten dort ihren Schliff und ihre Bildung. Dennoch leisten auch sie einen originellen intellektuellen Beitrag zu *La Voce* und spielen innerhalb dieser Bewegung eine gewiß nicht zweitrangige Rolle. Diese fruchtbare Begegnung vollzieht sich nicht ohne Konfrontationen und Mißverständnisse, nicht ohne Reibereien und Streitigkeiten. Der Verriß von *Il mio Carso* durch den großen toskanischen Essayisten Emilio Cecchi (der Slataper einen »Amateur-Siegfried« nannte) ist bezeichnend für dieses nicht immer leichte, aber für beide Seiten stets anregende, kreative Verhältnis.

Die Generation der Triestiner Vocianer begründet ihre eigene Kultur, indem sie die große europäische entdeckt und vermittelt, die die ›Kulturkrise‹, die Krise des Wissens und seiner Organisation diagnostizierte und bewußtmachte, die unüberbrückbare Kluft zwischen Leben und Sinn, zwischen Leben und Darstellung. In diesem Zusammenhang hat Gino Brazzoduro bemerkt, die Triestiner Intellektuellen hätten ausgerechnet die große österreichische Literatur nicht zur Kenntnis genommen, die in jenen Jahren die fundamentale Krise, die Unzulänglichkeit der Sprache, die Leere des Realen und die Negativität des Denkens entdeckte: die frühen Werke Musils, die ersten Erzählungen Hofmannsthals, die blitzende Kürzestprosa Altenbergs und andere Texte jener außerordentlichen Kultur der Krise. Nur Tavolato habe – als einziger Triestiner Intellektueller – zum Beispiel Karl Kraus wahrgenommen, dessen sprachlich-moralische Entmystifikationen ein wesentliches Moment dieser Kultur gewesen seien. Dieser Kritik ist vor allem entgegenzuhalten, daß der ›negative‹ Charakter der Donaukultur zu Beginn des Jahrhunderts erst in allerjüngster Zeit ins allgemeine kritische Bewußtsein trat und man damals nicht einmal in Wien eine klare Vorstellung von der Radikalität dieser Kultur besaß – man kann sie also auch nicht aufgrund einer soviel späteren Einsicht von den Triestiner Autoren verlangen.

Im übrigen überwiegt auch in diesem Fall die weitsichtige Optik der Triestiner Kultur, die scharf in die Ferne sieht und das Naheliegende unbeachtet läßt. Selbst Angelo Vivante, der sich vielleicht mehr als jeder andere das Slawenproblem bewußtmacht, schaut lieber auf die ferner liegende slawische Welt als auf den unmittelbaren slowenischen Nachbarn. Ebenso erfassen die Triestiner Intellektuellen die fundamentale Krise eher in deren geographisch entfernteren Manifestationen, zum Beispiel in der skandinavischen Literatur, als in denen, die ihnen in Wien unmittelbar vor Augen treten. Ibsen, in dessen Werk die nihilistische Intuition des Konflikts zwischen Leben und Darstellung – und der Krise des Individuums, das in diesem Konflikt steht – ihren vielleicht bedeutendsten Ausdruck findet, wird in Slatapers genialem, 1916 postum erschienenen Buch in seiner ganzen außergewöhnlichen, überzeitlichen Größe erfaßt, die ihn noch heute zum Interpreten unseres Dilemmas, zum Spiegel unserer Existenz macht.

In Slatapers Darstellung erscheint Ibsen als der tragische Entlarver der »Megalomanie des Lebens«, die die Verwirklichung des Individuums nicht zuläßt und es dadurch schuldig werden läßt; als der Dichter des Unbehagens in der Kultur, des falschen Lebens, das uns das vergeblich ersehnte wahre vorenthält; als der Dramaturg des Dilemmas zwischen der tödlichen Zersplitterung des Ichs und seiner ebenso tödlichen Erstarrung; als der Schriftsteller, der die eigene Kultur untergehen sieht und zu den dunklen Wurzeln des Lebens und der Triebe hinabsteigt, um sie ans Licht zu bringen, und der feststellen muß, daß sie tot sind und daß der Tod der Preis der Analyse und der tragischen Selbstfindung ist. Ibsen ist der Künstler, der, um das Leben porträtieren zu können, sich außerhalb desselben stellen und es verlieren muß; die Darstellung – das Wissen, die Kultur, die Kunst – ist gleichbedeutend mit dem Tod. Es gibt keinen Sinn, der das Leben übersteigt, aber ohne ihn ist das Leben verloren. Die Essenz der Kultur ist Nihilismus – zerstörerischer und selbstzerstörerischer.

Ebenfalls durch die Beschäftigung mit Ibsen kommt der Görzer Carlo Michelstaedter, eine der bedeutendsten philosophischen Begabungen des Jahrhunderts, zu seiner radikalen Auffassung vom Nihilismus der Zivilisation und dessen Todesverlockung. Die moderne Existenz, bar eines Fundaments, eines zentralen Werts, der jedem ihrer Augenblicke und deren Abfolge einen Sinn gäbe, ist ein bloßes Dahinschwinden, ein ständiges Nichtsein, eine dunkle Flucht. Sie ist die Beschleunigung des Gewichts, das – wie Michelstaedter in den ersten Zeilen seines Meisterwerks *La persuasione e la rettorica* (»Überzeugung und Rhetorik«; 1910) schreibt – ohne jede Unterbrechung fallen muß, da es sonst kein Gewicht mehr wäre, seine Identität verlöre: »Sein Leben ist dieser Mangel an Leben.« Das Wissen mit seinen Organisationsformen ist Rhetorik; die Überzeugung ruft, wie in Michelstaedters Gedichten, dazu auf, die tödliche und falsche Sicherheit des Hafens zu verlassen, sie lockt ins Weite, aufs offene, grenzenlose Meer hinaus.

Wie alle großen Bücher ist *La persuasione e la rettorica*

zugleich ein flammendes persönliches Zeugnis und die objektive Diagnose eines epochalen Phänomens, ein Werk von begrifflicher Strenge und poetischem Atem, vergleichbar den Platonischen Dialogen und den *Operette morali* (»Kleine moralische Werke«) Leopardis. Michelstaedter entlarvt die Entwicklung der Zivilisation, die das Individuum der Überzeugung beraubt, das heißt der Kraft, im Vollbesitz der eigenen Gegenwart und der eigenen Person zu leben, ohne sie unaufhörlich in der Erwartung eines Resultats zu vergeuden, das immer erst kommen soll und nie da ist. Tatsächlich leben die Menschen nur »einstweilen«, darauf wartend, daß das Leben eintreffe, und es in dieser Erwartung verzehrend, stets in der Hoffnung – wie es in dem bezaubernden venezianischen Volkslied heißt, das Michelstaedter zitiert –, »daß die Steine Brot werden« und »das Wasser Champagner«, vor allem aber, daß einmal »die Stunde kommt, in der man zum Teufel geht, damit man nicht mehr hoffen muß«.

Es ist das Bildnis unseres Lebens, das wir verlieren, weil wir immer darauf warten, daß etwas vorbeigeht: die Grippe, das Examen, die Hochzeit oder die Scheidung, daß die Ferien anfangen, daß der Befund des Arztes kommt. Es ist die mit außergewöhnlicher Strenge durchgeführte Analyse einer philosophischen Entfremdung, deren Anfang mit dem Beginn des Abendlandes zusammenfällt, als an die Stelle der Weisheit – der ungeteilten Einheit von Leben und Denken – das Wissen und die Organisation des Wissens und damit die »Rhetorik« traten, das enorme Räderwerk der Kultur, mit dessen Hilfe es den lebensunfähigen Menschen gelingt, sich selbst zu betrügen, das vernichtende Bewußtsein ihres Mangels an Leben und Sinn zu verdrängen.

Die Stimme Michelstaedters unterscheidet sich von der vieler anderer, die – vor allem aus der Kultur des Fin de siècle heraus – die Rhetorik der Zivilisation zu entlarven suchen. Er hat nicht jenen Orakelton, den tausendjährigen prophetischen Dünkel, die selbstgefällige Pose eines legalen Bevollmächtigten des Seins, die die Schriften so vieler, auch großer Meister der Entlarvung pathetisch und unerträglich erscheinen lassen. Michelstaedter ist ein Dichter, und solche titanischen Herausforderungen des Denkens sind nur authentisch, wenn sie sich in Dichtung umwandeln lassen, wenn sie sich in sensible Erfahrung, in ihre Widersprüche und in ihre Schwächen, in ihre eigene Armseligkeit zu versenken vermögen. In den Schriften Michelstaedters liegt auch die Demut dessen, der erkennt, daß er keiner Überzeugung fähig ist. In seinen Gedichten empfindet er – der den Selbstmord als Akt tiefster Knechtschaft, äußerster Begierde, das Leben aufzubrauchen, verurteilt – dagegen die Verführung des Nichts, erliegt der Verlockung des Todes, der die Angst vor einem Leben, das in jedem Augenblick vom Sterben bedroht ist, auszulöschen verspricht.

Die Triestiner ›Kulturtraditionen‹, deren Existenz Slataper bestreitet, existieren vielleicht doch, aber es sind kleine, periphere Sakrarien einer Kultur, die allerorten abgestorben, die der Tod ist. Der bedeutendste Hüter der vaterländischen Kultur und Geschichte, Baccio Ziliotto – der später versuchen wird, in seinen Studien Slatapers Diagnose zu widerlegen –, ahnt während seiner Internierung in Galizien im Ersten Weltkrieg für einen Augenblick, daß die Vitalität seiner Jugend gerade vom Wissen bedroht wird, daß das Buch dazu verführt, »sich den Anschein des Denkens zu geben«. Später aber wird auch er das erdrückende Gewicht der Wahrheit und der Überzeugung nicht ertragen können. Er wird seine Vitalität in den Kanal des gelehrten Wissens zwängen und darin Schutz vor dem unhaltbaren und zerstörerischen Leben suchen.

Aber die Generation der Triestiner Vocianer, die so von der Ahnung des Todes und Untergangs erfüllt ist, arbeitet daran, eine neue Kultur und ein neues Leben zu schaffen. Slataper konzipiert eine großangelegte Studie über die Balkan-Frage, die die Voraussetzungen für künftige Aktivitäten und eine politische und geistige Zusammenarbeit schaffen soll. Er, Stuparich, Spaini und Devescovi teilen Europa untereinander auf, in verschiedene Kulturen und Länder, deren Interpret und Mittler der einzelne jeweils werden soll. Wenn Slataper sich jene Disziplin und jenen Verzicht auferlegt, die Marin in der Veilchenanekdote beschreibt, so tut er das auch im Namen dieser Ziele. Die Mission, zu deren Wortführer sich Slataper macht, wird von einer Freundesgruppe getragen, die – in einer idealistischen, erregten und fieberhaften Spannung – Engagement und Gefühl, Studium und Freundschaft, Liebe und Literatur, unausgereifte Sinnlichkeit und verdächtigen Verzicht miteinander verflicht.

Das Dokument dieser Erfahrungen ist der Briefband Slatapers *Alle tre amiche* (»An die drei Freundinnen«): Gioietta (Anna Pulitzer, die erst in Bruno Forti und dann in Scipio Slataper verliebt war und sich mit einundzwanzig Jahren aus Liebe zu ihm das Leben nahm); Elody Oblath, Scipios platonische Freundin, die ihre Leidenschaft für ihn zu einer spannungsvollen, aber klaren Freundschaft sublimierte und später eine unglückliche Ehe mit Giani Stuparich einging; Gigetta oder Luisa Carniel, die 1913 Scipios Frau wurde und 1915 bereits Witwe war. *Alle tre amiche* erscheint wie ein verschlungener, zarter und manchmal exaltierter Roman, unmittelbar nach dem Leben konstruiert. Scipios eigentliche Gesprächspartnerin ist Elody, die mit ihm einen der letzten und erhabensten Träume des alten Europas lebt und in ihrer Existenz verkörpert.

Dieser Traum war der Versuch, eine Abenddämmerung in eine Morgendämmerung zu verwandeln: Eine große Kultur versuchte wiedergeboren zu werden, ohne zu sterben, ihr universalistisches Vermächtnis zu erneuern, indem sie sich dem Dialog mit anderen Kulturen, anderen kulturellen Formen öffnete. Elody lebte in ihrer

Person die Spannung und die Zerrissenheit dieses – zugleich verwirklichten und zerronnenen – Traums: Die neue Kultur, die diese Generation zu begründen suchte, ist zwar entstanden, aber auf den Ruinen jenes Europas, das sie verwandeln, nicht jedoch zerstören wollte – also auf den Trümmern ihres eigenen Lebens.

Keine Generation ist vielleicht so schonungslos aufgerieben worden wie diese Triestiner, die ihr Schicksal in der Unmittelbarkeit des Gefühls und der Arbeit unerschrocken auf sich nahm, denn für Triest war der Stromkreis zwischen Beginn und Ende besonders kurz: In jenen Jahren begann Triests eigentliche kulturelle Geschichte, und gleichzeitig endete seine vitalste historische Epoche. Es war diese Generation, die, auch wenn sie gegen das Kaiserreich kämpfte, sein wahres geistiges Erbe übernahm und weitergab: das tiefe Bewußtsein des Abschieds. Vielleicht hat keiner die dramatische Sensibilität, die moralische Strenge, die absolute Hingabe an überpersönliche Werte, die zerbrechliche, aber klare Poesie dieser Generation so erfaßt wie der im Krieg umgekommene Carlo Stuparich in seinem (1919 postum erschienenen) Buch *Cose e ombre di uno* (»Eines Menschen Dinge und Schatten«). Diese Kategorien klingen auch in den Schriften Enrico Elias an. Elia, den Gobetti schätzte und Saba rühmte, repräsentiert – in seinen Novellen und musikalischen Kompositionen, in seinem schmalen Werk, das unter dem bezeichnenden Titel *Schegge d'anima* (»Seelensplitter«) zusammengefaßt ist – eine unverwechselbare Synthese von deutscher Kultur, jüdischer Tradition und italienischem Geist, im Zeichen einer nachdenklichen, introspektiven und lyrischen Moralität.

Wenn die beiden anderen Frauen in Slatapers Buch für die Liebe stehen, so steht Elody für das, was die Liebe übersteigt: die Freundschaft und das Zwiegespräch, in denen die Liebe Egozentrik und Besitzanspruch hinter sich läßt. Elody verkörpert das Antlitz der Kultur, in die die Leidenschaft übergeht und in der sie sich überwindet, aber sie verkörpert auch den hohen Preis an Opfer, Unterdrückung und Verzicht, den die Kultur zu leisten hat. Obwohl er mit Ibsen die Unlösbarkeit des Gegensatzes zwischen Leben und Sinn erkannt hat, geißelt Slataper – liebevoller Bruder, aber auch harter Zuchtmeister – jedes Sichgehenlassen und zwingt jede Leidenschaft in die Kultur, in die Arbeit, in die moralische Erziehung – mit der unmenschlichen Strenge einer Ethik, die nicht mit dem Leben versöhnt ist.

Der moralische Roman, den Slataper aus seinem Leben und dem der drei Freundinnen konstruiert, ist auch im Hinblick auf das ihn durchziehende Moment der Endogamie bedenklich: Alles – Liebe, Freundschaft, Arbeit, Kultur – verflicht, überschneidet und verwirrt sich innerhalb eines ganz eng gezogenen Kreises von Personen. Auch Elodys Ehe mit Giani Stuparich, der – was er freilich nicht konnte – Scipios Erbe hätte antreten sollen, gehört in dieses endogamische Knäuel. Aber die enge Gemeinschaft war, wie Kafkas Gymnasium, das Modell der Welt und ihrer Sehnsucht nach Einheit. Diese Generation lebte den eigenen unwiederholbaren historischen Augenblick wie eine Gymnasialklasse ihre unwiederholbare gemeinsame Schulzeit – und zugleich die Hoffnung auf eine Einheit des Lebens, die man sehnlich erwartet, ohne zu wissen, daß sie sich in der Erwartung erschöpft.

Im Zusammenhang mit der »zärtlichen, betrübten und zugleich eifersüchtigen Gefühlslage der Stadt« bemerkt Pancrazi in einem Essay: »Beim Lesen dieser Schriftsteller kommt einem der Gedanke, daß es wohl in keiner anderen Stadt Italiens auf den Bänken der Gymnasien und Lyzeen soviel Freundschaft gegeben hat wie in Triest.« Und Elody Oblath wird später, wenn sie an jene Jahre zurückdenkt, sagen: »Es war ein ideale gemeinsame Arbeit für eine kollektive Wahrheit.«

In Slatapers Briefband, ganz besonders in den Briefen an und von Elody, werden die Schauplätze – der Karst, das Meer bei Grignano – zu den mythischen und unauslöschlichen Orten eines Triests, das in der Geschichte der Kultur als Symbol eines nicht eingehaltenen Glücksversprechens existiert. Dieses Glück sucht Elody – wie die große Kultur des Fin de siècle, die sie in ihrem Denken widerspiegelt und in ihrer Person verkörpert – im Streitgespräch zwischen Leben und Bewußtsein, zwischen der Flamme und dem Sinn ihres Brennens, der in ihrem Licht aufschimmern und es übersteigen soll.

Jene kollektive Wahrheit war in Wirklichkeit die Wahrheit eines kleinen, geschlossenen Kreises, der nicht den Vorposten einer Stadt markierte, sondern eine isolierte Insel: die Ausnahme von der Regel, nicht ihre exemplarische Erfüllung, die Spitze eines nicht existierenden Eisbergs. Quarantotti Gambini wird später schreiben, daß »die Triestiner intellektuellen Zirkel sehr eng begrenzt« seien, daß »die berühmten Triestiner nichts mit dem wahren, arbeitsamen und ungebildeten Triest zu tun« hätten; sie hätten »sich mühsam selbst geschaffen, indem sie ihren Blick weit über die Stadt, die sie beherbergte, hinausrichteten«; die Avantgarde bildeten nur zwei oder drei Personen, »der Rest der Stadt huldigt Geschmacksrichtungen, die in ganz Italien überholt sind«.

Auch das erklärt die Endogamie, die Leidenschaft, die Freundschaft, die Lauterkeit, die nach innen gewandte Hingabe jener Gruppe und jener Kultur. *Il mio Carso* bietet die typischste Synthese aus diesem Lebenstrieb und dieser Todesahnung. Es ist das herbe Epos der Frische, manchmal auch der Unreife und rigorosen Strenge, voll Vertrauen in die eigene Gesundheit. Bei einem Ausflug im Val Rosandra sieht Elody Scipio, wie sie ihm später schreibt, »unversehrt wie nie: weit und großmütig wie das Leben«.

Dennoch ist in *Il mio Carso* auch ein quälender Stachel spürbar, der Todesbesessenheit verrät; ein heroischer, aber bedrohlicher Verzicht, eine Gier nach Leben und Sinn, die – wie Michelstaedter wußte – dazu zwingen, das

Leben und den Sinn an einem Ort zu suchen, den es nicht gibt, es sei denn im Tod. Gerade im Nachdenken über den Tod hat Giorgio Bergamini das Wesen der Triestiner Literatur gesehen. Neben einer »weißen« (das heißt gesunden, positiven, vitalen) Triestinität gebe es auch eine schwarze, eine »*triestinità nera*«, bemerkte Ennio Emili, einer der mystischen und apokalyptischen Dichter der jüngeren Generation. Diese »schwarze Triestinität« durchzieht die Svevianische Krankheit wie die Exorzismen des späten Saba inmitten einer großartigen, aber auch höllischen Geschichte von Liebe und Zerstörung. Sie ist ebenso in *Il mio Carso* gegenwärtig, einem Werk, das – wie Emili feststellt – sein Entstehen auch dem Versöhnungsopfer Gioiettas verdankt, deren Selbstmord Slataper den Schock und die Begegnung mit dem Tod erfahren läßt, die ihn zur Dichtung führen.

Il mio Carso, diese gewaltsame Konfrontation von Vitalität und Verzicht, lebt auch aus einem anderen Widerspruch: Als italienischer Schriftsteller, der die Poesie des slawischen Karsts entdeckt, entdeckt Slataper ebenso die Ungerechtigkeit und Unterdrückung, denen die Slowenen, auch von seiten der Italiener, ausgesetzt sind, und er entdeckt den Reichtum, die Schönheit, die Freiheit und die Tiefe der – geographischen und geistigen – slowenischen Landschaft. Der verachtete »slowenische Bauernlümmel« wird ihm zum »Bruder von Marco Kraglievic«, und indem er ihn gleichsam provoziert, um ihn zu Selbstbewußtsein und Rebellion anzustacheln, scheint er ihn dazu zu drängen, die von den Italienern in Besitz genommenen Wälder niederzubrennen, sich das Land zurückzuerobern und zum Meer hinabzuziehen.

Der Slowene scheint sich Slataper in manchen Augenblicken als der Erbe, der zukünftige Bewohner und Herr jenes Winkels der Welt zu enthüllen, den die Italiener, seit Jahrhunderten verweichlicht und geschwächt, allmählich zu verlieren beginnen. Der eigentliche Gesprächspartner und Leser, für den *Il mio Carso* geschrieben wurde, ist also der Slowene. Das italienische Epos spricht zu den Slowenen, als ob von seinen beiden Seelen die dem Leben zugewandte die slowenische wäre, die italienische dagegen von Dekadenz und Müdigkeit zeuge. Slataper weiß auch, daß das Erwachen der Slowenen nicht nur zur erträumten italienisch-slawischen Symbiose führen könnte, sondern ebenso zum Ende der Triestiner Italianità und damit seiner eigenen Welt, die aus ihm einen Dichter machte – einen italienischen Dichter.

Slataper ist einer der wenigen Intellektuellen in Triest, die das slowenische Problem erfassen, den Aufstiegswillen und das Gerechtigkeitsverlangen der Slowenen verstehen und akzeptieren und begreifen, daß der Slowene ebenfalls eine Hauptfigur in der Geschichte Triests ist. Er macht sich – wenngleich sicherlich nicht so klarsichtig wie Angelo Vivante, der sich ganz anderen internationalistischen Perspektiven öffnete – bewußt, daß die Zukunft Triests wesentlich vom gleichberechtigten Dialog zwischen Italienern und Slowenen abhängt. In den Jahren der nationalen Spannung vor und während des Ersten Weltkriegs findet freilich auch er sich in jenem italienisch-slawischen Dilemma, das, wie Sestan bemerkt, zum beherrschenden Problem der gesamten julischen Kultur, zumindest der bürgerlichen, wird.

Auch jemand, der – wie Ruggero Timeus Fauro – die Gegenposition bis hin zum wildesten Nationalismus vertritt, läßt sich oftmals nicht nur von einem angemaßten ethnischen Überlegenheitsgefühl leiten, sondern auch von der pessimistischen Überzeugung, daß der nationale Zusammenstoß angesichts der ideologischen Divergenzen unvermeidlich sei. Timeus' antislawischer Nationalismus erwächst aus der Beobachtung des als Bedrohung empfundenen Aufstiegs des slawischen Volkes. Selbst Slataper wird Anwandlungen eines virulenten und aggressiven Nationalismus zeigen, die auch jenem irrationalen und unausgegorenen Vitalismus entspringen, der seinem poetischen Werk neben wertvollen Momenten Akzente eines plumpen, pubertären Überschwangs verleiht – tatsächlich im Sinne eines »Amateur-Siegfrieds«, wie Cecchi ihn boshaft genannt hat. Die nationalistische Emphase – vor der im Grunde nur die sozialistischen Kräfte gefeit bleiben, wenn auch nicht ohne Ausnahmen – kennzeichnet, verbunden mit entsprechender imperialistischer Prahlerei, sowohl die Italiener wie die Slawen. Ein antinationalistischer Demokrat wie Salvemini, erbittertster Gegner der italienischen Chauvinisten, wird in einer allzuoft vergessenen Schrift auch den slawischen Chauvinismus und seine maßlosen Forderungen brandmarken müssen.

Vielleicht weiß Slataper auch, daß Slowenien – mit seinen Wäldern und Weiten, seinem geordneten Fleiß und seiner habsburgischen Architektur – zugleich das Wesen Österreichs verkörpert, sein treues und unverfälschtes Abbild ist. Auch heute noch kann jemand, der nicht weiß, wie das alte Österreich war, es vielleicht besser als anderswo in Slowenien finden. Das Ende Österreichs, fürchtet Slataper, könnte die slawische Welt, die für ihn wesentlich ist, verändern, während umgekehrt ein allgemeines slawisches Erwachen Österreich verändern oder gar zerstören könnte. Aber zuletzt wird er, der dem nationalistischen Irredentismus anfangs fernstand, doch gegen die Habsburgermonarchie kämpfen, um die italienische Welt seines Triests zu verteidigen.

Der Krieg steigert den Zusammenhang von Morgen- und Abenddämmerung, von Leben und Tod ins Extreme. Er bedeutet das Ende jener Art Oberprima, jenes Wartens auf das Leben, das vor allem für die Triestiner Intellektuellen den letzten Abschnitt des Kaiserreichs kennzeichnete.

In der nach Kriegsende (1929) entstandenen Erzählung *Un anno di scuola* (»Ein Schuljahr«) von Giani Stuparich, die im Jahr 1909, vor dem Zusammenbruch, spielt, wird das erträumte, ersehnte, in der Phantasie ausgemalte Leben für die Schüler zur Erwartung des Lebens. Das letzte Gymnasialjahr spiegelt die Sackgasse, in die jene Welt, jene Generation geraten ist, eine Generation, die – wie auch die geglückte Verfilmung der Erzählung von Franco Giraldi zeigt – ganz auf die Zukunft gerichtet, in Wirklichkeit aber bereits postum ist. Die Generation, die 1909 auf der Schulbank sitzt, geht weniger ihrer eigenen Zukunft entgegen als vielmehr einer Zukunft ohne Perspektiven, die durch historische und existentielle Leere gekennzeichnet ist – während sich jenes Schuljahr in ein nie gehaltenes und immer erneuertes Glücksversprechen verwandelt.

6. Der Große Krieg

In die Atmosphäre aus Ängsten, kühnen Plänen und beunruhigenden Zweifeln, die die Jahre vor 1914 bestimmt hatten, hallt jäh der Schuß von Sarajewo. Triest wird zu einer Etappe des Trauerzugs, mit dem die Leichen des Erzherzogs Franz Ferdinand und seiner Gemahlin von der bosnischen Hauptstadt nach Wien überführt werden – gleichsam als Prolog zur blutigen Tragödie Europas. In diesem Monat Juli, in dem – unter absurder Ahnungslosigkeit der Allgemeinheit – das europäische Drama seinen Ausgang nimmt, und auch noch während der ersten Wochen des Kriegs scheinen einige italienische Kreise in Triest der österreichischen Absicht, Serbien zu bestrafen, zuzustimmen. Mitte August 1914 schreibt Scipio Slataper: »Die öffentliche Meinung in Triest war bis vor wenigen Tagen von Groll und blindwütigem Haß gegen die Slawen bestimmt. Auch heute noch gibt es intelligente Leute, die von der Notwendigkeit eines österreichisch-germanischen Sieges überzeugt sind, der dem Panslawismus das Haupt abschlagen soll. Solche Ideen und Gefühle haben zu den Dreibund-Demonstrationen der ersten Tage geführt.« Die Bestrafung Serbiens wird als gerechte Vergeltung für die ganze südslawische Bewegung betrachtet, für ihre nationale Aggressivität, die die Slawen zu den Widersachern der Italianität im Küstenland gemacht hat. Bald jedoch wird der Konflikt, der mit seiner Ausweitung einen neuen Charakter annimmt und zu einer immer deutlicheren Distanzierung Italiens gegenüber dem Dreibund führt, zu einem einigenden Faktor in der öffentlichen italienischen Meinung Triests. Im Zusammenhang mit den verschärften Spannungen auf dem Balkan und dem ganzen Kontinent macht sich das im italienischen Teil der Triestiner Bevölkerung schon seit einiger Zeit wachsende Mißtrauen in die Möglichkeit, das Problem des Zusammenlebens zwischen den Völkern Österreichs auf friedliche Weise zu lösen, bemerkbar. In den Hamburger Briefen Slatapers aus den ersten Monaten des Jahres 1914 wird das langsame Schwinden der Versöhnungsträume und die zunehmende Neigung zu einer klaren Entscheidung deutlich: Für ihn steht fest, daß das Triestiner Problem nun im Sinne Italiens gelöst werden muß.

In der neuen, durch den Krieg geschaffenen Situation scheint der großen Mehrheit der italienischen Bevölkerung Triests die Verteidigung der adriatischen Italianità nur durch den politisch-territorialen Anschluß der Stadt an Italien möglich. Sie vor allem empfindet die Unwiederholbarkeit und die einschneidende Bedeutung des historischen Augenblicks, den die Stadt jetzt erlebt. Auch der nationale Flügel der Sozialistischen Partei unter Führung von Edmondo Puecher wird, wenngleich mit größerer Zurückhaltung, auf diese Positionen einschwenken, während der größere Teil der Partei mit Valentino Pittoni bis zuletzt dem internationalistischen Ideal eines Zusammenwirkens der Donauvölker treu bleibt.

Innerhalb des italienischen Lagers scheinen die Differenzen aufgehoben zwischen dem nationalliberalen Attentismus – der in einem, allerdings äußerst vagen, Irredentismus wurzelt –, der Haltung jener, die sich bis vor kurzem nur in kultureller, nicht in politischer Hinsicht nach Italien orientiert hatten, und dem eigentlichen, freilich in sich widersprüchlichen Irredentismus der mazzinisch-garibaldinischen Gruppen und der jungen Nationalisten. Wie Carlo Schiffrer schrieb, genügten wenige Kriegswochen, um das irredentistische Gefühl von einer bloßen, undefinierten Gemütshaltung in konkrete politische Aktionen umschlagen zu lassen. Es wird, zumindest an der Oberfläche, zu einem nachdrücklich einigenden Moment in der Geschichte und im Bewußtsein der Stadt. Die wirtschaftlichen Erwägungen, das Hin- und Hergerissensein zwischen den beiden Seelen, alle inneren Konflikte scheinen überwunden. Scipio Slataper und Ruggero Timeus umarmen sich in Rom, vereint in einem Ideal, das über jeden früheren Hader erhaben erscheint und für das beide bald ihr Leben opfern werden. Das Phänomen, daß sich in Triest (wie auch in Trient, in Istrien und Dalmatien) so viele Kriegsfreiwillige melden, läßt sich auf die Tradition des Risorgimento zurückführen. Der langsame und behinderte Reifungsprozeß des nationalen Bewußtseins scheint seinen entscheidenden Höhepunkt erreicht zu haben.

Auch die unruhigsten und zerrissensten Geister werden von dieser flammenden Gewißheit und der Sakralisierung des Nationalgefühls erfaßt, das bis zur Selbstaufopferung als ausschließlicher und beherrschender Wert erlebt wird. Elody Oblath, eine der »drei Freundinnen« Scipio Slatapers und die spätere Frau Giani Stuparichs, beschwört mit Worten, die den Enthusiasmus jener »magischen« Tage, aber auch die Ahnung einer drohenden Tragödie, deren Ausmaß freilich niemand vorhersehen konnte, widerspiegeln, die Wochen und Monate unmittelbar vor dem Kriegseintritt Italiens herauf: »Unvergessen unsere römischen Tage, erfüllt von ungestümer Begeisterung, von tiefer innerer Bewegung. Wir glaubten die Schrecken des Krieges zu kennen, weil wir sie uns mit dem Verstand und mit dem Herzen ausgemalt hatten, doch in Wirklichkeit kannten wir nur unseren eigenen Überschwang. Eines aber wußten wir ganz sicher: Wie immer diese Schrecken auch aussehen mochten, keiner von uns würde vor ihnen zurückweichen. Unsere Verschwörung zum Krieg hatte noch etwas vom Geist von 1848. Wenn ich heute an unseren unverbrüchlichen Zusammenhalt zurückdenke und an all das, was wir mit soviel Kühnheit und Mühe versucht und unternommen haben, empfinde ich ein Gefühl der Bewunderung und zugleich des Mitleids für unseren grenzenlosen und wahrlich heroischen Enthusiasmus... Es war eine ideale gemeinsame Arbeit für eine kollektive Wahrheit. Für sie, dessen bin ich sicher, hätte jeder von uns mit vollem Bewußtsein sein Haupt auf den Block gelegt, genauso wie wir mit vollem Bewußtsein alle unsere Freunde (den besten Teil unser selbst) dazu anfeuerten, in den Tod zu ziehen. Tage wahnwitziger Illusionen, der Glaube an eine bessere Menschheit, der uns jubeln und den Tod von Millionen von Menschen billigen ließ!«

Viele Jahre später, nach der zweiten und noch entsetzlicheren Katastrophe Europas, wird Giani Stuparich die Emotionen jener Tage rationalisieren, indem er die Ideale von 1915 bekräftigt und den Italienern Triests erneut das Recht zuspricht, sie selbst zu sein – in einer Donauwelt, die nun endgültig zerbrochen sei, in der jedoch, wie er hoffe, eine neue, andere Form des Zusammenwirkens der Völker gefunden werden könne, die jenes habsburgische Österreich zu ersetzen vermöge, das es nicht verstanden habe, seinen Bürgern ein einheitliches Bewußtsein zu verleihen. »In Europa werden sich die Völker entweder einigen, oder sie gehen unter; aber damit sie sich einigen können, müssen sie zuerst die Freiheit haben, sie selbst zu sein.« Die Bejahung der Italianität der Stadt und des Rechts der habsburgischen Nationen auf Selbstbestimmung wird also nicht als ein endgültiger Bruch mit der Vergangenheit gesehen, sondern als Etappe auf dem Weg zu einem neuen und gerechteren Miteinander der Völker Mitteleuropas.

Das gleiche Gefühl für die entscheidende historische Bedeutung des Augenblicks, aber auch das schmerzliche Leiden an einer unheilbaren Wunde, die dem wahren Antlitz Triests zugefügt wurde, und die Überzeugung, daß auf den drohenden Untergang der mitteleuropäischen Einheit, wie sie im alten und unvollkommenen Österreich immerhin realisiert war, nicht nur keine neue Morgenröte, sondern nicht einmal ein friedliches Zusammenleben der Völker folgen würde, bilden den Hintergrund für den Selbstmord Angelo Vivantes. Für ihn bedeutete der Ausbruch des Krieges zwischen Österreich und Italien das endgültige Scheitern des Traums von der versöhnenden Synthese, die er sich nicht ohne die jahrhundertealte politische und ökonomische Zusammengehörigkeit Triests mit seinem Hinterland vorstellen konnte. Den Gegensatz zur rigorosen und konsequenten, wenn auch auf tragische Weise hoffnungslosen Entscheidung Vivantes – der dem Druck des Zusammenbruchs seiner Welt und den Schrecken des Krieges nicht standzuhalten vermochte – stellt, wie Ernesto Sestan schrieb, das Zeugnis jener jungen Triestiner dar, die zwischen »Karst und Meer« in der Hoffnung auf eine bessere und gerechtere Zukunft gefallen sind, »kämpfend für eine Idee«.

Bei den Irredentisten schwindet die nachgerade irrationale und fanatische Begeisterung der ersten Tage vor der harten Wirklichkeit des Krieges. Angesichts der Leiden und des Sterbens von Menschen, die einem am nächsten standen, »war« – wieder ist es Elody Oblath, die mit der Sensibilität der schmerzgeprüften Frau spricht – »unser Fanatismus ein für allemal zerbrochen«. In diesem tiefen Bewußtsein von der Unmenschlichkeit des Krieges, ohne Fanatismus und ohne Haß, aber in der absoluten Treue zu den ursprünglichen Idealen durchlebt der beste Teil der Triestiner Freiwilligen den Konflikt.

An diese Einstellung knüpft die Triestiner Literatur über den Ersten Weltkrieg an, vor allem das Werk Giani Stuparichs, der sich als Zeuge und Sprecher der auf den Schlachtfeldern dezimierten Generation fühlt: von Scipio Slataper, seinem eigenen Bruder Carlo und auch Ruggero Timeus, mit dem ihn die »gleiche Liebe zu Italien« verband (über Timeus' Tod wird Stuparich später sagen: »Höher als seine politische Theorie stand sein Akt der Hingabe«). Diese Sicht prägt bereits den »Krieg von 1915« *(Guerra del '15)*, das von Menschlichkeit geprägte

Tagebuch, das den Krieg in seiner nüchternen Alltagsrealität beschreibt: die Opfer und Gefühle der Mitkämpfenden, vor allem der Allereinfachsten, in einer Atmosphäre, die so anders, aber auch um soviel wahrer und unverfälschter ist als der Enthusiasmus, mit dem die Freiwilligen ausgezogen waren. Die Kriegsthematik bestimmt auch den späteren, konstruierteren Roman *Ritorneranno* (»Sie werden zurückkehren«), ein sentimentales Gemälde der beiden Gesichter, die der Krieg für Triest hatte: auf der einen Seite die Freiwilligen an der Front, auf der anderen die Stadt im Zustand der Erwartung. Der Roman – 1941, in den dunklen Jahren des Zweiten Weltkriegs, veröffentlicht – stellt, wenn auch mitunter etwas pathetisch, noch einmal das Bild einer Generation vor Augen, die selbst mitten im Krieg die patriotischen Ideale mit denen der Menschlichkeit und Demokratie zu verbinden suchte.

Ritorneranno ist die ideologische Verklärung jenes Kampfes, den *Guerra del '15* mit der absoluten Objektivität eines Augenzeugen schildert. Die herbe Poesie des letztgenannten Buches sollte auch das Gefallen Antonio Gramscis finden. Das erste dagegen wird, trotz stark rhetorischer Elemente, in seinem risorgimentalen und mazzinischen Patriotismus, der eine Gegenposition zum Chauvinismus der düsteren Epoche des Faschismus bildet, ein demokratisches Gewissen wie das von Piero Calamandrei, einer herausragenden Gestalt des Antifaschismus, trösten.

Die authentischste Kriegsliteratur ist jene, die die Komplexität der Haltung zum Ausdruck bringt, mit der die Freiwilligen dem Krieg gegenüberstehen – nicht die nationalistischen Freiwilligen, deren Position eindeutig festgelegt ist, sondern die demokratischen und antimilitaristischen, deren Motivationen tiefer und differenzierter sind. Exemplarisch dafür ist der Fall Enrico Elia: dem Internationalismus und Neutralismus nahestehend, Kriegsfreiwilliger aus der moralischen Überzeugung, sich in eigener Person für die gemeinsame Sache einsetzen zu müssen, Gegner des germanischen Militarismus und doch bewußt der deutschen Kultur verpflichtet, Erbe der plurinationalen jüdischen Kultur und Italiener – nicht nur infolge natürlicher Zugehörigkeit, sondern auch durch moralische Entscheidung, die Italien mit dem freiheitlichen Geist identifiziert, eine Identifikation, die wenige Jahre später von der geschichtlichen Entwicklung so rigoros negiert werden wird. Nicht zufällig erregte der Philosoph Giorgio Fano Anstoß, als er 1927 konstatierte, daß genau die Ideale, für die Elia freiwillig in den Krieg gezogen sei, vom Faschismus verleugnet und mit Füßen getreten würden. Es ist diese moralische Substanz, die die julischen Freiwilligen und ihre Literatur auszeichnet. Sicher fehlt es für die Jahre 1915 bis 1918 nicht an einer Literatur des Protestes gegen den Krieg und den monströsen Kriegsbetrug, aber sie ist nicht kennzeichnend für die julische Gruppe.

Zwischen 1915 und 1918 – für die italienische Bevölkerung Triests tatsächlich Jahre der Erwartung, wie Stuparich sie beschrieben hat – steht das Leben in der Stadt gewissermaßen still. Der Krieg und die Nähe der Front paralysieren den Hafen und die ökonomisch-kommerziellen Aktivitäten. Der Ruf zu den Waffen, der Auszug des größten Teils der Bürger des Königreichs Italien beziehungsweise die Internierung vieler Italiener mit eindeutig nationalistischer Einstellung und der Weggang derjenigen, die sich den Beschwerlichkeiten, die durch die Nähe der Kampflinie entstanden, entziehen wollten, verringern die Einwohnerzahl. Die Familien, deren Angehörige auf beiden Seiten kämpfen – im kaiserlichen Heer in Galizien und im italienischen –, erleben in dramatischer und schmerzlicher Weise die Trennung. Während sich die Staatsgewalt in Triest nicht mehr mit dem menschlichen Antlitz der Vorkriegszeit, sondern als reglementierender bürokratischer und militärischer Apparat zeigt, wachsen die Spannungen zwischen Italienern, Österreichanhängern (wobei das Triestiner Bürgertum tief in sich gespalten ist) und Slowenen.

Je näher das Ende des Krieges rückt, desto deutlicher läßt das Fehlen oder zumindest die Unzulänglichkeit des italienisch-slawischen Dialoges, der doch von Intellektuellen des Grenzgebietes immer wieder erträumt worden war – von der Gruppe um die Zeitschrift *La Favilla*, von dem dalmatinischen Dichter Niccolò Tommaseo bis zu den Vocianern und Slataper –, das Heraufziehen eines adriatischen Problems ahnen, das sich für das künftige Schicksal Triests und ganz Julisch-Venetiens als schwere Belastung erweisen wird. Vergeblich bleiben die Bemühungen, eine Verschärfung der Gegensätze zwischen den beiden Völkern zu verhindern, wie sie vor allem von der irredentistischen Sozialdemokratie unternommen werden. Diese Gruppierung vereint die Vertreter der adriatischen und trentinischen Immigration und fördert eine Nationalitätenpolitik und den Dialog mit den Südslawen. Das Bewußtsein des Nationalitätenproblems kennzeichnet auch – freilich mit mehr Realismus und geringerem ideologischen Akzent – die umsichtigsten und maßvollsten Befürworter nationalliberaler Positionen.

Die harten Worte, mit denen Giorgio Pitacco, ehemals nationalliberaler Abgeordneter im Wiener Parlament, im April 1918 proklamiert, daß in einem künftigen italienischen Julisch-Venetien kein Platz mehr für slowenische und kroatische Schulen sein werde, signalisieren drohend das nationale Klima der Nachkriegszeit. Indessen müssen sich auch die Triestiner Sozialisten, die in ihrer großen Mehrheit der alten These von der Umwandlung Österreichs in einen Verband freier Völker treu bleiben, den Problemen stellen, die sich im Lauf des Krieges aus den internen Entwicklungen innerhalb Österreich-Ungarns und dem Anwachsen der zentrifugalen Kräfte bei den unterworfenen Nationen ergeben. Im Oktober 1918, angesichts des nunmehr unaufhaltsamen Auflösungsprozesses der Doppelmonarchie, schlägt Valentino Pittoni die Bildung einer unabhängigen Adria-Republik vor. Der Führer der Triestiner Sozialisten stellt gleichsam mit Bedauern fest, daß eine herrschende Klasse, die ihre Völker zu den Waffen rief, um durch den Krieg eine Erneuerung des Staates zu verhindern, das Überleben Österreichs unmöglich gemacht habe. Der Vorschlag, eine unabhängige Republik auf einem kleinen Vielvölkerterritorium zu errichten, erscheint wie ein letzter Treueakt vor dem Ideal der Versöhnung zwischen unterschiedlichen Völkern, wie ein Versuch, Triest und sein unmittelbares Hinterland der Vorherrschaft eines der beiden konträren Nationalismen zu entziehen: des italienischen und mehr noch des südslawischen, gegen den Pittoni heftig polemisiert. Angesichts des einmütigen Willens der Mehrheit der Triestiner Bevölkerung, im italienischen Nationalstaat aufzugehen, wird Pittoni seinen Vorschlag jedoch selbst bald als hinfällig betrachten.

Zwischen den durchlebten Leiden und den Wolken, die sich am Himmel zusammenballen, bedeutet die *redenzione,* die »Erlösung« der »unerlösten« Gebiete, zugleich das Ende des Kriegsalptraums und die Verwirklichung eines Ideals, das im Lauf einer langen, komplexen Geschichte im Bewußtsein der meisten Italiener Triests tiefe Wurzeln geschlagen hat. *La Nazione,* die von Silvio Benco und Giulio Cesari begründete neue italienische Tageszeitung Triests, wird diesem Gefühl einen Tag, nachdem die italienischen Truppen in Triest an Land gingen, in einem Satz Ausdruck verleihen, der einen ganzen historischen Prozeß und die Erfüllung eines kollektiven wie individuellen Geschicks besiegeln soll: »Wir haben den Gipfelpunkt unseres Schicksals erreicht!« Einer, der damals fast noch ein Kind war und später zu einem der objektivsten und scharfsichtigsten Deuter der Triestiner Geschichte wurde, Carlo Schiffrer, wird sich fünfzig Jahre später an die Landung der italienischen Soldaten am 3. November 1918 folgendermaßen erinnern: »Es schien uns, als hätten wir nicht nur einen entscheidenden Punkt unserer Geschichte, die Verwirklichung eines ersehnten Ideals erreicht, sondern das höchste Lebensziel schlechthin, gleichsam als ob die Zukunft nichts anderes mehr für uns in Bereitschaft halten könnte. Alle haben wir vielleicht im Grunde unseres Herzens instinktiv das Faustische ›Verweile doch, du bist so schön‹ empfunden.«

Der November 1918 bezeichnet die Loslösung Triests von einer Welt, der es jahrhundertelang angehört hatte und die ihrerseits in Triest – jener Stadt, die der Statthalter Konrad Prinz zu Hohenlohe als anational bezeichnete, als dem Nationalitätenstreit enthoben, da sie für alle Völker Österreichs lebenswichtig sei – das Symbol der wirtschaftlichen Einheit des Donauraums sah. Die Nachricht vom unmittelbar bevorstehenden Eintreffen der italienischen Truppen in Triest kommentiert die *Neue Freie Presse,* das Organ der maßgebenden habsburgischen zentripetalen Kräfte, des Wiener Finanzkapitalismus, am 2. November 1918 folgendermaßen: »Die Empfindung eines verlorenen Krieges ist nie so schmerzlich gewesen wie heute. Nach diesem traurigen Ereignis hat der große Krieg auch den letzten Sinn für uns verloren.«

Der Verlust Triests bezeichnet also den Zusammenbruch jeder Hoffnung, die bittere und endgültige Konsequenz eines verlorenen Krieges. Das Kriegsende bedeutet jedoch für den habsburgischen Staat nicht nur eine militärische Niederlage, sondern auch den Untergang Altösterreichs (dessen vielfältige nationale, gesellschaftliche, politische und diplomatische Aspekte nicht zufällig von dem noch im ungarischen Fiume geborenen italienischen Historiker Leo Valiani vor kurzem untersucht wurden). Aus der Asche der Doppelmonarchie erwachsen Nationalstaaten, die – wie Valentino Pittoni als einer der ersten bemerkt – sämtlich ethnische Minderheiten aufweisen und unter den gleichen völkischen Konflikten leiden, die die Habsburgermonarchie zersetzt hatten, zudem oft in einem gespannten Verhältnis zu ihren Nachbarstaaten stehen.

Für Triest bringt der November 1918 so eine radikale und irreversible Veränderung seiner Position und historischen Rolle. Es zerreißt das politische Band zum Donau-Balkan-Raum, das Triest zu Wohlstand und Größe verholfen und seinen Rang als europäische Stadt bestimmt hatte. Zugleich aber bezeichnet dieses Datum auch die Zerstörung der traditionellen politischen Physiognomie Mitteleuropas, den Verlust dieses Hinterlands als einigendem Faktor. Die Tragödie des Krieges hat die Unhaltbarkeit jener Vorhersagen – etwa der des italienischen Außenministers Sidney Sonnino – bewiesen, die auf ein verkleinertes Österreich-Ungarn abzielten, das zwar einiger Gebiete beraubt, in seinem Kernbestand aber doch erhalten bleiben würde. In seinem Rücken findet das neue Triest also keine einheitlichen Strukturen vor, sondern eine ebenso neue, magmatische und oft zutiefst gespaltene vielfältige politische Landschaft. Ruggero Timeus hatte in seinen Polemiken aus der Vorkriegszeit geschrieben, der Wohlstand Triests hänge nicht von politischen Faktoren oder der Existenz eines einheitlichen Zollgebiets ab, sondern von seiner geographischen Lage; er sei nicht der Zugehörigkeit der Stadt zu Österreich zu verdanken, sondern ihrer Nähe zu einem Hinterland, dessen logischen und natürlichen Zugang zum Meer es darstelle. Die unmittelbare Zukunft, vor allem in einem von Zwietracht und Nationalismen beherrschten Mitteleuropa, sollte jedoch zeigen, welchen Anteil der politische Organismus Österreich an der Größe Triests hatte.

Es war eine neue Realität, die sich in einem Augenblick eröffnete, auf den, vor allem in den letzten Jahren, so viele mit verzweifelter Spannung gewartet hatten; eine neue Realität, vor der Triest wie gelähmt und entwurzelt erscheint. In einem Aufsatz über Giani Stuparich schrieb Alberto Spaini, daß für den Triestiner Schriftsteller wie für die Irredentisten überhaupt »der Krieg gegen Österreich eine Epoche der Geschichte und ihres eigenen Lebens beendete. Danach sollte sich alles ändern, ihre

Wurzeln für immer aus jenem kräftigen Humus herausgerissen werden, aus dem sie alle Lebenskraft gesogen hatten. Nicht allein die Liebe zum Vaterland, nicht allein die Begeisterung für die Verteidigung der Freiheit gegen den Tyrannen. Nein, dieser Kampf, diese Verteidigung waren ihnen zur Mission geworden, oft auch zu einer demütigen Mission aus Studium und Arbeit ... Und nun, da Triest mit Italien vereint war, mußten sie sich zwangsläufig wie alle Veteranen der großen Kriege fühlen, die durch das Schlachtenfeuer gegangen sind und im normalen Alltag des friedlichen Lebens keinen Platz mehr finden können.«

Nicht zufällig war einer der nüchternsten Kriegsdichter, Giulio Camber Barni, im Grunde ein Dichter, der den Zerfall der Lebenseinheit schildert, der mit dem Kriegsende stattfindet. *La Buffa,* (und dem Spitznamen der italienischen Infanterie im Ersten Weltkrieg), Barnis volkstümliches und überaus menschliches Epos, erwächst aus der unmittelbaren Erfahrung des Krieges, der heterogenen Totalität des Todes, in der sich absurde Grausamkeit mit Brüderlichkeit paart. Wie Saba sagte, war es das Leben, das Barni zum Dichter gemacht hat, und es ist tragisch, daß dieses Leben das Antlitz des Krieges trug, eines Krieges, der die ganze Existenz aufsog. Und mit dem Krieg, der ohne jedes Pathos und ohne jede Schwärmerei, jedoch in epischer Naivität gelebt wurde, scheint das Leben zu enden – das, was ihm Kraft und Einheit gegeben hat. »Die Pistole hab' ich verkauft – hab' nur noch meine Gedanken«, heißt es am Anfang von *La Buffa.*

Auf im engeren Sinn politischer Ebene hielt Camillo Ara, der letzte Führer der Nationalliberalen Partei vor dem Krieg, mit der »Erlösung« die historische Rolle dieser politischen Gruppe für ausgespielt. Eine Partei der nationalen Konzentration hatte in seinen Augen nach dem Anschluß der Stadt an Italien keinen Daseinsgrund mehr. Aber es war nicht einfach, nach Jahrzehnten, in denen das nationale Problem – bald in der milderen Form der Verteidigung, bald in der schärferen des Irredentismus – für Triest das Problem schlechthin gewesen war, eine solche Wandlung des städtischen Bewußtseins herbeizuführen. Nachdem der politische Hintergrund der Vergangenheit nicht mehr gegeben ist, kommt es zu keiner friedlichen Übertragung auf eine neue geistige und ideologische Ebene. Es fehlt an einer Führungsschicht, die die veränderten Zeiten zu deuten verstünde und die Notwendigkeit eines Erneuerungsprozesses begriffe; die maßgebenden bürgerlichen Kreise bleiben der alten Mentalität und den alten Problemen verhaftet. Und Triest, losgelöst von seiner Vergangenheit, bleibt dennoch an das Bild dieser Vergangenheit gebunden und im stürmischen Klima der ersten Nachkriegszeit und der darauffolgenden Jahre in einer gereizten und aggressiven nationalen Verteidigungspolitik befangen. Eine Stadt, die ein Tor hätte sein können und unter anderen Voraussetzungen auch gewesen war, wird in dieser Situation zu einer Festung.

Der Abbruch der politisch-ökonomischen Verbindung mit dem Donauhinterland bedeutet auch den Verlust einer unmittelbaren kulturellen und geistigen Beziehung zum österreichisch-deutschen Raum, einer Beziehung, die ein besonderes und wesentliches Merkmal Triests gewesen war. Das Erlöschen der deutschen Kultur als einer heimischen Kultur – wenngleich nur einer Minderheit – wird von dem Musikwissenschaftler Vito Levi in einer eindrucksvollen Passage über das Ende des *Schillervereins* geschildert: »Die seltenen Konzerte, die zwischen 1915 und 1918 stattfanden, waren die letzten des Vereins. Es waren wirklich melancholische Konzerte ... Die Atmosphäre der bevorstehenden Auflösung schien bereits auf dem fast ganz im Dunkeln gehaltenen Saal zu lasten, in den durch die mit schweren Vorhängen verhängten Fenster immer wieder der Geschützdonner von Monfalcone her drang ... Gleich nach dem Sieg bemerkte die Stadt im Eifer des Wiederaufbaus nicht einmal, daß der *Schillerverein* tot war.«

Die Mittlerfunktion Triests zwischen der deutschen Kultur – insbesondere soweit sie aus den Fermenten Mitteleuropas hervorging – und Italien ist zwar in den ersten Jahren nach 1918 womöglich noch intensiver als vorher (wofür Namen wie Bobi Bazlen oder der des Germanisten Carlo Grünanger stehen), aber die deutsche Kultur als heimisches Element bleibt aus dem Gefüge der Stadt ausgeschlossen.

Viele Jahre später wird Giani Stuparich den Krieg als die »wesentlichste, für mein Leben entscheidende Erfahrung« bezeichnen. Einen ähnlichen Ausdruck gebrauchte auch Joseph Roth, der exemplarische Schriftsteller der mitteleuropäischen Literatur. Hinter Stuparichs Bemerkung steht das Erlebnis der Dezimierung seiner Generation, sein persönliches Schicksal, das ihn seiner vertrautesten Gefährten beraubte, hinter der Roths dagegen der Untergang seines »Vaterlands«, Österreich-Ungarns. Aber auch in Triest hat sich der Große Krieg nicht nur auf die Psyche der Menschen ausgewirkt, sondern auch auf die Stadt selbst: Es ist aus mit jenem Zusammenspiel historischer Gegebenheiten, das sie auf fast natürliche Weise zu einer »anderen« Stadt gemacht hatte. Jetzt konnte dieses Anderssein nicht ohne die Fähigkeit und den Willen des städtischen Bewußtseins zustande kommen, die eigene Berufung nicht nur in der Vertiefung in die eigene Vergangenheit zu finden, sondern auch im Dialog mit der anderen Komponente der julischen Realität: jener slawischen Welt, zu der das Verhältnis im Lauf des Kriegs noch gespannter geworden war. Und die Slowenen Triests, die bereits den Kriegseintritt Italiens mit Sorge verfolgt hatten, erleben nun angstvoll den Zusammenbruch der Monarchie und die Ankunft der italienischen Truppen in der Stadt, auch wenn sie sich der Illusion hingeben, daß das territoriale Schicksal Triests damit nicht endgültig besiegelt sei. Völlig in der Italianität aufzugehen oder sich, wenngleich in der Treue zum eigenen nationalen Empfinden, der Gründe für die eigene Besonderheit noch stärker bewußt zu werden – das ist das Dilemma, mit dem sich die öffentliche Meinung und die italienische Kultur Triests nach 1918 konfrontiert sehen.

7. Das monolithische Bild

Wenn das Kriegsende überall Ressentiments, Spannungen, Haß und ungelöste Probleme hinterläßt, so erst recht in Triest, genauer gesagt in der Region, deren Zentrum Triest bildet: jenem Julisch-Venetien, das nicht mehr nur eine gelehrte Bezeichnung, ein ideelles Ziel, sondern auch eine politische Realität geworden ist. Triest als Mittelpunkt dieser Region kann gar nicht umhin, sich mit den heiklen internen und internationalen Problemen auseinanderzusetzen, die sich im adriatischen Küstenland in der unmittelbaren Nachkriegszeit stellen. Die Debatte über die Ostgrenze und die Schwierigkeiten im Zusammenhang mit Fiume und Dalmatien nimmt solche Formen an, daß im Adriaraum der bewaffnete Konflikt für eine Zeitlang durch den diplomatischen Krieg fortgesetzt wird. Diese Situation der Unsicherheit verzögert auf der einen Seite die juristisch-administrative Organisation der »neuen Provinzen«, auf der anderen verschärft sie die Spannungen zwischen den ethnischen Gruppen in diesen Provinzen.

Die italienisch-jugoslawische Polemik und der italienisch-slawische Zwiespalt in den Grenzgebieten kennzeichnen die leidvolle Etappe zwischen Krieg und Frieden. Die Stellung Triests verändert sich gegenüber der Vergangenheit. Die Stadt wird zu einem peripheren Punkt an der äußersten Ostgrenze Italiens, zu einer italienischen Provinzstadt: Es kommt zu jenem psychologischen und zugleich realen Bruch zwischen dem Anspruch auf Größe, der sich auch aus der unwiederbringlich entschwundenen Vergangenheit ableitet, und einer immer prosaischeren und beschränkteren Gegenwart.

Diese Atmosphäre teilt sich auch dem Essayisten und Musikwissenschaftler Aldo Oberdorfer und Giani Stuparich mit, als sie nach dem Krieg wieder nach Triest zurückkehren. Oberdorfer ist von der Leere der Kais und Molen betroffen und fragt sich, wie es möglich sein soll, die alten Verbindungen wiederherzustellen. Die »Nabelschnur« zu Italien scheint ihm für die Bedürfnisse der Stadt nicht ausreichend. Die gleichen Zweifel nisten sich anscheinend auch in den Handelskreisen ein, die vor dem Krieg den Irredentismus finanziert hatten und sich nun einer neuen Realität gegenübersehen, ohne sich jedoch aus »ihren alten Gepflogenheiten« lösen zu können. Auf Stuparich wirkt die Stadt unruhig, »aufgewühlt von Begeisterung und Ekel«. Sie erlebt, aufgrund der ökonomisch-kommerziellen Schwierigkeiten, eine materielle Krise, die infolge des gegenseitigen Unverständnisses zwischen Triest und Italien zu einer geistigen Krise wird. Auf der einen Seite zeichnet sich für die Triestiner das Bild einer dumpfen, bürokratischen Nation ab; auf der anderen haben die italienischen Beamten den Eindruck, sich durchaus nicht in der Stadt leidenschaftlichster Italianität zu befinden, sondern in einer, die vor allem ihre materiellen Interessen vor Augen hat. Triest erscheint keineswegs reif für den schwierigen Übergang von der Poesie zur Prosa, vom Mythos zur Realität.

Auch der Kosmopolitismus Triests nimmt ab, nicht nur die geopolitische Rolle der Stadt, auch ihre merkantile und menschliche Physiognomie veränderten sich. Die großen Triestiner Wirtschaftsgründungen werden italianisiert: der Lloyd und die Versicherungsgesellschaften. Die letzteren, die sich von Anfang an auf eine österreichisch-italienische Zusammenarbeit stützten, bleiben jedoch ohne wesentlichen Bruch mit der Vergangenheit bis zum Zweiten Weltkrieg auf den Donau-Balkan-Raum ausgerichtet. Die Mehrzahl der Deutsch-Österreicher, vor allem die »Kolonie« von Beamten, Angestellten, Militärs und Lehrern, verläßt Triest. Die deutschsprachi-

Triest, Piazza del ponte Rosso, 1835
Aus: Silvio Rutteri, *Antiche stampe di Trieste,* Lint, Triest 1967

Triest, Molo San Carlo und (rechts oben) die Galleria del Tergesteo von M. Moro
Aus: Pier Antonio Quarantotti Gambini, *Luce di Trieste*, Eri, Turin 1964

Der Triestiner Hafen um die Jahrhundertwende (Foto: Lloyd Adriatico)

Triest, Palazzo der Assicurazioni Generali (Foto: Alfonso Mottola)
Aus: *L'onda di Trieste,* hrsg. von Antonio Rinaldi und Nora Baldi, Vallecchi, Florenz 1968

Masino Levi, Direktor einer Versicherungsgesellschaft
Aus: Francesco Basilio, *Le assicurazioni marittime a Trieste ed il centro di riunione degli assicuratori,* Lloyd, Triest 1911

Italo Svevo
Aus: *Iconografia sveviana. Scritti parole e immagini della vita privata di Italo Svevo*, hrsg. von Letizia Svevo Fonda Savio und Bruno Maier, Edizioni Studio Tesi, Pordenone 1981

Das Café Tommaseo (Foto: Alfonso Mottola)
Aus: *L'onda di Trieste,* a.a.O.

Slataper im Kreis böhmischer Studenten in Prag, 1911 (aus dem Privatarchiv Aurelio Slatapers)

Eine an den Vater gerichtete Postkarte von Lucia Joyce
Aus: Stelio Crise, *Epiphanies and phadographs. Joyce a Trieste*, Scheiwiller, Mailand 1967

Edoardo Weiss und sein Bruder Ottocarco in österreichischer Uniform
Aus: »Il Piccolo«, III. Jahrgang, Nr. 48 (1980)

Roberto Bazlen, um 1917

Umberto Saba, 1957 (Foto: Nora Baldi)

Biagio Marin, 1979 (Foto: Renzo Sanson)

gen Schulen werden als unnützes Überbleibsel der Vergangenheit geschlossen: Die Stadt erklärt stolz und hochmütig, sie brauche sie nicht mehr. Von den Deutsch-Österreichern bleiben nur die, die sich assimiliert oder zumindest in der Stadt Wurzeln geschlagen haben. Es bleiben, oder besser: es kehren zurück – und das sind zwar Ausnahmefälle, aber sie haben große symbolische Bedeutung – all diejenigen, die nirgendwo anders Heimat finden können als in der Stadt, in der Nord- und Südeuropa miteinander zu verschmelzen scheinen und die für sie immer noch ein Winkel Mitteleuropas ist. Julius Kugy, der die Plurinationalität seiner Familie und die Dreisprachigkeit nostalgisch rühmt, die das Küstenland vor 1914 und vor allem das italienisch-deutsch-slowenische Grenzgebiet seiner Julischen Alpen charakterisiert, der aber auch deutscher Schriftsteller und österreichischer Patriot ist, kehrt nach Triest zurück, nachdem er vergeblich versucht hat, in Wien heimisch zu werden: »Doch blieb ich natürlich in Triest. Ich liebe die schöne Stadt, die lichte Triestiner Sonne, den Triestiner Himmel und das weite blaue Meer. Nirgend sonst könnte ich eine wirkliche Heimat finden. Der Karst ist da, und die Julier stehen nahe. Es ist die Stadt meiner Jugend, meines Arbeitens und Wirkens.«

In einem erst kürzlich erschienenen Lebenszeugnis bekannte Gottfried von Banfield, der österreichische Fliegerheld aus dem Ersten Weltkrieg: »Mein wahres Vaterland sind diese Stadt und dieser Hafen ... Mein Vaterland ist die Küste, an der ich geboren bin.« Das alte Österreich ist verschwunden, ausgelöscht, wie Kugy sagt, durch den Urteilsspruch der Geschichte, und so kann das Vaterland nur die Stadt sein, aus der man kommt, die Erde, in der man seine Wurzeln hat – vielleicht weniger die Stadt der Gegenwart als die, in der die Erinnerung an eine untergegangene Welt fortlebt.

Je mehr sich die mitteleuropäischen und kosmopolitischen Züge Triests verwischen, desto deutlicher zeichnet sich der nationale Konflikt, der Gegensatz zwischen Italienern und Slawen ab. Das neue Julisch-Venetien umfaßt neben den Italienern der städtischen Zentren, des südlichen Görzer Landes und der istrischen Küste über 300 000 Slowenen und Kroaten. Ein Teil von ihnen war seit Jahrhunderten an das Zusammenleben und an die Auseinandersetzungen mit den Italienern gewöhnt; die anderen dagegen – die Slowenen Krains, in Adelsberg und Idria – hatten, wie Ernesto Sestan schrieb, bis dahin überhaupt nicht gewußt, daß ihre Gebiete Gegenstand italienischer Forderungen waren. Wenn der italienische Nationalismus durch den Krieg aggressiver, durch den Sieg arroganter und durch die Friedenspolemik heftiger wurde, so ist der südslawische – in einem oft mit äußerster Erbitterung auf der Seite Österreich-Ungarns gegen die Italiener geführten Kampf verhärtet und, nachdem man von unerfüllbaren Ansprüchen geträumt hatte, über die Lösung der territorialen Probleme Julisch-Venetiens enttäuscht – nicht weniger aufgeheizt und sogar noch geschlossener als der italienische.

Bereits während des letzten Kriegsjahrs hatte sich Valentino Pittoni heftig gegen den slawischen Nationalismus und gegen die überzogenen territorialen Ansprüche der Slowenen und der Südslawen überhaupt gewandt. Mit seiner Weigerung, an der Fünfzigjahrfeier des tschechischen Nationaltheaters in Prag teilzunehmen, hatte der Führer der Triestiner Sozialisten auch gegen tschechische und jugoslawische Gebietsforderungen, die ethnisch nicht begründet waren, protestiert. Dieses Thema greift in den letzten und entscheidenden Tagen des Oktobers 1918 die sozialistische Triestiner Zeitung *Il Lavoratore* erneut und nachdrücklich auf, indem sie für die Italiener Triests das Recht fordert, frei über ihr Schicksal und ihre Zukunft entscheiden zu können. Das bevorstehende Ende des Krieges solle nicht den Beginn einer neuen Knechtschaft bezeichnen.

Der vom *Lavoratore* zurückgewiesenen Forderung des

Slowenischen Nationalrats, Triest dürfe nicht von seinem geographischen und wirtschaftlichen Hinterland getrennt werden, schloß sich hingegen der slowenische Sozialist Henrik Tuma an. Er verwahrte sich dagegen, einer in slawisches Gebiet eingebetteten »Stadtkolonie« das Recht auf Selbstbestimmung zuzugestehen, und sah im Besitz Triests die unerläßliche Voraussetzung für die Schaffung eines jugoslawischen Staates. Der unbestreitbaren Italianität Triests könne nur Rechnung getragen werden, indem man der Stadt eine autonome nationale Entwicklung innerhalb Jugoslawiens garantiere. Das Interesse einer Stadt dürfe seiner Meinung nach nicht höherstehen als das Lebensrecht eines ganzen Volkes.

Noch bedeutsamer als die Auseinandersetzung über die Frage der territorialen Zugehörigkeit der adriatischen Provinzen, die sich auch innerhalb der Arbeiterbewegung verschärft, ist die Tatsache, daß die beiden Flügel des julischen Sozialismus bei der Beurteilung der nationalen Identität Triests von den gleichen Gesichtspunkten ausgehen wie ehedem die italienischen beziehungsweise die slawischen Nationalisten.

Die Unerfahrenheit des liberalen Italien im Umgang mit Minoritätenproblemen, das Dogma des Nationalstaates, auf das die italienische Führungsschicht eingeschworen ist, die zentralistische Tradition, die jeder Forderung nach Autonomie auf administrativer oder schulischer Ebene entgegensteht (auch wenn sie von den Nationalliberalen erhoben wird, die nicht nur ihre Vorherrschaft ausbauen, sondern auch den besonderen Charakter der neuen Provinzen wahren wollen), das Anwachsen antidemokratischer und nationalistischer Strömungen in Italien, die die Regierungspolitik in den Grenzgebieten schon vor der Machtergreifung des Faschismus entscheidend beeinflussen – all diese Momente vereiteln schon bald die Hoffnungen auf eine Politik der Öffnung und des Verständnisses gegenüber den Slawen. Jene Hoffnungen waren durch die einsichtige Proklamation des Generals Petitti di Roreto, Statthalter Julisch-Venetiens, anläßlich der Befreiung Triests geweckt worden. Doch die Möglichkeit einer Vermittlung und Versöhnung schien noch vor 1922 und vor dem Marsch auf Rom zu zerrinnen, obwohl es einige mahnende Stimmen gab, die sich der Gefahr eines nationalen Konflikts bewußt waren.

Aldo Oberdorfer, innerhalb der Sozialistischen Partei Fürsprecher der Linie Pittonis, die von der revolutionären Strömung bald in die Minderheit gedrängt werden sollte, schrieb, daß der italienische Staat für die Slawen zum Symbol von Recht und Gerechtigkeit werden müsse, indem er ihre nationalen Rechte anerkenne. In dieser Öffnung sieht er keinen Akt politischer Schwäche, sondern eine Geste moralischer Stärke: »Rückschrittlicher und weniger liberal als Österreich zu sein, das wäre der größte Fehler, den wir begehen könnten.« Giani Stuparich, der in seiner Darstellung der slowenischen Psyche zwar nicht frei ist vom traditionellen Überheblichkeitsgefühl der Italiener Triests gegenüber den Slawen (die Slowenen, schreibt er, hätten »einen angeborenen Sinn für Unterwürfigkeit«, sie gehörten »einer dunklen und geschlagenen Nation an, die an der Scholle klebt und dazu neigt, stärkeren und kultivierteren Herren zu dienen«), sieht in der völligen politischen und nationalen Gleichstellung der Slowenen die einzige Lösung des italienisch-slawischen Problems in der neuen Provinz Julisch-Venetien. Triest muß seiner Meinung nach jene österreichische Mentalität überwinden, die die öffentliche Meinung der Stadt an Probleme einer vergangenen und inzwischen überwundenen Zeit fesselt, und sich endlich dazu entschließen, im Irredentismus nicht das einzige politisch und geistig relevante Thema zu sehen.

In seiner Erzählung *La rosa rossa* (»Die rote Rose«) zeichnet Pier Antonio Quarantotti Gambini auf sensible Weise ein Bild der Nachkriegszeit im adriatischen Küstenland, wie sie hätte sein können, aber leider nicht war: das Bild einer Aussöhnung der Geister, eines friedlichen und harmonischen Zusammenlebens. Aber es ist bezeichnend, daß Quarantotti Gambini diese Hoffnung in eine Geschichte kleidet, die schildert, wie ein istrischer General des k.u.k. Heeres, der nach dem Zusammenbruch der Monarchie in sein Heimatstädtchen zurückkehrt, von den lokalen Honoratioren empfangen wird. Das slawische Element wird ignoriert, die Versöhnung scheint sich auf die beiden historischen Kulturen der untergegangenen Monarchie zu beschränken, genauer gesagt auf die Überwindung des Gegensatzes zwischen Irredentisten und »Österreichanhängern«. Und der reale Vorfall, der Quarantotti Gambini offenbar inspiriert hat, verlief völlig anders und endete in einer persönlichen und familiären Tragödie, die durch die Weigerung der Mitbürger, einen österreichischen Offizier bei sich aufzunehmen, ausgelöst wurde. Andererseits wird auch vielen italienischen Beamten des alten Regimes nicht gestattet, in Italien zu bleiben, und Giuseppe Bugatto, dem christlich-sozialen und damit österreichfreundlichen Abgeordneten von Görz, der sich in Wien sogar für eine italienische Universität und die Belange der Italiener in Dalmatien eingesetzt hatte, wird der Aufenthalt in seiner Heimatstadt untersagt.

Den wenigen mahnenden Stimmen und der späteren literarischen Fiktion eines, wenn auch nur partiellen, geordneten Miteinanders steht die Realität der nationalen Konfrontation in der Region gegenüber, eine Konfrontation, die als einer der ersten Antonio Ive, der Sprachwissenschaftler aus Rovigno, anprangert, indem er aus Protest gegen das politisch-nationale Klima auf seinen Lehrstuhl in Graz, also ins alte Österreich, zurückkehrt. Weit davon entfernt, sich mit dem Sieg und der Verwirklichung des heißersehnten Ideals zufriedenzugeben, verschärft der italienische Nationalismus noch seine traditionelle antislawische Haltung. Die Politik der nationalen Verteidigung, wie sie von der städtischen Mehrheit gegen den Wiener Zentralismus und später auch gegen den slawischen Druck vertreten wurde, als die Stadt noch zur Habsburgermonarchie gehörte, wird auch nach der Verbindung Triests mit Italien als die einzige betrachtet, die mit der Erhaltung der Italianität vereinbar ist.

Nachdem die realen historischen Gründe für die Politik der nationalen Verteidigung entfallen sind, nimmt diese einen ausschließlich aggressiven Charakter an, der den Slowenen gegenüber bald in Verfolgung umschlägt. Diese Politik bietet immer noch die Möglichkeit, durch die propagandistische Behauptung, die nationale Identität sei gefährdet, die Zustimmung der Bevölkerungsmehrheit zu erhalten; auf der anderen Seite führt sie dazu, daß sich der größte Teil des Triestiner Proletariats im Sinn des Bolschewismus und die slowenische öffentliche Meinung im Sinn eines äußersten Nationalismus radikalisiert. In diesem gespannten und gereizten Klima findet der Faschismus einen fruchtbaren Nährboden – wie in allen eben erst dem Königreich einverleibten Gebieten, in denen er sich mehr als anderswo mit seinen Strafaktionen gegen die nationalen Minderheiten als Verteidiger des Geistes und der Früchte des Sieges aufspielen kann. Die von den faschistischen Schlägertrupps in den Grenzgebieten verübten Gewaltakte werden mitunter vom Staatsapparat toleriert oder flankiert; in anderen Fällen jedoch werden die Staatsorgane selbst von den Aktionen der Faschisten traktiert, da diese ihnen Schwäche und Untätigkeit gegenüber den Angehörigen nationaler Minderheiten vorwerfen.

In Triest ist der Faschismus, was seine Führungsgruppe betrifft, vorwiegend importiert; er wurde von Italienern aus den »alten Provinzen«, einigen der vielen, die sich nach dem November 1918 auf Julisch-Venetien stürzten, und von jungen Triestiner Kriegsheimkehrern in die Stadt gebracht. Er fand jedoch ein Milieu vor, das reif und bereit war, ihn zu absorbieren und zu assimilieren. Im Sommer 1920 wird das Hotel Balkan, der Sitz der städtischen slowenischen Organisationen, durch faschistische und nationalistische Demonstranten in Brand gesetzt. Daß sie ungehindert agieren können, ohne daß die Behörden sich zum Einschreiten veranlaßt sähen, beweist, wie sehr die lokalen nationalistischen Kräfte inzwischen mit dem Faschismus übereinstimmen. Sie treffen sich auf einer Linie unbeugsamer und aggressiver Slowenenfeindlichkeit, in die die stets virulente Überheblichkeit der historischen Nation und traditioneller Klassenstolz mit einfließen. Den ganzen Ernst dieser Episode und ihre tragischen Folgen für die Zukunft erfaßt zu diesem Zeitpunkt auf italienischer Seite vielleicht nur Aldo Oberdorfer: »Die Möglichkeit eines Waffenstillstands oder sogar eines Friedensschlusses zwischen den Nationalismen ist um Jahrzehnte zurückgeworfen, wenn nicht für immer zerstört worden. Triest haftet nunmehr der Fluch an, zum Herd eines neuen, slawischen Irredentismus zu werden, der für den Frieden dieser Gebiete nicht weniger gefährlich ist als der alte italienische. Kurz, unter der Gewaltsamkeit des faschistischen Wahns ist das Programm nationaler Gleichberechtigung und Freiheit, mit gleichen Rechten und Pflichten, das wir von den allerersten Tagen der Annexion an als die einzig mögliche Formel für das friedliche Zusammenleben von Italienern und Slawen in der julischen Region gepredigt haben, zusammengebrochen...«

Der Faschismus entwickelt sich allmählich, wenngleich nicht ganz so widerspruchslos, wie gemeinhin behauptet wird, zur beherrschenden Kraft im politischen Leben Triests. Er wird zum Erben der alten Nationalliberalen Partei, indem er sowohl vor wie nach der Machtergreifung die Mehrheit der italienischen Bevölkerung auf eine politische Formel einschwört, die – mit dem Ziel, den Faschismus als Wortführer der städtischen Tradition erscheinen zu lassen – als eine Fortsetzung der alten Linie der nationalen Verteidigung hingestellt wird.

Die politische Dialektik in der Stadt entwickelt sich

also bis 1922 und noch deutlicher während der allgemeinen Wahlen von 1924 weiterhin vorwiegend nach der alten österreichischen Formel des nationalen Pluralismus und nicht nach der Linie der ideologischen Auseinandersetzung. Dieser habsburgischen Logik hatte sich bei den Wahlen von 1921 die Republikanische Partei zu entziehen versucht, indem sie sich auf die risorgimentale Demokratie berief, um so, wie Giani Stuparich schrieb, »eine Umkehrung der althergebrachten Mentalität« zu erreichen und »das Wagnis« einzugehen, »italienisch zu sein und zu handeln, ohne sich gleich nach allen Seiten absichern und fragen zu müssen: ›Bin ich auch wirklich Italiener?‹, ohne sich genötigt zu sehen, den Slawen den Schädel einzuschlagen, um seinen eigenen Platz zu behaupten, ohne weitere Rücksicht noch Angst gegenüber einem Österreich, das es nicht mehr gibt und das auch nicht mehr auferstehen kann«.

Aber jede Mahnung, den politischen Kampf nicht wie im alten habsburgischen Vielvölkerstaat in einen Nationalitätenstreit umschlagen zu lassen, bleibt vergeblich. Und auch später noch, als der an die Macht gelangte Faschismus jede Form der politischen Auseinandersetzung unterbindet, hält er in den Grenzgebieten an dieser Polarisierung der Nationalitäten fest und schürt sie: Alles, was sich um den Faschismus sammelt, gilt als die authentische Italianità, als Nationalgefühl, als Vaterlandsliebe; was nicht in das Wertsystem des Faschismus paßt, wird als antipatriotisch und subversiv gebrandmarkt.

Wenn in der neuen politischen Realität schon für Italiener, die eine Gleichsetzung von Italien und Faschismus ablehnen, kein Platz ist, so noch weniger für die Slowenen und Kroaten, die ihrer eigenen nationalen Identität nicht abschwören wollen. Die Aufhebung der konstitutionellen Freiheiten in Italien wenige Jahre nach Kriegsende eröffnet daher eine Phase heftiger und unversöhnlicher Gegnerschaft zwischen den verschiedenen nationalen Gruppen im Grenzgebiet und zwischen dem italienischen Staat und seinen slawischen Bürgern. Jahre später läßt Pier Antonio Quarantotti Gambini in *Primavera a Trieste* (»Frühling in Triest«) einen seiner anonymen Gesprächspartner, der jedoch die Gedanken des Autors widerspiegelt, aussprechen, wie sehr diese Konfrontation der Italianität Julisch-Venetiens geschadet hat – jener Italianität, die für den Autor im übrigen der einzig ernst zu nehmende Wert bleibt, der den anderen Nationalitäten – auf friedlichem Wege – aufzuprägen ist: »In einem freiheitlichen Regime hätten wir auf friedliche Weise Tausende und Abertausende von Fremdstämmigen assimiliert. Wir hätten die sozialistischen Slawen durch den Sozialismus, die Kommunisten durch den Kommunismus, die Klerikalen durch die Democrazia Cristiana, die Liberalen durch die Liberale Partei assimiliert. Der Faschismus dagegen hat durch seine nationalistische Konfrontation von Italienern und Slawen die Bildung und den Ausbau einer regelrechten slawischen Verteidigungsfront gegen uns begünstigt.« Das slawische Nationalbewußtsein war inzwischen zu stark ausgeprägt, als daß Absorption und Assimilation noch hätten wirksam werden können, aber zweifelsohne wären gemeinsame politische Militanz und ideologische Solidarität in der Lage gewesen, die Italiener, Slowenen und Kroaten Julisch-Venetiens einander näherzubringen und die Gegensätze zwischen ihnen abzubauen.

Ein exemplarisches Zeugnis für den Leidensweg der Slowenen während der faschistischen Unterdrückung bietet das Leben Ciril Zlobecs, der aus der Erfahrung der Erniedrigung zu einem eigenen Nationalbewußtsein findet und zugleich zu einer Perspektive kultureller Offenheit, die die durch den nationalen Konflikt entstandene Spaltung überwinden will: So entsteht das Werk des Schriftstellers und Übersetzers aus dem Italienischen, der von den widersprüchlichen Gefühlen berichtet, die er beim Niederschreiben eines Gedichts auf italienisch empfindet – der Sprache der Faschisten, aber auch Dantes. Die Werke Zlobecs, wie der Roman *Moška leta mašega otrošva* (»Unsere Jungmännerjahre«), sind – ebenso wie etwa der Roman *Kaplan Martin Čedermač* des Görzers France Bevk – ein wertvolles Zeugnis jener Jahre der Entnationalisierung und des slowenischen Widerstands dagegen. Die unerschrockenen Predigten des Priesters Jakob Ukmar und der Brief, den der von einem Sondergericht zum Tod verurteilte Pino Tomažić am Vorabend seiner Exekution schrieb, dokumentieren eine politische und soziale Haltung von hohem poetischen und menschlichen Rang.

Die nachdrückliche, aggressive Durchsetzung der Italianität, wie sie der Faschismus wünschte, überdeckt die inneren Risse im städtischen Bewußtsein. Das Wissen um die »doppelte Seele«, das bis 1918 die scharfsichtigsten Persönlichkeiten Triests auszeichnete, scheint verschwunden. Der Faschismus bildet im Leben der Stadt einen geradezu monolithischen Block, der beherrschender ist als jene Geschlossenheit des Denkens, die sich während des Krieges herausgebildet hatte: Die Italianità Triests, Resultat einer Synthese unterschiedlicher Elemente, eines langen historischen Weges, eines bewußt erfahrenen kulturellen Prozesses, wird als das von Anfang an einzig charakteristische Element der Stadt dargestellt, in dem ihre ganze, jahrhundertelange Entwicklung aufgeht. Das umfangreiche und in vielerlei Hinsicht auch heute noch unübertroffene Werk über die Geschichte Triests von Attilio Tamaro spricht der Stadt jenes schmerzliche Ringen ab, in dem sich ihr nationales Bewußtsein entwickelte; es negiert die Beiträge, die von außen kamen, und die Mittlerfunktion Triests, die seine Besonderheit ausmachten und seine politische Rolle bedingten, und nivelliert so die historisch-kulturelle Dimension der Stadt. Diese Dimension bleibt hingegen in einer mutigen und klarsichtigen Untersuchung der Ursprünge des Triestiner Irredentismus von Carlo Schiffrer, einem der Florentiner Schüler des antifaschistischen Historikers Gaetano Salvemini, gewahrt, ebenso in einer soliden, wenngleich noch traditionellen Skizze der Triestiner Geschichte von Fabio Cusin, der unter den Erfahrungen von Faschismus und Krieg später zu einer ganz persönlichen, antinationalistischen und ressentimentbehafteten Geschichtsschreibung findet, die sich zwar durch geniale Einfälle auszeichnet, aber nicht frei ist von psychologischer Verkrampftheit und grollender Anti-Italianità. 1929 markiert Augusto Hermet, der Typus des ruhelosen Intellektuellen mit mystischen Zügen, die Opposition zum kulturellen »Kosmopolitismus« in Triest und proklamiert »das Bedürfnis, uns von der Schwere und Schwüle zu befreien, die uns im Blut liegt durch die Milch unserer alten Ammen: Ibsen und Wagner, Baudelaire und Nietzsche, Poe und Dostojewski...«. Das ist ein Monolithismus, der auf der einen Seite ein getreues Bild des Triestiner Bewußtseins bietet, das nach dem Sieg und unter dem Einfluß des Faschismus ganz auf die Durchsetzung der eigenen nationalen Identität ausgerichtet ist, während er auf der anderen nicht einmal in diesem Moment, in dem er das Antlitz Triests auch in seinen weniger auffälligen Zügen analysiert, die Wirklichkeit der Stadt auszuschöpfen vermag.

Viele der Triestiner Intellektuellen richten ihre Aufmerksamkeit erneut auf das ›historische‹ Mitteleuropa, das Mitteleuropa deutscher Sprache. Die Mittlerrolle zwischen der deutschen Kultur und Italien, wie sie von der Generation der Vocianer begründet worden war, wird nach 1918 wiederaufgenommen und sogar intensiviert, wobei sich das Hauptinteresse von der germanischen und nordischen Welt, die den Vocianern am nächsten stand, auf eine österreichische oder jüdischösterreichische Kultur verlagert, die im deutschsprachigen Österreich, aber auch im ganzen Raum der ehemaligen Donaumonarchie in einem deutsch-jüdischslawischen Milieu floriert. Eine Kultur, die jenes in Mitteleuropa verbreitete Gefühl der Vorläufigkeit und

Desorientierung ausdrückt, dem sich auch die wachen Intellektuellen einer Stadt wie Triest nicht verschließen können, denn trotz des offiziellen Klimas triumphaler Gewißheiten gibt es auch hier unruhige und besorgte Fragen nach der eigenen Zukunft, vor allem der wirtschaftlichen.

In dem Interesse für das, was jenseits der Alpen geschieht, zeigt sich auch die Bedeutung einiger Faktoren, die in dem von der manichäistischen Alternative zwischen Italien und Österreich beherrschten Vorkriegsklima nicht richtig zur Geltung kamen. Die weite Verbreitung der deutschen Sprache (wenngleich sie nicht so allgemein ist, wie häufig angenommen wird), die Erfahrungen junger Italiener an deutschen Schulen und Universitäten und die Zellen deutscher Nationalität und Kultur, die in der Stadt immer noch vereinzelt existieren, ermöglichen eine breite Rezeption der deutschsprachigen Kultur und eine anregende Auseinandersetzung mit ihr. Diese Faktoren resultieren aus der vergangenen politischen Stellung Triests, und ihre Bedeutung wird sich im Lauf von ein oder zwei Generationen erschöpfen. Doch bis dahin entwickelt sich ein – wenn auch im Abseits – blühendes intellektuelles Leben mit Gestalten wie Bobi Bazlen und dem Germanisten Carlo Grünanger, den Philosophen Carlo Antoni und Giorgio Fano sowie dem Psychoanalytiker Edoardo Weiss; desgleichen im nahe gelegenen Fiume, wo auch noch das ungarische Erbe eine Rolle spielt, und in Istrien mit den Germanisten Enrico Burich und Ladislao Mittner, dem Kritiker und Schriftsteller Paolo Santarcangeli, den Historikern Ernesto Sestan und Leo Valiani.

So wird der politisch-nationale Knoten, den die herrschende Ideologie, auch nachdem die Frage der territorialen Zugehörigkeit und der nationalen Physiognomie der Stadt entschieden ist, beharrlich weiter schürzt, um die italienische öffentliche Meinung geschlossen hinter sich zu bringen, in vielen Fällen auf individueller Ebene im Dialog mit anderen der Geschichte der Stadt verbundenen Kulturen gelöst. Der Dialog mit der slowenischen und kroatischen Welt Julisch-Venetiens entfällt dagegen infolge der fortdauernden kulturellen und sozialen Spaltung. Auch wenn die italienischen Intellektuellen den aggressiven antislawischen Ton der offiziellen Ideologie nicht übernehmen, ihn auf politischem Gebiet sogar ausdrücklich ablehnen, verharren sie doch in einer Haltung der Ignoranz und Distanz gegenüber der slawischen Kultur. Giani Stuparich bringt 1922 zwar sein Buch über die tschechische Nation neu heraus, angereichert durch die Erfahrungen eines Lehr- und Studienaufenthalts im Nachkriegs-Prag, doch über die enger mit Triest verbundene slawische Kultur existiert nichts Vergleichbares.

Die slowenische Kultur, die sich auch ihrerseits den europäischen Erneuerungstendenzen nicht verschließt, entwickelt sich in der Stadt oder in deren unmittelbarer Umgebung fast im geheimen und völlig unbeachtet parallel zur italienischen. Der bürgerliche italienische Intellektuelle, der offen oder versteckt in Opposition zum Faschismus steht, kennt zwar das slawische Problem, aber nicht den Slawen. Nur in der gemeinsamen politischen Aktivität innerhalb der Untergrundbewegung der Arbeiterschaft kommt es tatsächlich zu Solidarität und Zusammenarbeit.

So verdeckt und verbirgt das monolithische Triest des Faschismus die anderen Gesichter der Stadt. Neben ihm entwickeln sich die verleugnete und verfolgte slowenische Stadt und die Untergrundstadt der Arbeiterbewegung. Und im Hintergrund steht immer noch das Bild einer »anderen Stadt«, ebenfalls italienisch, aber nicht homogen, mit verschiedenen Schichtungen. Sie ist die Stadt derjenigen, die sich weigern, die Verwirklichung ihres nationalen Ideals in der brutalen Mißachtung der nationalen Rechte der anderen Völker Julisch-Venetiens zu sehen; derjenigen, die Triest auch nach dem Abzug Österreichs in Literatur und Wissenschaft aufs engste mit der

Kultur Mitteleuropas verbunden sehen, als »Tor« der Vermittlung und Synthese und nicht als äußerste Bastion einer ausschließlich auf sich selbst konzentrierten Italianität; und schließlich derjenigen, die, obwohl in das existierende politisch-ökonomische System integriert, am Zusammenhang Triests mit der zwar zertrümmerten, aber nicht verschwundenen Welt, an die es Jahrhunderte seiner Geschichte binden, weiterhin festhalten.

Mit dem internen Monolithismus der italienischen Gruppe korrespondiert die offizielle politische Linie der rücksichtslosen Durchsetzung der Italianität nach außen, das heißt allen Slawen Julisch-Venetiens gegenüber – eine Haltung, die sich in einer Politik nationaler Unterdrückung bis hin zur offenen Verfolgung niederschlägt. Italienisch ist die alleinige Sprache der Verwaltung und Justiz; die Beamtenschaft rekrutiert sich ausschließlich aus Italienern; die slowenischen und kroatischen Schulen werden Zug um Zug geschlossen, in der Hoffnung, die heranwachsenden Generationen damit rascher ihrer eigenen Nation zu entfremden; Ortsnamen und sämtliche öffentlichen Schilder sind nur noch einsprachig; alle geselligen Vereinigungen der Minderheiten werden aufgelöst. Später wird auch die Italianisierung der Nachnamen in Angriff genommen und weitgehend realisiert. Ziel ist es, jedes Zeichen nationaler Identität in der slowenischen und kroatischen Bevölkerung zu tilgen; jede Form von Opposition oder Widerstand wird hart unterdrückt. Julisch-Venetien wird als rein italienisches Territorium betrachtet und seine binationale Realität einfach negiert.

Ein istrischer Schriftsteller, Guido Miglia, beschreibt mit einer Sensibilität, die durch die Tragödie des italienischen Exodus aus Istrien nach dem Zweiten Weltkrieg noch geschärft wurde, anhand seiner Erlebnisse das Verhältnis der slawischen Bevölkerung im Innern Istriens zu Italien; diese Gruppe hatte insofern besonders unter dem Faschismus zu leiden, als sie der italienischen Sprache und Kultur noch ferner stand als die Slawen in den

Städten und nicht einmal über deren begrenzte Möglichkeiten nationaler Verteidigung verfügte. Miglia schildert sein erstes Zusammentreffen mit den Schulkindern folgendermaßen: »Arme Kinder – ich rede in der einzigen Sprache, die ich kann, und merke, daß die Kleineren mich nicht verstehen. In der Pause höre ich, wie sie in ihrem kroatischen Dialekt leise miteinander reden, und fühle mich verpflichtet, sie deswegen zu tadeln und dazu anzuhalten, Italienisch zu sprechen. Erst durch eigene Erfahrung, nachdem ich als Erwachsener durch das Unheil, das über meine Heimat hereinbrach, zum Nachdenken gekommen war, sollte ich erkennen, wie falsch es ist, einer anderen ethnischen Gruppe zu verbieten, sich ungehindert in ihrer Muttersprache zu äußern.« Insbesondere erinnert sich der »ausländische« Lehrer eines Erstkläßlers mit roten Apfelbacken, der oft fehlte. »Ich tadelte ihn deswegen und streichelte dabei sein hübsches Gesicht: In Tränen aufgelöst, hob er den Blick und mühte sich, mir in meiner Sprache zu sagen, Papa habe ihn zum Hüten geschickt...« Vielleicht noch mehr als in der unmittelbaren Gewalt liegt die Tragödie Julisch-Venetiens während der zwei Jahrzehnte des Faschismus in jener Weigerung (die ebenfalls ein Akt der Gewalt ist) einer ethnischen Gruppe, die Existenz der anderen zu akzeptieren. Diese Haltung hatte Giani Stuparich bereits im Frühjahr 1921 verurteilt, als es sich noch um die Gewalttätigkeit einer Partei und nicht des Staates handelte: »Ist es rechtens, die Häuser, die Felder, die Kirchen dieser Slawen heimzusuchen und ihnen mit dem Revolver in der Hand zu befehlen, nicht mehr auf slawisch zu lieben, zu denken und zu beten?«

Das Schicksal Triests und der ganzen adriatischen Italianität wird auf dramatische Weise durch diese Realität bestimmt. Nachdem der Weg friedlicher Koexistenz zwischen den beiden Völkern versperrt war, blieb – wie Oberdorfer bereits am Tag nach dem Brand des Balkan-Hotels geahnt hatte – nur noch der des Konflikts. Tatsächlich ist die Zeit zwischen den beiden Kriegen durch die unaufhaltsame, drastische Verschärfung des Gegensatzes zwischen dem italienischen Staatsapparat beziehungsweise dem julischen Faschismus und der slawischen Minderheit charakterisiert. Die slowenische Politik der nationalen Verteidigung wählt zunächst – vor allem unter Führung von Josip Vilfan, der später gezwungen sein wird zu emigrieren – den legalen Weg über die parlamentarische Szene in Rom und die internationalen Organe zum Schutz der Minderheiten. Die Radikalisierung der Geister und die zunehmende Beschränkung legaler Aktivitäten führen jedoch schon Mitte der zwanziger Jahre zur Bildung der ersten nationalrevolutionären Untergrundgruppen, deren Arbeit darauf abzielt, das Nationalbewußtsein und damit die Widerstandskraft der slowenischen und kroatischen Massen zu stärken; gleichzeitig suchen sie auch die wichtigsten Symbole des Regimes zu treffen. Die Verhaftung von Mitgliedern der Untergrundgruppe »Borba«, die ein Attentat auf den Sitz der Zeitung *Popolo di Trieste* verübt hatten, führt im September 1930 zum ersten großen Prozeß gegen den slowenischen Irredentismus vor einem zur exemplarischen Abschreckung in Triest einberufenen Sondergericht; er endet mit vier Todesurteilen.

Die Verschmelzung der Hoffnung auf soziale Emanzipation, die das städtische und ländliche slawische Proletariat erfüllt, und der Devise von der nationalen Befreiung, die von den Führern der slowenischen und kroatischen Kommunisten ins Spiel gebracht wird, macht die Kommunistische Partei nicht nur in politischer, sondern auch in nationaler Hinsicht zur bestimmenden Kraft der slawischen Bewegung. So werden die Voraussetzungen für die breitangelegten Widerstandsaktivitäten während des Kriegs geschaffen. Die liberalen und christlich-sozialen Strömungen in den städtischen Zentren, vor allem in Triest und Görz, behalten zwar einen gewissen Einfluß innerhalb der führenden slowenischen Kreise, doch fehlt es ihnen an einer ausgebauten Basisorganisation. Das starke Vordringen der Kommunistischen Partei innerhalb der Massen, der ökonomisch-soziale Druck, der sich zum nationalen gesellt, die gewaltsame Entfernung zahlreicher Vertreter des intellektuellen Bürgertums aus Italien verschärfen das Klima des sozialen Kampfes, das immer schon die Beziehung zwischen Italienern und Slawen in Julisch-Venetien bestimmt hatte, und verleihen dem Konflikt eine weitere Dimension, die ihn noch heftiger und unversöhnlicher werden läßt.

Die Schwächung der slawischen Führungsschicht, die durch die Emigration ausblutet, verstärkt die Rolle der Priester im nationalen Verteidigungskampf, fast wie zur Zeit des kulturellen Erwachens, in der der Klerus das intellektuelle Gerüst der Nation bildete. In Triest vertritt Monsignore Jakob Ukmar eine maßvolle, jedoch entschiedene Verteidigungsposition, deren Prinzipien er in einer im Mai 1931 in Servola gehaltenen Predigt zum Ausdruck bringt, die rein religiös ausgerichtet und auf Bibelstellen gestützt, jedoch mit deutlichen und mutigen Anspielungen auf die aktuellen Probleme gespickt ist: Gegen den nationalistischen Geist steht für Ukmar der Universalismus des heiligen Paulus, der einen fanatischen jüdischen Nationalismus überwand; der Sakralisierung einer einzigen Sprache und einer einzigen Nation wird das Sprachenwunder des Pfingsttages entgegengestellt, das die Geburt einer universalen Kirche bezeichnet, die jedoch die Unterschiede zwischen den Völkern nicht zerstört; die weltliche Macht wird auf die Lehre Christi von den unterschiedlichen Zuständigkeitsbereichen der beiden Autoritäten verwiesen. Aber nicht einmal diese moderate und keineswegs illegale Stimme wird von der italienischen Obrigkeit gehört. Im übrigen erfährt die Kirche, getreuer Spiegel der binationalen Wirklichkeit der Region, in ihrem Innern selbst die Spaltungen und Risse des nationalen Kampfes.

Während der nationale Konflikt in Triest und ganz Julisch-Venetien diesen erbitterten und brutalen Charakter annimmt, der später zu den tragischen Ereignissen des Kriegs und der unmittelbaren Nachkriegszeit führt, macht die Stadt einen schwierigen Anpassungsprozeß an die neuen ökonomischen Gegebenheiten durch, denen sie sich gegenübersieht. Der heiklen Probleme, die der Übergang von Österreich zu Italien in dieser Hinsicht mit sich bringen würde, war sich die öffentliche städtische Meinung bereits im Sturm der kollektiven Begeisterung Ende 1918 wohl bewußt – vielleicht auch in Erinnerung an die Polemik, die Vivantes Buch hervorgerufen hatte, und an die Betrachtungen irredentistischer Schriftsteller wie Timeus und Alberti über die Triestiner Wirtschaft, vor allem aber unter dem Eindruck der kommerziellen Flaute während der Kriegsjahre.

Mitte Oktober 1918 hatten Vertreter des schwachen politischen »Austriacantismo« (der Position der Triestiner Österreichanhänger) in Wien um die juristische Garantie einer künftigen Verbindung zwischen der Monarchie und einem Triest, das nicht mehr zu Österreich gehören würde, nachgesucht – in der Hoffnung auf ein Weiterbestehen der wirtschaftlichen Beziehungen, einer Hoffnung, die sich freilich schon deshalb bald als nichtig erweisen sollte, weil sie vom Fortbestand der Habsburgermonarchie ausging. Wenig später entwirft Carlo Dompieri einen wenig realistischen Plan, dem zufolge Triest in politischer Hinsicht italienisch, zugleich aber zum einzigen, letzten noch »habsburgischen« Winkel des alten Österreichs geworden wäre: Die Stadt sollte, was Handel, Eisenbahn, Post und Zoll betrifft, gleichzeitig zu Italien, Österreich und Ungarn beziehungsweise Kroatien gehören. Dompieri träumt davon, daß in Triest die ökonomische Einheit einer untergegangenen politischen Ordnung erhalten bleibt. Konkreter und nicht aus nostalgischer Sicht wird die Frage der Beziehungen zum alten Hinterland von einer öffentlichen Meinung aufgegriffen, die sich darüber im klaren ist, daß die wirtschaftlichen Probleme nicht durch das Nationalgefühl gelöst werden können, daß – um den bereits zitierten Ausspruch von Oberdorfer aufzugreifen – die italienische Nabelschnur allein nicht genügt.

Im Anschluß an die vor 1914 in Triest geführte Debatte werden Stimmen laut, die der Hoffnung auf eine Überwindung der politisch-nationalen Gegensätze im Donauraum, auf eine Rückführung dieser Gebiete in ihre »natürliche« Ordnung und damit auch in ihren »natürlichen« Zusammenhang mit dem Adriahafen Ausdruck geben. Wenn die Theorie, die in Triest den unersetzbaren, natürlichen Zugang des Donaubeckens zum Meer sieht, an sich schon anfechtbar ist, so trägt die italienische Politik im östlichen Mitteleuropa gewiß nicht zu jener Entspannung bei, die als unerläßliche Voraussetzung für die Erneuerung des Bandes zwischen Triest und seinem alten Hinterland gelten mußte. Andere Stimmen betonen realistischer die Zweckmäßigkeit einer – in Ansätzen tatsächlich versuchten – Politik der gegenseitigen Förderung durch Zollerleichterungen und der Abkommen über eine Zusammenarbeit mit den Nachfolgestaaten Österreich-Ungarns. Doch auch diese Art der Zusammenarbeit wird durch die Spannungen, die die Beziehungen Italiens zum größten Teil der Nachfolgestaaten der Doppelmonarchie bestimmen, erschwert oder sogar lahmgelegt. Im übrigen widersetzen sich die Handels- und Finanzkreise Triests, während sie verbal den Willen zu Öffnung und Dialog den Nachbarvölkern gegenüber bekunden, in der Praxis heftig dem Ausbau konkurrierender Handelspole an der adriatischen Ostküste.

Diese Haltung zeigt sich bereits unmittelbar nach dem Krieg in der Position, die die Triestiner Wirtschaftskreise zum Problem Fiume einnehmen. Sie drängen darauf, daß Italien die Stadt an der Riviera des Quarnaro annektiert, und stehen nicht nur der kroatischen Lösung feindselig gegenüber – die sie selbstverständlich nicht zuletzt unter nationalem Aspekt beurteilen –, sondern auch jener, die

die nationale Identität der Stadt, des Freistaates, erhalten will, denn sie fürchten eine Fortdauer des alten Dualismus zwischen Triest und dem ungarischen Fiume und versuchen, die Interessen Fiumes denen Triests unterzuordnen. In diesem Klima, das einerseits von einer stets halbherzigen und widersprüchlichen Taktik der Öffnung zum europäischen Donauraum und andererseits von kommunaler Abschottung bestimmt ist, gelingt es vielleicht nur den Versicherungsgesellschaften – multinational sowohl im habsburgischen Sinn wie in der modernen Bedeutung des Begriffs –, eine Finanz- und Wirtschaftspolitik fortzuführen, die sich auf die alten mitteleuropäischen Gebiete stützt, deren Zentrum immer noch Triest ist.

Der Hafen, der zwar bei weitem kein so trostloses Bild mehr bietet, wie es 1918 gezeichnet wurde, erreicht nicht mehr das Verkehrsvolumen von 1913. Ihn treffen die Auswirkungen der politischen Zersplitterung Mitteleuropas, der tiefen Gegensätze zwischen den Nachfolgestaaten Österreich-Ungarns, der Konjunkturschwankungen, der Konkurrenz der Nordseehäfen und der Randlage Triests in Italien. Das Bemühen um die Entwicklung einer eigenständigen Industrie, die nicht unbeträchtliche Resultate zeitigt, wird durch die große Wirtschaftsdepression behindert. Es fällt zeitlich zusammen mit einer Krise in zwei traditionellen Bereichen – der Schifffahrt und dem Schiffsbau –, die zur Eingliederung dieser Zweige in die Staatswirtschaft und damit zur Schwächung ihrer »Triestinität« führt. Wenn in politischer Hinsicht im Triestiner Milieu auch das eigentliche faschistische Element und die Kräfte nationalistischen Ursprungs gegenüber dem nationalliberalen dominieren, so werden dennoch Nationalliberale, die dem Faschismus teilweise zunächst fernstanden, in der staatlichen Wirtschaft Triests, und nicht nur Triests, auf verantwortungsvolle Posten berufen.

Inzwischen stehen Triest und die ganze julische

Region am Vorabend einer neuen Begegnung mit der historischen Entwicklung im mitteleuropäischen Raum: Der Aufstieg des Nationalsozialismus und der drohende deutsche Revanchismus stellen eine Gefahr für das ohnehin schon so prekäre Gleichgewicht in Mitteleuropa dar. Das städtische Bewußtsein scheint diese Realität ebensowenig zu erfassen wie das ganze übrige Europa auf seinem Weg in die Katastrophe. Nicht einmal die Durchreise und Einschiffung der ersten deutsch-jüdischen Flüchtlinge und später der »Anschluß« Österreichs 1938, der den Emigrantenstrom anschwellen läßt, scheinen den Triestinern eine Vorahnung dessen zu vermitteln, was sich hier zusammenbraut; vor allem scheint ihnen nicht einmal der Gedanke zu kommen, daß Triest sich wieder mit Mitteleuropa vereint finden könnte, diesmal jedoch als Ziel und Opfer des germanischen Nationalismus und seiner Expansionspolitik. Fulvio Suvich, ein Triestiner Nationalist, der im Faschismus Karriere machte, erkennt von seinem hohen Beobachtungsposten als Unterstaatssekretär im römischen Außenministerium bereits bei der ersten Demonstration der Hitlerschen Anschlußgelüste die Gefahr, die Triest von einem Deutschland drohen würde, das ein paar hundert Kilometer entfernt in den Julischen Alpen Stellung bezöge und dann zum letzten Sprung auf die Stadt ansetzte.

Aber Suvich, der mit den Augen des Vorkriegsnationalisten den nie erloschenen pangermanischen Drang zur Adria klar erkennt, begreift nicht – und darin teilt er die Kurzsichtigkeit der Führungsschicht seiner Stadt –, daß diese Gefahr sich nur bannen ließe, wenn man auf eine Unterstützung des antidemokratischen Kurses in Österreich verzichten und den eigenen aggressiven antislawischen Nationalismus zügeln würde. Im September und Oktober 1938 erlebt Triest – und wieder ohne ein adäquates Echo im städtischen Bewußtsein – mit den italienischen Rassengesetzen die Vorwegnahme der Katastrophe. Die Stadt ist in ihrem Nerv getroffen, in ihren führenden Schichten. Die Diasporasituation, die bereits kurz nach 1918 und noch entschiedener mit der Wirtschaftskrise eingesetzt hatte, verschärft sich durch die rassistischen Maßnahmen: Das Triestiner Bürgertum ist zerrissen und zersplittert. Nachdem sie mit ansehen mußten, wie ihre Stadt zum Transithafen für jüdische Flüchtlinge aus Deutschland und Österreich wurde, teilen die Triestiner Juden nun selbst deren Schicksal. Und das Tragische ist, daß die führende jüdische Triestiner Schicht, die sich selbst mit der Seele der Stadt identifiziert, die Werte, in denen sich das öffentliche Bewußtsein manifestierte, mit geprägt und die politischen Devisen, in denen der städtische italienische Nationalismus seinen Niederschlag fand, zu ihren eigenen gemacht hatte, sich jetzt durch die radikalste Form ebendieses Nationalismus aus der Stadt vertrieben sieht. Für Triest bedeutet das eine entscheidende und nicht wiedergutzumachende Verarmung an wirtschaftlichen, kulturellen und intellektuellen Energien; es ist eine Entstellung seiner historisch gewachsenen Physiognomie, ein weiterer Riß in dem Band, das es mit der Vergangenheit verknüpft.

So zeigt sich Triest an der Schwelle zum Zweiten Weltkrieg in einem stolz zur Schau getragenen monolithischen Nationalismus, der jedoch mit einem unerbittlichen und unüberbrückbaren ethnischen Konflikt bezahlt worden ist, der in ganz Julisch-Venetien unmittelbar vor der Explosion steht und hinter dem sich tiefe, unheilbare Wunden im Gefüge der bürgerlichen Stadt verbergen.

8. Das andere Triest

Neben der faschistischen und der ›risorgimentalen‹ Stadt, die die humanistische, liberale oder mazzinische Opposition versammelt, existiert noch ein drittes Triest – sozusagen im Schatten der beiden ›offiziellen‹ Städte. Es ist das Triest, das selbst im Dunkel jener Jahre eine eigenständige, neue Kultur hervorbringt. Es ist die Stadt isolierter Individuen, verbissener Leser, die untereinander befreundet sind und sich im Kaffeehaus oder in ihren Wohnungen über ihre revolutionären und avantgardistischen Lektüren austauschen. In einer Zeit, die von den aufgeblasenen und hohlen Phrasen einer zum tragischen Scheitern verurteilten Bourgeoisie beherrscht wird, leben und verkörpern diese Intellektuellen den spätbürgerlichen Individualismus: die Wahrheit des isolierten Individuums, das seine Individualität nicht aufzugeben bereit ist, wenngleich es weiß, daß diese sich in keiner gesellschaftlichen Institution vewirklichen kann. Im übrigen bezieht es seine Wahrheit gerade aus dieser Einsamkeit, aus dem Bewußtsein, nicht mehr Konzentrat und Spiegel der sozialen Totalität zu sein, sondern nur ein marginales und eingeengtes Bruchstück, das sich ebendieser sozialen Totalität verweigert.

Die Wahrheit dieses Individuums ist das Unbehagen in der Kultur, das der herrschenden Rhetorik entgegengesetzt wird. Die große bürgerliche Kultur bietet ihren letzten Söhnen die Instrumente der Vernunft, mit denen sie die triumphalistischen Illusionen der im Faschismus degenerierten bürgerlichen Dekadenz entlarven. Die scheinbar private Ichbefangenheit, für die die ewige letzte Zigarette Zeno Cosinis stehen mag, ist nichts als die mißtrauische Reaktion auf die großen historischen Sujets und den literarischen Lobpreis der ›illustren‹ Männer – jener, die sich, wie Saba es ausdrückt, einen Bart wachsen lassen, damit man nicht sieht, daß ihr Kinn zu kurz ist. Das Universale wird im Alltäglichen gesucht, im geistreichen Bonmot unter Freunden im Kaffeehaus, bei Stuparichs Spaziergängen im Giardino pubblico oder in Sabas Buchhandlung. Das Triest in und hinter den Werken seiner Schriftsteller ist aus Worten erbaut, aus Betrachtungen ohne vorgegebene Thematik; es ist eine Kultur im kleinen, für ein begrenztes und keineswegs konformes Publikum, eine Kultur, die sich gegen die geschlossenen, etablierten Denksysteme wendet und daher auch über keine öffentliche oder offizielle Institution verfügt, die ihr gesellschaftliche Repräsentativität verleihen würde.

Die Ablehnung des bärtigen Illustren ist die Ablehnung des rationalen, geschlossenen Ichs, des klassischen Individuums. Das eigentliche Individuum ist nun der Neurotiker, der die Auflösung seiner Persönlichkeit analysiert und eben dadurch noch beschleunigt. Die Neurose des Triestiner Intellektuellen erwächst aus der Unmöglichkeit, eine Beziehung zur ihn umgebenden Realität herzustellen, aus dem Konflikt zwischen dem kollektiven Wunsch nach der italienischen Lösung (den auch die städtische Intelligenz teilte) und dem Ende des toleranten triestinischen Kosmopolitismus, das durch die faschistische Version dieser Lösung bedingt wurde.

Die einzige Totalität, die nach der Ablehnung jener offiziellen noch bleibt, ist der ödipale, verborgene Schoß des Dialekts, der von allen Gesellschaftsschichten gesprochen und bei allen Gelegenheiten verwendet wird, im Alltagsgespräch ebenso wie in der kulturellen Diskussion. Dialekt spricht der Philosoph Giorgio Fano, eine bemerkenswerte Persönlichkeit, der wir neben vielen Beispielen intellektueller Unabhängigkeit und philosophisch-analytischer Fähigkeit auch eine originelle und strenge Untersuchung über den Ursprung der Sprache verdanken. Dialekt sprechen der Kaufmann Ettore

Schmitz beziehungsweise der Schriftsteller Italo Svevo und der entwurzelt-verwurzelte James Joyce. Im Dialekt schreibt Virgilio Giotti, einer der eigenwilligsten Dichter der italienischen Literatur, der keineswegs in einem Triestiner Provinzialismus befangen ist, seine wundervolle »griechische« Lyrik.

Von Vito Timmel, einem genialen Jugendstilmaler, der sein Leben in einer psychiatrischen Klinik beenden sollte, stammt das beunruhigendste Dokument dieser Flucht in den Schatten, die für ihn zur Selbstzerstörung wird. In seinem *Magico taccuino* (»Magisches Notizbuch«) – Betrachtungen, die von Anita Pittoni gesammelt und Jahrzehnte später veröffentlicht wurden – zeichnet er den Zerfall der eigenen Persönlichkeit und Sprache auf und erhebt ihn zum Mythos eines Geistes, der sich in erschöpfter Apathie und gleichsam unbemerkt selbst auslöscht, um der bedrohenden Wirklichkeit zu entfliehen; zum Mythos eines Menschen, der als neuer zarathustrischer Wanderer die Zeichen zerstören möchte, um sich der entfremdenden sozialen Kommunikation zu entziehen. Der persönliche Wahnsinn verklärt sich selbst zur stolzen Antwort auf den Wahnsinn der Welt.

Völlig am Rand des offiziellen Kulturbetriebs bleibt die Avantgardeliteratur, vor allem die futuristisch inspirierte. Sie wird nur in kleinen Gruppen gepflegt, in Zeitschriften mit winzigen Auflagen und ganz wenigen Nummern (wie *Epeo*), in poetischen Experimenten, die – wie Umberto Carpi schrieb – auf ein Kunstwerk abzielen, das nur in einem einzigen Exemplar existiert und dem augenblicklichen kulturellen Konsum entzogen ist – in der Hoffnung, daß man es in naher Zukunft für eine neue, in der avantgardistischen Vision bereits vorweggenommene technologische Gesellschaft in Serie reproduzieren kann. Wie Carpi schreibt, werden diese Künstler »geächtet« und vergessen, Künstler wie der Maler Carmelich und die Autoren Dolfi und Jablowski, die bereit waren, ihre Gegenwart für den Entwurf einer Zukunft hinzugeben. Auch dieser Gegenstrang wird vom herrschenden Bewußtsein der Stadt nicht wahrgenommen.

Die wirklich andere Triestiner Kultur ist vor allem jüdisch, denn das Jüdische vereinigt in sich sowohl die Aufsplitterung der sozialen Totalität und die Identitätskrise als auch die Konzentration des Individuums auf sich selbst, den erbitterten Widerstand des Abtrünnigen oder des Schiffbrüchigen. Bruno Pincherle – Arzt und hervorragender Stendhal-Kenner, führender Vertreter eines entschiedenen Antifaschismus – repräsentiert diese Kultur in vollkommener Weise und überwindet sie zugleich. Pincherle ist der Intellektuelle, der endgültig jene ideologischen Sackgassen verläßt, die das Triestiner Bürgertum blockieren und viele seiner aufgeschlossensten und weitsichtigsten Mitglieder daran hindern, den Faschismus wirklich zu bekämpfen. Pincherle ist der Intellektuelle, der nicht nur den Faschismus ablehnt, sondern auch jenen Humus der Triestiner Bourgeoisie, in dem der Faschismus Wurzeln schlagen konnte. Sein Humanismus öffnet sich einer internationalistischen und proletarischen Perspektive und läßt ihn nicht nur zu einer außergewöhnlichen Persönlichkeit, sondern auch zu einer der wenigen exemplarischen Figuren des politischen Kampfes werden. Er steht auch für jene volkstümlichen Triestiner Kräfte, die während dieser Jahre Widerstand leisten, ohne eine eigene gewachsene Kultur, geschweige denn Literatur hervorbringen zu können.

Triests großer Beitrag zur italienischen Kultur dieser Jahre ist die Psychoanalyse. Es ist das Verdienst von Edoardo Weiss, einem Triestiner Schüler Freuds, sie in Italien begründet und diese so ganz andere Lymphe in das Gewebe der italienischen Kultur geleitet zu haben. Giorgio Voghera, der zusammen mit seinem Vater, dem Mathematiker und Schriftsteller Guido Voghera, an diesem Prozeß teilhatte, hat in seinem Buch *Gli anni della psicanalisi* (»Die Jahre der Psychoanalyse«; 1968) die Begeisterung, die Leidenschaftlichkeit, die Enttäuschungen und die Widersprüche beschrieben, die die ganze Epoche kennzeichneten und die auch die Arbeit der Gruppe unermüdlicher und stets aufs neue verblüffter Pioniere charakterisierten, die sich um Edoardo Weiss versammelt hatte.

Triest wird zum Vorposten der Analyse, wenn auch zu einem Vorposten, dessen Bestimmung es ist, eingeholt und aufgegeben zu werden. Die Anfänge der psychoanalytischen Praxis von Edoardo Weiss wecken ein fieberhaftes kulturelles Interesse und führen zu einem neurotischen, endogam geschlossenen Kreislauf zwischen Patienten, Freunden und dem Therapeuten, die untereinander ihre Rollen tauschen und Therapie, Freundschaft und gesellschaftlichen Verkehr miteinander verwechseln; dem Analytiker werden nicht nur die eigenen Träume erzählt, sondern auch die, die man im vertraulichen Gespräch von anderen Patienten erfahren hat – all das in einer leidenschaftlichen und erstickenden Besessenheit. Aus dem schamlos intimen und durch keine Schranken mehr voneinander abgesonderten Leben der Individuen erwächst jener Groll, der Montale veranlaßte, seine Triestiner Besucher zu fragen: »Und haßt ihr euch in Triest immer noch so?«

Die Tatsache, daß die Psychoanalyse sich nur in einem engbegrenzten Kreis auszubreiten vermag, macht ihre freie Ausübung unmöglich. Weiss ist später gezwungen, Triest zu verlassen, da sich die Psychoanalyse dort selbst erstickt. Er geht zunächst nach Rom, wo er den Grundstein für die italienische Psychoanalyse legt, und danach in die Vereinigten Staaten.

Aus diesem Anfangseifer erwachsen zahlreiche Studien und Entdeckungen innerhalb eines genialischen kulturellen Umfelds, das sich in der therapeutischen, didaktischen und wissenschaftlichen Tätigkeit von Weiss widerspiegelt. Überall keimt geistiges Leben auf, das bald wieder verdorrt. Mit leopardianischem Pessimismus hat Voghera das Drama dieser intellektuellen

Gruppe beschrieben, die so vieles begreift, die historischen Katastrophen diagnostiziert und ihren Mechanismus durchschaut – und sich dennoch auflöst, ohne daß dieses Verstehen zu irgend etwas geführt hätte. Der Sinn, den Triest sich gibt, ist oft der, den Nichtsinn zu erproben und auszudrücken, die Vergeblichkeit und das Versagen – auch seiner selbst als Ort der großen und nicht gehaltenen Glücksversprechen, der Abenddämmerungen anstelle der erwarteten Morgenröte.

Dieses ›andere‹, inoffizielle Triest hat seine geheime Kultur, die erst Jahrzehnte später an die Öffentlichkeit tritt. Mehr als von jedem anderen wird sie vielleicht von Bobi Bazlen verkörpert, mit seiner stupenden Kenntnis all dessen, was damals in Italien unbekannt war oder vom Faschismus und dem Crocianischen Kulturkanon verpönt wurde: der Avantgarde, der außereuropäischen Kulturen, der Jungschen Tiefenpsychologie, des Mystizismus, der Erforschung des Okkulten. Bazlen liest mehr, als er schreibt, das heißt, er schreibt hauptsächlich Verlagsgutachten, Rezensionen unter anderem Namen, Fragmente und Skizzen, die auch nach seinem Tod 1965 nur begrenzt wahrgenommen werden. Bazlen, Schöpfer von Labyrinthen und Verwirrspielen, scheint in seinem Denken um eine Leere, eine Absenz zu kreisen; er ist eine Art Musil ohne den Drang, den *Mann ohne Eigenschaften* zu schreiben: »... ich schreibe keine Bücher. Fast alle Bücher sind nichts als zu Bänden aufgeblähte Fußnoten. Ich schreibe nur Fußnoten.«

Die Bücher, das heißt die Bruchstücke und skizzenhaften Ansätze, die dieser geniale Entdecker und Vernichter fremder Talente unter seinen Papieren hinterläßt, zeigen nicht nur seine blitzende Intelligenz, sondern auch die dreiste Naivität ebendieser Intelligenz, die, ausgerichtet auf das spöttische Grinsen, auch in die pathetische Grimasse, in die Banalität des Exzentrikers verfallen kann, der von den anderen verlangt, auch noch Gedankenleere als mysteriöse, anspielungsreiche Prägnanz zu interpretieren. Als Produkt dieser Kultur der bürgerlichen Neurose bleibt Bazlen trotz seiner unbestreitbaren Genialität auch in ihren Grenzen befangen: in einer kaschierten Teilnahmslosigkeit gegenüber dem »guten Kampf«, den während dieser Jahre andere Männer und andere Klassen kämpfen – einem Kampf, an dem teilzunehmen natürlich niemand verpflichtet ist, wenn es nicht in seiner Natur liegt, dem jedoch die Intelligenz bescheiden Rechnung zu tragen hat, auch wenn sie, wie es legitim ist, ihren einsamen Weg weitergeht, um die Welt zu begreifen.

Die bedeutendsten Ergebnisse dieser Kultur sind die Prosastücke Sabas: seine *Storia e cronistoria del Canzoniere* (»Geschichte und Chronik des Canzoniere«), ein außergewöhnliches Beispiel der Selbstauslegung, das die geltenden Kriterien für die Interpretation von Lyrik auf den Kopf stellt; vor allem aber seine *Scorciatoie e raccontini* (»Abbreviaturen und kleine Geschichten«), die – in ihrer fulminanten, im weitesten Sinn psychoanalytischen Analyse der Weltgeschichte – *ante litteram* ein Beispiel italienischer *Minima Moralia* darstellen.

Neben diesen literarischen Freischärlern gibt es eine Gruppe von Intellektuellen, die zwar ebenfalls ihren individuellen Weg gehen, sich aber weniger im Verborgenen halten: Übersetzer und Essayisten wie Spaini, de Tuoni oder Pocar, die den italienischen Lesern die Werke der neuesten deutschen Literatur vermitteln; Musikwissenschaftler wie Aldo Oberdorfer, Germanisten wie wiederum Oberdorfer, Devescovi, Grünanger, Pellis, Bidoli, Maucci und Cosciani. Carlo Antoni, geboren in Senosecchia auf dem Karst und Professor in Rom, verwirklicht die kulturelle Spannung Slatapers in einer Essayistik, die wesentliche Momente der zeitgenössischen europäischen Kultur präzis erfaßt, vor allem die Auflösung der Kultur im Soziologismus, die »Krise der Vernunft«, wie der Titel eines seiner Bücher lautet (*La crisi della ragione*; 1942). Antoni ist einer der scharfsinnigsten Interpreten – und Gegner – dieser Krise der Vernunft, ein Gegner, der den tatsächlichen Wandel der Kultur und die auch befreienden Auswirkungen dieser Krise nicht verkennt.

Die Feuilletons von Silvio Benco, der fünfzig Jahre lang in der Triestiner Tageszeitung *Il Piccolo* Woche für Woche seine kleine, exquisite Vorlesung hält, verraten eine erstaunliche Offenheit gegenüber den ausländischen Literaturen, auch in ihren allerneuesten Erscheinungen. Kaum einer anderen Stadt war ein so vielseitiger, gründlicher und aufmerksamer, streitbarer Kritiker und literarischer Führer beschieden. Bencos Tragik liegt in der Diskrepanz zwischen seinem eigenen Niveau und dem des Publikums, an das er sich wendet, in der offiziellen Rolle, die er in der Stadt übernommen hat: Benco ist der moderne Humanist, der sich nicht wie die anderen für Anonymität und eine geistige Privatexistenz entscheidet, sondern sich zum Kulturmittler und Erzieher eines Publikums macht, das sich von seinen Wertvorstellungen jedoch nicht leiten lassen und die Kultur, die er ihm zu vermitteln sucht, nicht wirklich rezipieren will.

Auch Benco ist die Spitze eines nicht existierenden Eisbergs: Er ist der Liberale, der sich zum Sprecher und Mentor einer Gesellschaft macht, die kulturell und politisch antiliberal ist. Ähnlich verhält es sich mit dem literarischen und kritischen Wirken eines Giani Stuparich: Im Grunde dazu bestimmt, eine Kultur zu repräsentieren, gerät es mehr und mehr in eine dramatische und später pathetische Isolation. Erzählungen wie *L'isola* (»Die Insel«; 1942) oder *Il ritorno del padre* (»Die Rückkehr des Vaters«; 1935) sind faszinierender Ausdruck einer nüchternen triestinisch-istrischen Seele, deren individuelles Ethos seine Gültigkeit zu verlieren beginnt.

Die beste Literatur jener Jahre – der bezaubernde Roman *Quasi una fantasia* (1926) von Ettore Cantoni und vor allem das dichte, einer zarten, frischen Sinnlichkeit zugewandte erzählerische Werk von Pier Antonio Quarantotti Gambini – steht in einem schroffen Gegensatz zur städtischen Realität. Quarantotti Gambini, Verfasser zahlreicher Romane und Erzählungen, höchst sensibler Beobachter der Jugend und ihrer Verwirrungen, ist ein äußerst kultivierter, an der Realität leidender bürgerlicher Schriftsteller, der sich dem allmählichen Zerbröckeln seiner Welt aussetzt, ein Erbe der venezianisch-istrischen Kultur, der die aufregende analytische und psychologische Lektion der mitteleuropäischen Literatur und ihre Ambiguität aufgreift. Er ist der Dichter des Sommers und des triestinisch-istrischen Meeres, des von ihnen ausströmenden heidnischen Glücksgefühls, das sich in der individuellen und kulturellen Neurose bald trübt.

Ohne es zu wollen, weckt die faschistische Repression wieder die Duplizität der Triestiner Seele, die durch die ganz auf die Vereinigung mit Italien gerichtete Spannung der Kriegsjahre vorübergehend betäubt worden war. In einem Interview hat Quarantotti Gambini geschildert, wie der Faschismus ihn dazu zwang, sich sein eigenes, »anderes« Italienertum und sein merkwürdiges Verhältnis zu den Slawen, über das er in seiner unpolitischen Jugend nie nachgedacht hatte, bewußtzumachen: »Als Student in Mailand erlebte ich eines Morgens, als ich eben in die Straßenbahn gestiegen war, um ins Zentrum zu fahren, wie sich einige Fahrgäste über die Zeitung beugten, während die anderen aufgeregt diskutierten. Man kommentierte – zustimmend – die Verurteilung einer Gruppe slawischer Agitatoren aus Julisch-Venetien, die für einige ein Todesurteil darstellte. Ich wurde hellhörig. Und unerwartet fühlte ich, wie in mir zuerst Unruhe und dann Ärger, fast Feindseligkeit gegen diese gemütlich in der Bahn sitzenden Typen aufstieg, die mit ihren Kommentaren gegen die Verurteilten kein Ende finden konnten.« Quarantotti Gambini faßt diese Erfahrung, die die Schlüsselerfahrung seines Lebens ist, in folgenden Worten zusammen: »Sollte ich eines Tages meine Autobiographie schreiben, gäbe ich ihr den Titel ›Ein verfehlter Italiener‹. Als Mensch fühlte ich mich im eigenen Vaterland fast wie ein Fremder.«

Der faschistische Nationalismus zwingt den Triestiner wie den Julier, auch den, der sich bisher gleichgültig verhielt, sich über seine Beziehung zum Slowenen klarzuwerden. Die gewaltsame Durchsetzung der Italianità durch den Faschismus schwächt diese in nicht wiedergutzumachender Weise. Vittorio Vidali beschreibt in seinem Buch *Orizzonti di libertà* (»Horizonte der Freiheit«; 1981) eine Stadt, die die neuen Brüder ankommen sieht: »triumphierend wie Eroberer, überzeugt, unter ein rückständiges Volk geraten zu sein ... Wir werden noch als Österreicher angesehen, und drei Jahre lang werden wir als besetztes Gebiet gelten.« Auch Quarantotti Gambini, der als Sproß einer kleinen venezianisch-istrischen Adelsfamilie von aufrichtigem italienischen Patriotismus beseelt ist, vermittelt in seinem Roman *Amor militare* (»Militärliebe«; 1955) ein äußerst kritisches Bild vom Zusammenstoß zwischen den italienischen Befreiern-Besetzern und den von ihnen so schlecht behandelten *redenti*, den »Erlösten«.

Vidali gehört jedoch einer noch »anderen« Stadt an, die nicht nur von der offiziellen faschistischen oder der bürgerlich-risorgimentalen, sondern auch von der der intellektuellen Avantgarde ignoriert wird: der Stadt des Proletariats, der kommunistischen und sozialistischen Opposition.

Keiner von den heimlichen Wachtposten, die Kafka und Freud lesen, sondern nur ein junger italienischer Offizier und Anhänger der idealistischen Philosophie, der Neapolitaner Curcio, bemerkt, daß auf dem Triestiner Karst ein Dichter wie Srečko Kosovel lebt, ein Slowene, der versucht, in Ljubljana Fuß zu fassen, dann aber wieder in seinen Karst zurückkehrt, wo er 1926 als Zweiundzwanzigjähriger stirbt.

Kosovels bedeutende lyrische Dichtung erfaßt eine Landschaft und eine spezielle Situation – den Karst und die Randstellung der Slowenen – als Symbol eines allgemeinen Zustands, eines Augenblicks der europäischen

Kultur. In seinem kurzen Leben erleidet Kosovel wie in einem kurzgeschlossenen Stromkreis am eigenen Leib die lokale Realität und die europäische Krise. Wie seine Essays zeigen, beschäftigen ihn die historische Rolle und die Probleme seines Volkes in einer so schweren Zeit – und gleichzeitig verbrennt er die Geschichte und ihre Schlacken in der Absolutheit seiner Lyrik. Kosovel ist ein Dichter des slowenischen Erwachens und des europäischen Sterbens, verflochten mit seinem eigenen Tod. In seiner Lyrik, so streng und wesentlich wie die griechische oder die chinesische, jedoch von expressionistischen Schlaglichtern zerrissen und an den Rand des Schweigens vordringend, erschöpft sich eine Jahrhundertkrise europäischer Zivilisation.

Wie Trakl ist Kosovel ein Dichter, der das Fehlen des Sinns, aber auch die Sehnsucht nach Sinnhaftigkeit ausdrückt, den Einsturz der Fundamente und die verzweifelte Suche nach neuen, den Weltuntergang und den Widerspruch dagegen, die Spannung zwischen dem Wort und dem Schweigen. Kosovel ist der Dichter eines äußersten historischen und kosmischen Schmerzes, ein orphischer Dichter, der nicht mehr darauf vertraut, daß die Dinge wieder gut werden könnten, sich aber dennoch an den Rand des Todes und des Unsagbaren wagt (»und statt des verlorenen Vertrauens / glaubst du an die Finsternis?«). Der Karst gewinnt für Kosovel eine symbolische Bedeutung, die über Natur- und Heimatgefühl weit hinausgeht: Die Landschaft wird zum Antlitz der nackten, verwirrten und furchtlosen Seele; der Karst, schrieb Marc Alyn, ergreift die Person des Dichters, wird zu dessen eigenem Körper: abgezehrt, ausgebrannt und verbraucht. Kosovel ist der Wortführer einer Dichtung, die die radikale Entfremdung des seiner vitalen Grundlagen beraubten Individuums durchlebt und bloßlegt. Gewiß fehlt es in der slowenischen Literatur auch nicht an anderen Stimmen – man denke an die Lyrik eines Gruden oder die Erzählprosa eines Bartol –, aber Kosovel durchbricht die Grenzen der Kultur, in der er so tief verwurzelt ist. Er bringt das epochale Schicksal der zeitgenössischen Dichtung zum Ausdruck: ihren verzweifelten Lebenswillen und die tödliche Gefahr, zu erlöschen und zu verstummen.

Der slowenische Karst von Kosovel lebt in der Malerei Spacals, so wie sich die Plastik Mascherinis der rauhen Steine des Slataperianischen Karstbildes bedient. Aber soziale und nationale Schranken hindern das Triestiner Bürgertum, den Slowenen mit Aufgeschlossenheit und Verständnis zu begegnen.

Der Faschismus schwächt die Italianità und löscht sie in Istrien völlig aus. In Miglias kleinem Schuljungen, der auf die Frage des Lehrers nur mit tränenerstickter Stimme in gebrochenem Italienisch antworten kann, verkörpert sich bereits das historische Urteil, durch das bald darauf ganz Istrien, auch das italienische, Italien entrissen wird. Es wird nicht nur dem Faschismus entrissen, sondern ganz Italien, das es verkannte, mißachtete und verlor, ohne sich dieses Verlusts und der eigenen Tragödie überhaupt bewußt zu werden.

9. Italiener und Slawen: die Zeit der Konfrontation

Der Zweite Weltkrieg verschärft – nach seiner Ausdehnung auf Jugoslawien im April 1941 – den italienisch-slawischen Konflikt und verleiht dem problematischen Verhältnis zwischen Italienern, Kroaten und Slowenen in Julisch-Venetien einen noch dramatischeren Charakter. Der anfängliche deutsch-italienische Sieg führt zur Zerstückelung des südslawischen Staates, zur Bildung des Königreichs Kroatien unter der nominellen Herrschaft eines italienischen Prinzen und zur Annexion Sloweniens (das dann zwischen Italien, Deutschland und Ungarn aufgeteilt wird) sowie eines beträchtlichen Teils von Dalmatien durch Italien. Es entstehen die neuen italienischen Provinzen Lubiana, Spalato und Cattaro. Der nationale Konflikt in der Region wird zu einem Kapitel des Krieges, die slawische Opposition zur Widerstandsbewegung. Genau in dem Moment, in dem der italienische Nationalismus glaubt, die endgültige Hegemonie über die Adria errungen und die slawische Opposition gebrochen zu haben, steht das zukünftige Schicksal Triests und ganz Julisch-Venetiens auf dem Spiel.

Im Frühjahr 1940 war der italienischen Polizei die Aufdeckung einer weitverzweigten slowenischen Untergrundbewegung gelungen. In ihr hatten sich dank der Verbindung nationaler und sozialer Bestrebungen Vertreter unterschiedlicher politischer Richtungen zusammengefunden. Dieser Zusammenschluß war vor allem das Werk des jungen Kommunisten Pino Tomažič, dem es freilich nicht gelang, die Differenzen zwischen den Befürwortern einer sowjetisch-slowenischen Republik und denen einer nationalen jugoslawischen Lösung völlig auszugleichen.

Im Dezember 1941 findet, wiederum vor dem in Triest einberufenen faschistischen Sondergericht, der größte politische Prozeß gegen slawische Irredentisten statt – in der bleiernen und bitteren Atmosphäre einer vom Krieg gezeichneten Stadt, die dennoch in vielen ihrer Milieus noch exaltiert genug ist, eine exemplarische Bestrafung der Angeklagten zu fordern, um den alten wie den neuen slowenischen Untertanen zu demonstrieren, daß das Regime keine Form von Opposition dulde. Es ist einer der Augenblicke, in denen die Italianità, die der Faschismus verteidigen zu wollen vorgab, ihre größte moralische und politische Niederlage erfährt. Der Prozeß endet mit dem Todesurteil für neun Angeklagte; für vier von ihnen, die zum bürgerlichen Flügel der Opposition gehören, wird es in eine Zuchthausstrafe umgewandelt, an den fünf anderen aus dem kommunistischen Lager wird das Urteil vollstreckt. Vor seinem Tod ordnet der blutjunge Tomažič in einem Abschiedsbrief von ungewöhnlicher Reife und bewegender Menschlichkeit sein persönliches Schicksal in die große europäische Katastrophe ein: Er gedenkt der Millionen Toten jener bewegten Jahre, von denen viele nicht so glücklich gewesen seien wie er, mit dem Gefühl zu fallen, eine »Pflicht gegen die Menschheit« zu erfüllen, und er hofft, daß sein Opfer »Keim für neue Wandlungen und neues Leben« werden könne. Er trauert den Worten nach, die nicht zu Taten werden konnten, und beschwört zugleich gerührt die kräftigen Farben jenes Landes zwischen den Bergen und dem Meer, aus dem sein Glaube erwachsen sei.

In ebendiesem Land tobt mittlerweile der blutige Kampf zwischen den italienischen Truppen und den slawischen Partisanen. In Julisch-Venetien und in den besetzten slowenischen und kroatischen Gebieten bekämpfen sich Italiener und Südslawen, die vorher so gut wie nichts voneinander gewußt hatten, Nachbarn, aber Fremde, getrennt durch die Geschichte, die soziale Kluft, den Faschismus und nun durch den Krieg. Die Entdekkung oder besser das Erahnen dieser slawischen Welt, auf die einzugehen die Triestiner und adriatische Italianità in ihrem Kultur- und Klassenstolz abgelehnt hatte, und die Trauer darüber, daß es erst zu spät und unter den tragischen Umständen des Krieges zu einer Berührung kommt, sprechen aus dem Werk eines jungen Triestiners: Falco Marin, Sohn des Dichters aus Grado und wie eine Generation früher Slataper an der Lektüre Ibsens und in intensivem eigenem Denken gereift. Er fällt im Sommer 1943 in Slowenien, ohne daß er wie viele seiner an den verschiedenen Kriegsfronten gefallenen Landsleute oder aber wie Tomažič den Trost hätte finden können, für eine gerechte Sache zu sterben. Falco Marin ist ein lauterer und genialer Zeuge für den Weg von der historischen Voreingenommenheit zur moralischen Einsicht, ein Weg, der in absoluter kultureller Isolation allein aus der geistigen Kraft des Individuums zurückgelegt wurde: »Ich verstehe«, schreibt er, »diese Slowenen, diese Kroaten, diese Serben nicht, die mit soviel Hingabe für etwas kämpfen, das sich mir entzieht.« Doch diesem Ausdruck des Staunens folgt der Wille, die Seele, die geistige Welt jener kennenzulernen, die ihm gegenüberstehen. Er möchte Slowenisch lernen. »Ich denke, daß die Probleme der Slowenen an die Geschicke Italiens gebunden bleiben, wie immer sich auch die Dinge entwickeln mögen.«

Wie Alberto Spaini bemerkte, ist die Entwicklung Falco Marins bezeichnend für eine Generation von Triestinern, die im Faschismus aufwuchs und ihn automatisch mit Italien gleichsetzte, da sie kein anderes Italienbild hatte kennenlernen können: In einem extremen historischen Augenblick gelangt sie von sich aus zu einer Ahnung der Wahrheit, zum Wunsch nach menschlicher, brüderlicher Verständigung mit dem fernen Nachbarn, von dem sie jahrhundertealte Schranken trennen. Die faschistische Diktatur und der Zweite Weltkrieg hatten die Auseinandersetzung inzwischen jedoch in ihre schärfste und nicht mehr reversible Phase getrieben: Auf die Gewalt der italienischen Kriegsführung an der Ostgrenze und in den annektierten Gebieten folgt im September 1943 nach dem militärischen Zusammenbruch Italiens die Explosion der slawischen Gewalt – gleichsam als Vorspiel zu dem, was bei Kriegsende geschehen sollte. Die Zeit für den Dialog kommt erst, nachdem sich das historische, ethnische und kulturelle Antlitz Julisch-Venetiens unwiderruflich verändert hat.

Während das italienisch-jugoslawische Problem in politisch-territorialer Hinsicht erst gegen Ende des Krieges seinen Höhepunkt erreicht, liefert der Waffenstillstand von 1943 Triest und Julisch-Venetien der Herrschaft Hitler-Deutschlands aus. Im Gegensatz zu den anderen besetzten Gebieten der italienischen Halbinsel wird hierfür jedoch eine eigene juristisch-administrative Struktur und eine besondere Art der Abhängigkeit vom Dritten Reich geschaffen: durch die Proklamation der Operationszone »Adriatisches Küstenland«, die dem Gauleiter von Kärnten, Friedrich Rainer, unterstellt ist. Hinter dieser Abhängigkeit steht die kaum verhohlene Absicht, die Stadt und ihr Hinterland dem politisch-ökonomischen System Großdeutschlands einzuverleiben. Triest findet sich so vor dem endgültigen Scheitern des tragischen Hitler-Abenteuers wieder an Mitteleuropa angebunden. In der nationalsozialistischen Konzeption bedeutet die Adriastadt den natürlichen Zugang zum Meer für alle deutschen Südprovinzen, das Fenster Zentraleuropas zum Mittelmeer. Die Nazis messen Triest eine andere Rolle und Funktion bei, als sie ihm durch die Politik von 1918 aufgezwungen worden waren. Das Vorhaben, die Stadt in das pangermanische System einzugliedern, wird durch eine scheinbare Anknüpfung an die österreichische Tradition kaschiert. Die in Triest eingesetzten deutschen Funktionäre sind oft Österreicher, nicht selten ehemalige k.u.k Beamte, manchmal sogar mit alten Bindungen an das Küstenland (und ein gebürtiger Österreich-Triestiner, der General Odilo Globocnik, ist einer der schlimmsten Bluthunde der deutschen Militärverwaltung). Österreicher werden auch an die Spitze wichtiger Triestiner Finanzinstitute berufen. Der plurinationale Charakter des julischen Gebiets wird anerkannt, was im Sprach- und Schulbereich zu positiven Konsequenzen für die Slawen führt. Man betont die gemeinsamen wirtschaftlichen Interessen Triests und seines historischen Hinterlands. Der Nationalsozialismus versucht sich in Triest als Nachfolger des österreichischen Kaiserreichs zu präsentieren, in dem eindeutigen Bestreben, durch diese Rückwendung zur goldenen Epoche der Stadtgeschichte und das Trugbild eines neuen wirtschaftlichen Aufschwungs eine Anhängerschaft zu gewinnen.

Dieses Vorgehen verschafft den Deutschen die Unterstützung einiger Kreise des Handels- und Industriebürgertums sowie die von Exponenten des alten Irredentismus, die aufgrund ihrer antislawischen Einstellung mit dem Nationalsozialismus paktieren. Das alte, zivile habsburgische Mitteleuropa wird zur zweckgerichteten ideologischen Formel, deren sich die brutale Realität Hitler-Deutschlands als Aushängeschild bedient. Indessen erlebt die besetzte Stadt die Tragödie der Zerschlagung der jüdischen Gemeinde – die Festnahme, Deportation und Vernichtung der in Triest verbliebenen Juden – sowie der italienischen und slowenischen Widerstandsgruppen. (Der aus Auschwitz zurückgekehrte Triestiner Advokat Bruno Piazza wird später in einem einfachen und nüchternen Bericht, *Perché gli altri dimenticano* [»Weil die anderen vergessen«], festhalten, was ihm und seinen Leidensgenossen widerfahren ist.) Gleichzeitig lädt die Stadt aber auch die Schmach einer bereitwilligeren Duldung und Mittäterschaft auf sich als anderswo in Italien. In Triest existiert das einzige Konzentrationslager auf italienischem Boden.

Auf der anderen Seite gelingt es dem italienischen und dem slowenischen Widerstand – getrennt durch das Gespenst der nationalen Frage, die immer gravierender und drängender wird – außer im kommunistischen Lager nicht, eine gemeinsame Basis zu finden. So bleibt der italienische Widerstand in der Stadt nichts als ein nobles Phänomen, dem es bis in die allerletzten Kriegstage an militärischer Durchschlagskraft fehlt, während draußen in den Gebirgstälern die Atmosphäre zwischen den beiden Widerstandsbewegungen äußerst gespannt ist. Auf slawischer und slawisch-kommunistischer Seite versucht man, die italienischen Gruppen der slawischen Partisanenbewegung unterzuordnen, und schreckt, wie im Fall der Brigata Osoppo, auch nicht vor brutaler Gewalt gegenüber italienischen Partisanen zurück. Selbst kommunistische italienische Partisanen fühlen sich nicht selten enttäuscht und frustriert, da sie gezwungen werden, fern der italienischen Gebiete zu operieren, und sich von den slawischen Kommandos mißbraucht sehen, die die Präsenz italienischer Partisanen in Julisch-Venetien möglichst gering halten möchten. Das Knäuel der nationalen und ideologischen Probleme ist inzwischen unentwirrbar geworden: Die Ideologie spaltet zwar einerseits beide ethnische Gruppen im Kern – in geringerem Maße natürlich die slowenische, die um ihr Überleben und ihre nationale Emanzipation kämpft –, andererseits aber bildet sie außer bei den Kommunisten kein Bindemittel zwischen den verschiedenen nationalen Gruppen gleichen ideologischen Charakters.

Triest und Julisch-Venetien stehen so im Begriff, zu einem der großen politisch-territorialen und nationalen Probleme in der Folge des Zweiten Weltkriegs zu werden: Sie sind das Objekt konkurrierender deutscher und jugoslawischer Besitzansprüche und zugleich Gegenstand der italienischen Verteidigungsbemühungen. Der Kampf um die ›erlösten‹ und jetzt erneut ›unerlösten‹ Gebiete stellt eines der letzten Kapitel der 1918 begonnenen Auseinandersetzung um das österreichische Erbe und zugleich eine der ersten Manifestationen des Streits um die Festlegung einer ideologischen Grenze dar, die bald Europa spalten sollte. Die jugoslawische Widerstandsbewegung sah von 1941 an im Krieg die historische Gelegenheit, den großen Adriahafen und die gesamte Region dem jugoslawischen Staat einzuverleiben. Die unterschiedlichen slawischen politischen Strömungen, unter denen die Kommunistische Partei (nicht zuletzt durch die Übernahme der nationalen Ziele, die sie zur führenden Kraft in der nationalen Emanzipations- und Vergeltungsbewegung werden läßt) bald die Oberhand gewinnt, stimmen in einem Programm radikaler Gebietsforderungen überein, das durch Faschismus und Krieg noch verschärft wurde. Nach diesem Programm beansprucht der südslawische Staat (abgesehen von Teilen der Steiermark und Kärntens) nicht nur slowenische und kroatische, sondern auch italienische Gebiete – unter Berufung auf die inzwischen in der südslawischen öffentlichen Meinung herrschende Auffassung, daß die italienischen Siedlungen in diesen Territorien ›kolonialen‹ Ursprungs seien und Triest sowie die übrigen städtischen Zentren Julisch-Venetiens mit überwiegender, wenn auch nicht ausschließlich italienischer Bevölkerung zum jugoslawischen Umland gehörten. Triest und das jugoslawische Hinterland werden aufgrund der geographischen Gegebenheiten und der wechselseitigen ökonomischen Interessen als auf natürliche und unauflösliche Weise miteinander verbunden betrachtet.

Als das Kriegsende näherrückt, werden die jugoslawischen Forderungen noch eindeutiger. Wenn Tito in einer Rede vom September 1944 noch von der Befreiung der Brüder in Istrien, im slowenischen Küstenland und in Kärnten spricht, ohne dabei die slawischen Ansprüche präzise zu formulieren, so prägt Josip Smodlaka, Kommissar des Äußeren in der Partisanenregierung (und es ist wichtig, darauf hinzuweisen, welches Gewicht die Nichtkommunisten bei der Ausarbeitung der jugoslawischen Nachkriegspläne hatten), den berühmten drastischen und unzweideutigen Satz: »Zieht euch hinter den Isonzo zurück, und dann sind wir wieder Brüder.«

Smodlakas Argumentation ist im übrigen recht verkürzt und nicht sonderlich fundiert: Er unterstreicht die Schuld, für die das besiegte Italien zu zahlen habe, und verweist auf eine angebliche slawische Mehrheit zwischen Isonzo und den Alpen. Ganz besonders vage und undifferenziert wird seine Argumentation jedoch in puncto Triest: Zwar wird die sprachliche und kulturelle Italianità der julischen Hauptstadt anerkannt, ansonsten aber »in jeder anderen Hinsicht« ihre Zugehörigkeit zum jugoslawischen Teil der Adria betont. Den Italienern Triests verspricht Smodlaka im Namen des neuen jugoslawischen Staates wirtschaftlichen Wohlstand und Selbstverwaltung.

Auch von slawischer Seite wird also eine Politik propagiert, die darauf abzielt, eine Verständigung mit dem italienischen Element zu ermöglichen, eine Politik, die auch während der Okkupation Triests theoretisch aufrechterhalten, praktisch aber zunichte gemacht wird. Im antifaschistischen Untergrund Triests reagiert man prompt auf die politische und propagandistische slawische Offensive. In diesen Kreisen ist das Wissen um die Fehler der Vergangenheit lebendiger und die Legitimation, für ein ›anderes‹ Italien und ein ›anderes‹ Triest zu sprechen, stärker, wenngleich es vielfach an der Einsicht fehlt, welch tiefen Graben Faschismus und Nationalismus zwischen Italienern und Slawen aufgerissen haben und wie sehr die italienische Position inzwischen kompromittiert ist. Gleich nach dem Sturz des Faschismus hatte Gabriele Foschiatti, der später in Dachau umkam, im Namen der Aktionspartei, die am engsten der demokratisch-risorgimentalen Tradition verhaftet war, vorgeschlagen, Julisch-Venetien solle einem republikanischen, föderalistischen Italien angegliedert werden, das die Rechte seiner Minderheiten und den europäischen Charakter des Triestiner Hafens garantiere. Auf dieser Linie nationaler

Öffnung, gleichzeitig aber absoluter und unrealistischer Unnachgiebigkeit in bezug auf die territorialen Probleme beharrt das Nationale Befreiungskomitee auch noch nach der Verbreitung des jugoslawischen Programms. Das Problem wird durch die Tatsache, daß der italienische Flügel der julischen Kommunisten und die gesamte Kommunistische Partei Italiens gegen Ende 1944 die jugoslawischen Thesen im wesentlichen akzeptieren, noch komplizierter und die italienische Position noch mehr geschwächt. Allerdings bestehen die italienischen Kommunisten, obwohl sie noch in den späten zwanziger und frühen dreißiger Jahren das Recht der Slowenen auf Selbstbestimmung in Italien, Österreich und Jugoslawien anerkannten (wenngleich ohne präzise territoriale Festlegungen), auf der Vorläufigkeit des gemeinsamen Kampfes gegen den Faschismus, soweit er die Grenzprobleme betrifft, und auf der Notwendigkeit, deren endgültige Lösung bis zum Ende des Konflikts zurückzustellen.

Die Überzeugung, daß das Ideal, eine sozialistische Gesellschaft aufzubauen, in Jugoslawien seiner Verwirklichung wesentlich näherstehe als in Italien, führt schließlich zum völligen Einschwenken des italienischen Kommunismus auf die jugoslawische Linie. Erleichtert wird diese Kurskorrektur durch die Verhaftung Luigi Frausins und Zeffirino Pisonis durch die Deutschen, eine Maßnahme, die den italienischen Flügel des Triestiner Kommunismus seiner bedeutendsten Führer beraubt. Der nationale Faktor wird so dem politisch-sozialen untergeordnet: Die italienische Kommunistische Partei akzeptiert die Lösung der territorialen Probleme Julisch-Venetiens und Triests im Sinne Jugoslawiens beziehungsweise eines autonomen Status innerhalb des jugoslawischen Staates. Damit beginnt jene Phase völliger Übereinstimmung zwischen den beiden Seelen des Triestiner Kommunismus, die bis zu dem durch Tito hervorgerufenen Schisma andauern wird.

Schon während der Zeit der deutschen Besetzung liegen die Fragen nach der Zukunft bedrückend auf der öffentlichen Meinung der Stadt. Das Gespenst des der Region drohenden Schicksals und die Uneinheitlichkeit ihrer nationalen Physiognomie belasten die Beziehungen zwischen dem italienischen und dem jugoslawischen Widerstand. Als mit dem Zusammenbruch des Dritten Reichs die Entscheidung über die endgültige territoriale Ordnung Julisch-Venetiens näherrückt, erreichen die italienisch-slawischen Spannungen ihren Höhepunkt. Die Verhältnisse der Italiener an der Adria sind durch eine Vielfalt interner und internationaler, politischer und militärischer Faktoren bereits schwer belastet: die negative historische und moralische Hinterlassenschaft der faschistischen Epoche; die Niederlage Italiens sowie die Verpflichtungen, die die Westmächte, vor allem Großbritannien, Jugoslawien gegenüber eingegangen sind und die von der späteren Zusage an Italien, ganz Julisch-Venetien innerhalb der Grenzen von 1940 mit anglo-amerikanischen Truppen zu besetzen, nur teilweise entkräftet wurden; die vorbehaltlose Unterstützung Titos durch die Sowjetunion und die italienischen Kommunisten; das Vorrücken der slawischen Partisaneneinheiten nach Julisch-Venetien in den letzten Kriegstagen und die Okkupation Triests während der tragischen, grausamen »vierzig Tage« von Mai bis Juni 1945.

Unter all diesen Faktoren ist aus historischer Sicht der letzte am bedeutsamsten, das heißt die militärische Kontrolle fast des gesamten Gebiets durch die jugoslawische Partisanenbewegung. Diese Kontrolle wird um so entschiedener ausgeübt, als man davon ausgeht, daß die politisch-territorialen Friedensregelungen von den eingenommenen militärischen Positionen bestimmt würden. Auf jugoslawischer Seite ist man – ohne die komplexere Situation von 1918 zu berücksichtigen – der Meinung, Julisch-Venetien sei nach dem Ersten Weltkrieg aufgrund der Besetzung durch italienische Truppen Italien zugeschlagen worden. Diese – historisch unhaltbare – Annahme veranlaßt die jugoslawische Führung jedoch zu der klugen Entscheidung, die umstrittenen Territorien im Westen durch Partisanenverbände besetzen zu lassen, als Ljubljana und Zagreb, deren politisches Schicksal nicht in Frage gestellt ist, sich noch in den Händen der deutschen Truppen befinden. In den besetzten italienisch- und gemischtsprachigen Gebieten verhalten sich die jugoslawischen Machthaber nicht wie eine provisorische Verwaltung, die eine endgültige Entscheidung über das Los der julischen Provinzen abwartet, sondern beginnen unverzüglich mit einer politisch-sozialen Neuordnung. Das italienische Element reagiert mit Bestürzung auf das neue nationale und politische Klima. Im übrigen sieht es sich einer Welle von Ressentiments ausgesetzt, die – wie schon im September 1943 – das Ende eines langen und bitteren Alptraums für die Slowenen und Kroaten begleitet und nicht selten in brutale und willkürliche Gewalt gegen Italiener umschlägt.

Überall, doch vielleicht am deutlichsten in Fiume, richtet sich diese Gewalt vornehmlich gegen die antifaschistischen Italiener, gegen jene, die eine Italianità verkörpern, die sich nicht vor dem Regime gebeugt hat, und die deshalb für den slawischen Nationalismus besonders gefährlich erscheinen, weil sie moralisch legitimiert sind, im Namen des ›anderen‹ Italiens zu sprechen. Andererseits verschmähen die Jugoslawen bei ihrem Versuch, Zustimmung im italienischen Lager zu finden, nicht die Unterstützung durch kollaborationswillige Faschisten. In Triest unterscheidet sich die Haltung der Jugoslawen während der vierzig Tage nicht wesentlich von der, die die jugoslawische Besatzung in den anderen vorwiegend italienischen Gebieten Julisch-Venetiens einnimmt. Der politisch-soziale Umwandlungsprozeß und die antiitalienischen Gewaltakte gehen jedoch mit wiederholten Zusicherungen einher, daß man der Besonderheit der Triestiner Frage und der überwiegenden italienischen

Präsenz in der Stadt Rechnung tragen wolle – Zusicherungen, die aus der Unmöglichkeit erwachsen, den italienischen Charakter der Stadt zu negieren, sowie aus dem bereits erwähnten Wunsch, auch im italienischen Lager Zustimmung zu finden. Das Problem Triest wird jedoch, im Vergleich zu den anderen Gebieten Julisch-Venetiens, überbetont: allein schon wegen der Größe der Stadt, wegen der stärkeren internationalen Resonanz und aufgrund der Tatsache, daß wenige Kilometer von Triest, und manchmal auch in der Stadt selbst, alliierte Truppen präsent sind, die mit besorgter Aufmerksamkeit die Entwicklung verfolgen.

Die Gefühle eines Großteils der italienischen Bevölkerung während der vierzig Tage hat Pier Antonio Quarantotti Gambini in seinem Buch *Primavera a Trieste* (»Frühling in Triest«) zum Ausdruck gebracht. Es ist ein Buch, das mitunter durch antislawische Töne beunruhigt, die weniger der Erregung des Augenblicks als einer verwurzelten Denkweise entspringen; nicht immer scheint sich der Autor der Notwendigkeit einer Gewissenserforschung bewußt zu sein, der sich kein Italiener – Faschist oder Antifaschist – damals entziehen konnte. Die Beschwörung des ›risorgimentalen‹ Klimas, das sich während der deutschen Besatzung entwickelte und während der jugoslawischen andauerte, kann so als eine Methode erscheinen, die letzten zwanzig Jahre zwar nicht auszulöschen (denn es finden sich wohlüberlegte Passagen über den Faschismus in dem Buch), aber beiseite zu schieben und an eine weiter zurückliegende Epoche anzuknüpfen. Und doch ist *Primavera a Trieste* die authentischste und leidenschaftlichste Stimme einer Stadt, die sich selbst retten, ihre eigene Identität verteidigen will; einer Stadt, die im September 1943 von Italien aufgegeben wurde und nun in sich selbst die Kraft sucht zu überleben; einer Stadt, die geschlossen der grausamen und undifferenzierten Gewalt widersteht, der sie sich unterworfen sieht, wenngleich freilich nur wenige sich bewußtmachen, daß diese Gewalt auch die Folge einer Gewalt ist, die in der Vergangenheit vom Faschismus, von Italien ausgeübt wurde.

Trotz aller Illusionen und Leidenschaften in den Monaten unmittelbar nach Kriegsende läßt sich heute aus historischem Abstand feststellen, daß das Los der Italiener in Istrien durch die Tatsache der jugoslawischen Okkupation entschieden wurde. Die adriatische Frage reduziert sich nach dem Zweiten Weltkrieg im wesentlichen auf eine Triestiner Frage. Obwohl auch Triest von den jugoslawischen Truppen besetzt wurde, bleibt angesichts seiner Sonderstellung und Bedeutung das Problem seiner staatlichen Zugehörigkeit offen. Die slawische Taktik, eine rasche Veränderung der städtischen Strukturen herbeizuführen, erweist sich im Fall von Triest als falsch, denn die Größe der Stadt macht es unmöglich, innerhalb kurzer Zeit vollendete Tatsachen zu schaffen. Statt dessen provoziert dieses Vorgehen auch international weitreichende Reaktionen und ruft insbesondere bei den Anglo-Amerikanern Bestürzung und offene Ablehnung der jugoslawischen Politik in der Stadt hervor. Die Westmächte registrieren auch die nicht unerhebliche internationale Bedeutung des Triestiner Hafens – in dem sie vielleicht noch nicht so sehr den äußersten südlichen Pol im Osten eines in zwei Blöcke gespaltenen Europas, sondern einen Knotenpunkt sehen, dessen Kontrolle für die Verbindungen nach Wien und ganz Österreich unerläßlich erscheint.

Der westliche Druck auf Tito, seine Truppen aus Triest abzuziehen, wird nun stärker denn je, und Tito muß sich mit den Anglo-Amerikanern auf ein Abkommen einlassen, das den alliierten Truppen den Zugang nach Triest eröffnet, nicht zuletzt weil er von der Sowjetunion, die den endgültigen Bruch mit den Westmächten vermeiden will, nicht entsprechend unterstützt wird. Das praktische Interesse der Alliierten an Triest wird – wie Diego de Castro, dem wir die vollständigste und überzeugendste Rekonstruktion dieser Verhandlungen verdanken, bemerkt – auch dadurch belegt, daß die Anglo-Amerikaner außer in Pola nirgendwo die Gelegenheit wahrnehmen, die istrischen Hafenplätze zu nutzen, da deren strategische Bedeutung weit hinter der der Kontrolle über die beiden größeren Häfen zurückbleibt.

Vom Juni 1945 an wird das Triestiner Problem den Argumentationen und Absichten der beiden Parteien, die sich gegenseitig die julische Stadt streitig machen, weitgehend entzogen. Es wird zu einem Kapitel in der Politik der Großmächte, die es erst wieder der Zuständigkeit Italiens und Jugoslawiens überlassen, nachdem es seine internationale Bedeutung eingebüßt hat.

Die Schwierigkeit, ein Jugoslawien, das die volle Unterstützung der Sowjetunion genießt, zum Verzicht auf weitere einmal eroberte Positionen zu bewegen; die von Frankreich, das seinerseits in der Saar-Frage die sowjetische Unterstützung sucht, übernommene Mittlerrolle; die im Vergleich zu anderen Problemen sekundäre Bedeutung der julischen Frage für die englische und amerikanische Diplomatie – all diese Elemente liegen den Entscheidungen zugrunde, die nach zuweilen heftigen Diskussionen und Auseinandersetzungen im Juli 1946 von den Vertretern der Großmächte getroffen und im Dezember desselben Jahres endgültig bestätigt werden. Die Vereinbarung zwischen den Mächten bestätigt im großen und ganzen das Kräfteverhältnis, das sich bei Kriegsende herausgebildet hat, und sieht in Ermangelung einer anderen Einigungsmöglichkeit über das Schicksal Triests die Schaffung eines Freistaates vor, der außer Triest den istrischen Küstenstreifen zwischen Capodistria und Cittanova umfassen soll, während Pola Jugoslawien zugeschlagen wird. Der vorgesehene Freistaat Triest, der im übrigen nie zustande kommt, wird jedoch provisorisch in zwei Zonen unterteilt, in eine Zone A mit der Stadt Triest und einigen kleinen Gemeinden, die unter anglo-amerikanische Militärverwaltung gestellt wird, und eine Zone B mit Capodistria (Koper), Pirano (Piran), Umago (Umag), Isola (Izola), Cittanova (Novigrad), Buie (Buje) und anderen kleineren Orten, die unter jugoslawischer Militärverwaltung verbleibt. Diese Unterteilung und ihre lange Dauer zeigen, wie schwierig, wenn nicht gar unmöglich es für die Diplomatie ist, eine Lösung durchzusetzen, die nicht mit dem im Juni 1945 (durch den Rückzug der Jugoslawen aus Triest) geschaffenen Kräfteverhältnis in Einklang steht.

Der italienisch-slawische Gegensatz, den Ernesto Sestan als einen jahrhundertelangen, durch den unseligen Nationalitätenkampf noch verschärften sozialen Konflikt definiert – das heißt also der Gegensatz zwischen zwei alten Nachbarvölkern, die seit dem slawischen Erwachen und der Ausbildung des jugoslawischen Nationalgefühls keinen Weg der Verständigung und des Dialogs mehr finden konnten –, mündet so in einen dramatischen, endgültigen und unwiderruflichen Rückzug der adriatischen Italianità, der im Frühjahr 1945 (und schon vorher in den Tagen des Waffenstillstands von 1943) einsetzt und durch den Friedensvertrag vom Februar 1947 offiziell bestätigt wird. Außer Fiume und den unbestritten slowenischen und kroatischen Teilen Julisch-Venetiens verliert Italien auch die gemischtsprachigen Gebiete Istriens und einen großen Teil des rein italienischen Küstenstreifens; gerettet werden Görz und die nationale Physiognomie Triests, während der kleine Teil der istrischen Halbinsel, der die Zone B des geplanten Freistaats darstellte, de facto ebenfalls bald verlorenging.

Zusammen mit den erst 1918 annektierten kroatischen und slowenischen Territorien scheiden damit auch Gebiete aus der Geschichte Italiens aus, die jahrhundertelang von der venezianischen Kultur geprägt waren, in denen das italienische Nationalgefühl aus einer kulturellen Tradition erwuchs, die älter und verwurzelter war als die Triests, und die vor allem von 1866 an in Triest ihren natürlichen politisch-kulturellen Mittelpunkt gefunden hatten. Die Abtrennung dieser Gebiete von Italien ist in der Tat nicht nur von politisch-territorialer, sondern auch von ethnisch-kultureller Bedeutung. Fast die gesamte italienische Bevölkerung entschließt sich dazu, ihre Heimat zu verlassen – ein Entschluß, dem auch eine gewisse Massenpsychose und offizielle Beeinflussung zugrunde gelegen haben mögen, der jedoch zweifellos durch das Bewußtsein mitbestimmt wurde, daß die Rolle der führenden historischen Nation, die den Italienern in Istrien zugefallen war, ihr Ende gefunden hatte. Vor allem aber ist dieser gemeinsame Entschluß eine Demonstration der Italianità und eine Protestreaktion. Er wird ausgelöst durch einen doppelten Druck, den die meisten als unerträglich empfinden: den Druck des durch die noch lebendige Erinnerung an den Faschismus aufgeheizten jugoslawischen Nationalismus und den des Kriegskommunismus. Das Bild des letzteren treibt auch zahlreiche Slowenen und Kroaten in die Flucht, und zwar in den meisten Fällen nach Triest.

Der italienische Exodus aus Istrien tritt am krassesten in Pola in Erscheinung, das zum Zeitpunkt der Entscheidung über seine Zukunft von anglo-amerikanischen Truppen besetzt ist. Dort nimmt der Entschluß zum Weggehen den Charakter eines zwar verzweifelten, aber überlegten und bewußten kollektiven Protests an. Guido Miglia liefert in seinem Tagebuch eine bewegende Schilderung und zugleich eine Erklärung für dieses Verhalten, auch wenn er nicht umhinkann, sich angesichts der dramatischen Massenflucht die rhetorische Frage zu stellen, was wohl aus seiner Stadt geworden wäre, wenn alle Italiener geblieben wären.

Als im September 1947 die jugoslawischen Truppen in Pola einmarschieren, finden sie eine fast menschenleere Stadt vor. Die Italiener Istriens und Fiumes zahlen, isoliert und allein gelassen, den höchsten Preis – nämlich den des Verlusts ihrer Heimat – für einen verlorenen

Krieg und für die Fehler des Nationalismus und des Faschismus, eine Last, die sie mit der ganzen Nation teilen, aber für die sie als einzige aufkommen müssen. Ernesto Sestan, der bedeutende istrische Historiker, hat in bewegter und eindrucksvoller Weise die Entwurzelung dieser Gemeinschaft aus ihrem Ursprungsland und den Untergang der Italianität in diesem äußersten Grenzgebiet beschrieben: »Die tausendjährige Eiche Italiens, von so vielen Blitzen erschüttert, von so vielen Stürmen gepeitscht, hat ihren schützenden Schatten von den äußersten Randgebieten zurückgezogen; wie bei jedem Schauspiel der Verarmung und des Niedergangs krampft sich das Herz in Trauer zusammen.«

Die Tauwetterperiode, die auf die dunklen und schrecklichen Jahre folgte, machte es der kleinen, noch verbliebenen italienischen Gemeinde (auch wenn ihre Bevölkerungszahl nach offiziellen Statistiken ständig weiter sinken soll) jedoch möglich, ihre kulturelle Präsenz in Istrien und Fiume in weit größerem Maße zu verdeutlichen und zu bewahren, als Sestan das 1947 vorhersehen konnte. Fest steht jedoch, daß die unmittelbare Nachkriegszeit die historische Physiognomie Istriens ein für allemal grundlegend verändert hat.

In jenen ersten Jahren nach dem Krieg empfindet Triest, dessen Zukunft noch völlig ungewiß ist, seine Situation als Stadt an der Grenze als immer beengender und deprimierender – einer Grenze, die damals nicht für Dialog und Vermittlung, sondern für Abschottung und Trennung stand, eine Schranke zwischen Ländern, Ideologien und, wenn auch nur für kurze Zeit, gegnerischen Machtblöcken. Wenn Giani Stuparich in jenen Jahren nach San Giusto hinaufstieg, mußte er fürchten, daß die Menschen eines Tages auch in Triest wie in Istrien eine andere Sprache sprechen würden als die Steine, daß das äußere Gesicht der Stadt bald ein anderes sein würde als das seiner jahrhundertealten Kultur (*Trieste nei miei ricordi*).

Die Literatur dieser Epoche spiegelt die Atmosphäre

von Depression, Schwermut oder auch verzweifelter Bestürzung wider. In diesen Jahren bringt die Triestiner Literatur beachtliche Werke hervor, so die Romane und Erzählungen von Quarantotti Gambini, die mit moralischem und stilistischem Engagement die überlieferten Charakteristika aufgreifen und neu beleben: das psychologische Schürfen, die Analyse der Sinnlichkeit und ihrer Verwirrungen, das männliche ethische Bewußtsein. Die allgemeine Stimmung ist jedoch die eines dumpfen und resignierten Sichtreibenlassens. Es besteht ein merkwürdiger Widerspruch zwischen einzelnen poetischen Glanzleistungen und dem allgemeinen Niveau, das sie als Ausnahmeerscheinungen weit überragen.

Es entstehen Gedichtsammlungen von Virgilio Giotti und Biagio Marin, in denen der genial nachempfundene – Triester beziehungsweise Gradeser – Dialekt zu einem außergewöhnlichen poetischen Ausdrucksmittel wird: archaisch und zugleich höchst modern, makelloses expressives Vehikel, exemplarisches Modell des Widerstands, den die individuelle Erfahrung – zu allgemeiner lyrischer Gültigkeit erhoben – gegen die Atrophie der sozialen Entfremdung und ihre fälschliche Verallgemeinerung leistet. Vor allem aber erscheinen einige Sammlungen von Saba, die Höhepunkte der Lyrik des gesamten 20. Jahrhunderts darstellen; Texte, in denen sich die »schmerzliche Liebe« zum »warmen Leben« trotz aller Erfahrung von quälender, abgründiger Finsternis und existentieller Schuld in die Anmut eines reinen musikalischen Spiels auflöst und in eine menschliche Weisheit, die wirklich, wie Saba selbst sagt, für alle weint und versteht.

Doch während Saba das Triestiner Drama zur absoluten Parabel der *condition humaine* erhebt, erleben andere ihr Schicksal als so bedrückend, daß es zu einem Riß in ihrem Schaffen kommt. In den tragischen Tagen der jugoslawischen Okkupation, als alles verloren scheint, der Unterdrückte von gestern sich für das erlittene historische Unrecht mit willkürlicher, exzessiver Gewalttätigkeit rächt und das italienische Mutterland zu sehr geschwächt ist, um die Tragödie Triests überhaupt wahrzunehmen, schreibt Silvio Benco seine *Contemplazione del disordine* (»Betrachtung über die Unordnung«; 1946). In ihr führt der Schmerz über die Auflösung der eigenen Welt zu einer vagen, aber Anspruch auf Allgemeingültigkeit erhebenden Diagnose der Katastrophe der gesamten europäischen Kultur – in einer gewissen erschöpften Starrheit angesichts der apokalyptischen Unbestimmtheit des gezeichneten Bildes à la Stefan Zweig.

Natürlich ist es leicht, im nachhinein – und nicht mehr unter dem Eindruck einer unmittelbar bevorstehenden Katastrophe – solche kritischen Bemerkungen anzubringen; man darf nicht vergessen, daß die julischen Gebiete in jenem tragischen Moment völlig allein gelassen waren. Guido Miglia hat die Ignoranz und Gleichgültigkeit der italienischen Beamten und Politiker beschrieben, an die er sich wandte, um sie auf das Los eines Fleckchens Erde aufmerksam zu machen, von dem sie nichts wußten und das auch nur geographisch zu lokalisieren sie nicht der Mühe wert hielten. Jugoslawien hat im Gegensatz zu Italien bewiesen, daß es jene Gebiete zu schätzen weiß und sie deshalb – nicht zuletzt durch seine Bereitschaft, dafür zu kämpfen – verdient.

Im Zug der damaligen Ereignisse verstärkt sich das Triestiner Bewußtsein von der eigenen Besonderheit, das in der kulturellen Polemik gegen Italien geradezu extreme Formen annimmt: Italien wird, etwa in der *Antistoria d'Italia* (1946) von Cusin, in den – tatsächlichen oder vermeintlichen – Grundzügen seiner historischen Tradition ödipal und ideologisch unter Anklage gestellt.

10. Die bittersten Tage

Das Schicksal Triests wurde in den Wochen unmittelbar nach der deutschen Niederlage mit dem Istriens verbunden, schied sich jedoch nach dem Rückzug der jugoslawischen Truppen aus der Stadt und dem Einmarsch der anglo-amerikanischen wieder davon. Mit dem Ende der »vierzig Tage« endet auch die unmittelbare Bedrohung Triests durch die Jugoslawen, nicht jedoch die Ungewißheit über seine politisch-territoriale Zukunft, eine Ungewißheit, die erst kürzlich von Diego de Castro – vor allem, aber nicht nur unter dem diplomatischen Aspekt des Problems – mit der Detailkenntnis des Zeitzeugen nachgezeichnet worden ist.

Die Besetzung der Stadt durch die Alliierten bleibt auch noch nach dem Inkrafttreten jenes Friedensvertrags bestehen, der die Bildung eines Freistaates vorsieht, da sich die inzwischen durch den Eisernen Vorhang getrennten Großmächte auch nicht über die kleinste Veränderung der durch den Weltkrieg geschaffenen Kräfteverhältnisse einigen können, wie sie die Verwirklichung eines Freistaats Triest mit sich bringen würde. Die Sowjetunion drängt auf die Anwendung der Klauseln des Friedensvertrags, weil diese zum Abzug der anglo-amerikanischen Truppen führen würde. Doch die Regierungen der Westmächte, die sich auf der Friedenskonferenz in einem letzten Versuch, den völligen Bruch mit der Sowjetunion zu vermeiden, der Kompromißlösung eines Freistaates gebeugt hatten, fürchten nun, nachdem dieser Bruch dennoch eingetreten ist, mit dem Abzug ihrer Truppen aus Triest eine wichtige strategische Position auf der Grenzlinie zwischen den beiden Blöcken preiszugeben und den Kommunisten, die bei den Italienern wie bei den Jugoslawen um Zustimmung werben, die politische Vormachtstellung im Triestiner Raum zu überlassen. Von den unmittelbar von diesem Problem betroffenen Ländern, deren Gewicht, wie schon gesagt, während dieser Phase recht gering ist, steht Jugoslawien der Bildung eines Freistaats positiv gegenüber; seine Einstellung wird auch von den Triestiner Kommunisten geteilt, die, nachdem sich die Aussicht auf eine Annexion durch Jugoslawien als trügerisch erwiesen hat, einer Lösung, die Triest der anglo-amerikanischen Kontrolle entziehen und den italienischen Einfluß zurückdrängen würde, den Vorzug geben. Im Widerspruch zu dieser Haltung verfolgen die jugoslawischen Machthaber in der Zone B eine Politik der Integration jener Gebiete in den jugoslawischen Staat und schwächen damit die autonomistische These, die sie zu unterstützen vorgeben. Die independistischen Kräfte, die von den Jugoslawen in der Zone A gefördert werden, haben in der Zone B keinerlei Aktionsfreiheit. Nach dem Bruch mit Stalin erscheint auch Tito ein Freistaat, in dem die große Mehrheit der Kommunisten stalinistischer Observanz wäre, suspekt.

Die italienische Regierung strebt ihrerseits mit Unterstützung der italienischen Parteien Triests eine Revision des Friedensvertrags an, in der Hoffnung, die beiden Zonen oder zumindest die der anglo-amerikanischen Kontrolle unterstellte wieder zurückzuerhalten, und widersetzt sich folglich der effektiven Bildung des Freistaats, die jede Möglichkeit, dieses Ziel zu erreichen, zunichte gemacht hätte. Sowohl in den Friedensverhandlungen wie in den nachfolgenden Diskussionen über den Freistaat scheint die italienische Haltung vor allem dadurch bestimmt, daß sie die Verteidigung der Italianität in den adriatischen Gebieten mit der Verteidigung der politisch-territorialen Zugehörigkeit dieser Gebiete zum italienischen Staat gleichsetzt. Der Schutz des nationalen Lebens der Gemeinschaft wird nach einer in der italienischen Tradition tief verwurzelten Mentalität und Vorstellung, wie sie auch in der öffentlichen Meinung Triests und Julisch-Venetiens vorherrschen, nur innerhalb der Grenzen des Nationalstaats für möglich gehalten.

Das Beharren auf dem politisch-territorialen Aspekt des Problems hat auch kritische Stimmen geweckt wie die von Pier Paolo Luzzatto Fegiz, Professor für Statistik an der Universität Triest, der in der Schaffung einer großen, sich auch nach Westen erstreckenden Freizone den Weg sah, eine größtmögliche Anzahl von Italienern Istriens der jugoslawischen Souveränität zu entziehen – ein Weg, der von der italienischen Delegation erst nach dem Auftauchen des Freistaatmodells und vielleicht auch dann noch ohne allzu große Überzeugung ins Auge gefaßt wurde. Später weist Pier Antonio Quarantotti Gambini nicht ohne polemischen Akzent darauf hin, daß der Schutz der kulturellen Identität wichtiger sei als die Verteidigung einer Grenze. Während das starre Festhalten am zuletzt genannten Aspekt im Zuge der fortlaufenden Schwächung der diplomatischen Position Italiens schon bald dazu führt, daß sich die julische Frage auf das Problem Triest und seine staatliche Zugehörigkeit reduziert, hätte nach Meinung des istrischen Schriftstellers die Zustimmung zur Verwirklichung des Freistaats den Schutz der kulturellen Italianità der Zone B innerhalb eines kleinen autonomen Staates gewährleisten können. Vielleicht besaß, wie de Castro glaubhaft macht, unter den verantwortlichen italienischen Politikern allein de Gasperi ein wirkliches Gespür nicht nur für den politischen, sondern auch für den kulturellen Aspekt des julischen Problems.

Die Zunahme der internationalen Spannungen und die innere Entwicklung auf der italienischen Halbinsel mit dem Ende der nationalen Einheits-Regierungen und mit dem entschlossenen Beitritt Italiens zum westlichen Block bedingen eine deutlichere anglo-amerikanische Unterstützung der italienischen Position als zur Zeit der Friedensverhandlungen. Diese Unterstützung äußert sich in einer je nach Umständen mehr oder weniger ausgeprägten proitalienischen Linie bei der Verwaltung der Zone A und – auf internationaler Ebene – in der berühmten Erklärung vom März 1948, in der die drei Westmächte Italien das Recht zugestehen, das gesamte Territorium des Freistaats wieder in Besitz zu nehmen. Es handelt sich dabei um eine Geste, die ohne Zweifel die antikommunistischen italienischen Parteien im Hinblick auf die Wahlen vom 18. April 1948 unterstützen, auf weitere und weniger unmittelbar zweckgerichtete Sicht zugleich aber auch die italienische Sache international fördern sollte. Die Westmächte sind sich jedoch – und das ist für die Beurteilung der weiteren Entwicklung in der Triestiner Frage sowie der schwachen Verhandlungsposition Italiens gegenüber Jugoslawien von äußerster Bedeutung – selbst in der Zeit größter Übereinstimmung mit den italienischen Thesen stets darüber im klaren, daß sie im Fall des Triestiner Problems keinen Alleingang wagen können, nicht einmal was die Zone A betrifft: Ein solches Vorgehen würde zu den härtesten Reaktionen von seiten Jugoslawiens und der Sowjetunion führen. Eine eventuelle Rückkehr der anglo-amerikanischen Zone zu Italien setzt also von Anfang an die Zustimmung Jugoslawiens und die Neutralität der Sowjetunion voraus.

Um die Realisierung des Freistaates zu hintertreiben, nutzen die Alliierten die Frage der Ernennung eines Gouverneurs, der höchsten staatlichen Autorität, die, nach Konsultierung der italienischen und der jugoslawischen Regierung, dem Sicherheitsrat der Vereinten Nationen oblegen hätte. Gerade die Anglo-Amerikaner hatten in der Friedenskonferenz darauf bestanden, den Gouverneur mit substantiellen und nicht nur nominellen Machtbefugnissen auszustatten, um so einem befürchteten kommunistischen Übergewicht unter den Volksvertretern entgegenzuwirken. Doch nachdem jegliches Interesse der Alliierten am Zustandekommen des Freistaats erloschen war, bildete die gescheiterte Ernennung eines

Gouverneurs einen höchst willkommenen Vorwand, um die Anwendung des Friedensvertrags zu blockieren. Zwischen 1947 und 1953 bemühen sich – je nach der augenblicklichen Situation mit mehr oder weniger Überzeugung – die Großmächte, der Sicherheitsrat sowie die italienische und die jugoslawische Regierung mit jeweils eigenen Vorschlägen um die Nominierung eines Gouverneurs und prüfen Dutzende von Kandidaturen: Die von den Anglo-Amerikanern genannten und von den Italienern akzeptierten Namen werden von den Sowjets und Jugoslawen zurückgewiesen; die Vorschläge der sowjetischen und jugoslawischen Seite stoßen auf die Ablehnung der Anglo-Amerikaner und Italiener. Erfolglos bleibt auch der russische Versuch, die westliche Unnachgiebigkeit dadurch zu unterlaufen, daß man die Ernennung des Gouverneurs zur Vorbedingung einer Lösung der Österreich-Frage macht. Wenn Namen, die von einer Seite ins Spiel gebracht worden sind, später von der Gegenseite aufgegriffen werden, rücken die ersten Befürworter wieder davon ab. Das Gouverneursproblem wird, wie de Castro bemerkt, zu einer Legende innerhalb der Triestiner Frage; es bleibt bis 1977 auf der Tagesordnung des Sicherheitsrats der Vereinten Nationen – dreiundzwanzig Jahre nach der italienisch-jugoslawischen Einigung über Triest; ein Beispiel jener unüberbietbaren Meisterschaft, die seinerzeit das alte Österreich besaß, unlösbare Probleme aufzuschieben – jedoch immer unter Wahrung der bürokratischen Formen.

Wenige Monate nach der Drei-Mächte-Erklärung und den allgemeinen italienischen Wahlen von 1948 erfährt das Triestproblem durch den Ausschluß der Kommunistischen Partei Jugoslawiens aus dem Kominform und den Bruch zwischen Jugoslawien und der Sowjetunion eine grundlegende Veränderung. Wenn auch nicht alle Konsequenzen dieses Bruchs sofort sichtbar werden, so stellt er doch das entscheidende Moment für die weitere Entwicklung der Triestiner Frage dar.

Von nun an stehen die Anglo-Amerikaner dem Problem mit größerer Gelassenheit gegenüber: Die Grenze, die Europa teilt, verläuft nun nicht mehr unmittelbar hinter Triest, und innerhalb der Stadt sind die Kommunisten in eine titoistische und eine kominformistische Partei gespalten, die sich heftig bekämpfen. Von der westlichen Diplomatie wird die jugoslawische Position unterstützt, denn die Alliierten sind daran interessiert, eine Wiederannäherung Belgrads an die Sowjetunion zu vermeiden; Italien dagegen, das fest in den westlichen Block eingebunden ist, sieht seinen politischen Spielraum gerade in dem Moment eingeschränkt, in dem die veränderte anglo-amerikanische Haltung direkte italienisch-jugoslawische Verhandlungen als einzigen Weg zur Lösung des adriatischen Problems nahezulegen scheint. Der Bruch zwischen Sowjets und Jugoslawen mußte – wenn auch erst auf längere Sicht, denn im Augenblick waren die politischen, nationalen und ideologischen Differenzen zwischen Italien und Jugoslawien noch zu stark – auch zu entspannteren Verhältnissen in den Grenzgebieten führen.

Für Triest endet der Krieg also nicht im April 1945. Unsicherheit und Spannung setzen sich in einem mißlichen Nachkrieg fort. Auf den mit dem Zusammenbruch des Dritten Reichs gescheiterten Versuch, die Stadt in den letzten, unheilvollsten und absurdesten Traum eines Mitteleuropas einzubeziehen, folgte die jugoslawische Periode, die von der Mehrheit der städtischen Bevölkerung trotz aller offiziellen Beteuerungen italo-slowenischer Bruderschaft als alptraumhaftes Intermezzo einer Okkupation erlebt wurde.

Während der Monate und Jahre, in denen man über die Zukunft Triests verhandelt, setzt sich in der italienischen Bevölkerungsgruppe die Überzeugung durch, ihre Stadt stelle nur eine Figur auf dem internationalen Schachbrett dar, über deren Schicksal von außen und oben entschieden werde, ohne daß man die Bevölkerung um ihre Meinung frage. Giani Stuparich gibt in seinem Buch *Trieste nei miei ricordi* diesen Gefühlen einer verwirrten und wie betäubten Stadt Ausdruck, wenn er schreibt: »Es waren die bittersten Tage Triests und Julisch-Venetiens, als die Mächtigen dieser Welt mit unserem kleinen Schicksal ihr Spiel trieben.« Die Italiener Triests sind von dem schmerzlichen Bewußtsein erfüllt, in einer Stadt voller Ängste zu leben, ratlos, was die Gegenwart, und unsicher, was die Zukunft betrifft, isoliert und – während der ersten Jahre – gleichsam im Belagerungszustand.

Die Grenze verläuft nur wenige Kilometer von Triest entfernt, fast in Sichtweite. Das benachbarte Istrien erscheint unerreichbar fern, und das Thema der Trennung von Istrien wird in den Werken istrischer Autoren wie Quarantotti Gambini oder solcher mit istrischen Wurzeln wie Stuparich immer wieder mit großer Betroffenheit zur Sprache gebracht. In seinem eben genannten Buch drückt letzterer das bittere und angstvolle Gefühl der Endgültigkeit dieser Trennung folgendermaßen aus: »Ich schaute auf Istrien, das ich hinter mir zurückließ ... Mein, mein Land, das nicht mehr mein war. Jede Linie dieser Landschaft, die meine Jugend durchtränkt hatte, war mir vertraut: Ich sollte sie nie mehr betreten. Die ferne Insel meiner Väter, das steinige und luftige Lussino, blieb mir auf immer verschlossen. Ich empfand ganz deutlich, wie sich eine unerbittliche Klinge herabsenkte, um ein lebendiges Glied unserer Heimat für immer abzutrennen.« Er fährt mit dem Zug durch Istrien, vorbei an den »vom Blut unseres Krieges von 1915 übergossenen« Steinen, und sieht im Schicksal der verlorenen Gebiete ein Gleichnis für die Ideale einer ganzen Generation: »Unglückliche Generation, die unsere, die wir zuerst die Wirklichkeit dem schönsten Traum entgegensteigen sahen – und dann hinabstürzen, tiefer als im gefürchtetsten Alptraum.«

In diesem Klima verteidigt die Mehrheit der italienischen Bevölkerung Triests die Italianität der Stadt gegen die slowenischen Kräfte und projugoslawischen oder independistischen Thesen. Gegenüber allen anderen Tendenzen in der öffentlichen Meinung und gegenüber den Großmächten behauptet sie entschieden den Willen der Stadt, italienisch zu bleiben. So setzt sich in Triest – als Reaktion auf die Unsicherheit hinsichtlich der geistigen und territorialen Zuordnung – auch nach Faschismus und Krieg jene bestimmende Polarisierung des politischen Lebens durch die Nationalitätenfrage fort, auch wenn sich die politischen Kräfte innerhalb des demokratischen Wiederaufbaus pluralistisch artikulieren. Die Verteidigung der Italianità Triests ist das Motiv, das die Mehrheit der italienischen Bevölkerung vereint und das sich als stärker als alle ideologischen Differenzen erweist. In Triest bleibt das nach dem Waffenstillstand vom 8. September 1943 gegründete Komitee der Nationalen Befreiung bis zur Unterzeichnung des Friedensvertrags vom 10. Februar 1947 bestehen, aber auch noch danach vereinen sich die demokratischen Parteien in einem gemeinsamen politischen Ausschuß. Italienische Mehrheit und slowenische Minderheit (nach Daten von 1977 bildet letztere 5,7% der Bevölkerung in der Stadt und 8,2% in der gesamten Provinz, die mit Ausnahme von Muggia Dörfer mit starker slowenischer Mehrheit umfaßt) stellen in diesen Jahren kaum miteinander kommunizierende Röhren dar.

Wenn auch das alte Thema der nationalen Verteidigung – als Element der Kontinuität gegenüber der Vergangenheit – die politische Auseinandersetzung weiterhin beherrscht, sind doch bedeutsame Veränderungen in der politischen Physiognomie und in der Zusammensetzung der Bevölkerung zu verzeichnen. Die ihrer kulturellen Tradition, ihrer Mentalität und ihren Lebensgewohnheiten nach vielleicht weltlichste italienische Stadt sieht nun in der Democrazia Cristiana ihren stärksten Halt. Die Tendenz zum ›Guelfismus‹, die das politische Leben Italiens in der unmittelbaren Nachkriegszeit prägt, findet auch in der Adriastadt ihre Entsprechung. Dieses Phänomen (dessen detaillierte Untersuchung noch aussteht) ist – nach einer langen Phase der Diktatur – ein Indiz für die Überwindung des traditionellen politischen Denkens, das den politischen und sozialen Katholizismus mit einer proösterreichischen Linie und den slowenischen Interessen gleichsetzte; zweifellos spiegelt es den Einfluß der italienischen Entwicklung im übrigen dorthin und das Bestreben, sich ihr anzuschließen, wider.

Als größte italienische Partei gilt die Democrazia Cristiana als der solideste Garant für die Wahrung der Triestiner Interessen. Außerdem hatte schon zwischen den beiden Kriegen, vor allem aber seit 1945, der Zustrom aus dem Friaul und aus Istrien zugenommen, also aus Gebieten, in denen im Gegensatz zu Triest die christlich-soziale Bewegung fest verwurzelt war. Da nach dem September 1943 jegliche andere offizielle Repräsentanz Italiens in Triest fehlte, war der Bischof der Diözese Triest-Capodistria, Monsignore Antonio Santin, zur herausragendsten und mutigsten italienischen Symbolfigur geworden. Seine Funktion erinnert an diejenige Pius' XII. während der Luftangriffe in Rom, die von dem Historiker Federico Chabod so nachdrücklich unterstrichen wird.

Gianni Bartoli, dem christdemokratischem Bürgermeister der Stadt seit 1949, gelingt es – auch indem er sich in gewissem Sinne über den Parteienkampf stellt –, für die meisten Italiener Triests zur integrierenden Gestalt zu werden. Vor allem aber kann sich die Democrazia Cristiana in Triest eine große Anhängerschaft erwerben, weil sie sich in erster Linie als italienische Partei, als Instrument der Verteidigung des nationalen Charakters der Stadt, als führende Kraft der städtischen Italianità präsentiert.

Die Kommunistische Partei dagegen hatte sich in den Jahren der Opposition gegen den Faschismus, des Krieges und der Widerstandsbewegung zum Interpreten der politischen und wirtschaftlichen Bestrebungen der Arbeiterklasse gemacht, jede nationale Konfrontation abgelehnt und den binationalen Charakter der Stadt und vor allem ihres Proletariats vertreten. Zwischen 1944 und 1945 macht sie sich die jugoslawischen Thesen zu eigen, da sie in ihnen den Weg zu einem raschen Sieg der eigenen Ideologie sieht. Doch dann erlebt sie zunächst den tiefen Widerspruch zwischen dem theoretischen internationalistischen Anspruch der Partei und dem tatsächlichen Nationalismus der jugoslawischen Kommunisten und später den dramatischen und komplizierten Konflikt zwischen der Treue zu den Prinzipien der Partei und dem Eintreten für die Interessen der größten sozialistischen Weltmacht. So gelingt es dem Triestiner Kommunismus, dem die durch den italienisch-slawischen Nationalkonflikt hervorgerufenen Spannungen zumindest an der Oberfläche nichts anhaben konnten, nicht, den Bruch zwischen Jugoslawien und der Sowjetunion ohne Spaltung zu überstehen. Das kommunistische Lager teilt sich in zwei Blöcke: in Titoisten und Kominformisten. Diese Spaltung macht vor allem den Slowenen zu schaffen, die von deren Konsequenzen am unmittelbarsten betroffen sind; sie bleiben jedoch in ihrer Mehrheit der alten Partei treu und ordnen, wie in der Vergangenheit ihre italienischen Genossen, das nationale Moment dem ideologischen unter.

Der Bruch zwischen Titoisten und Kominformisten wurde als typisch triestinisches Dilemma erlebt: Es war ein Ereignis, das einerseits in gewisser Hinsicht die weltweite Veränderung des Kommunismus vorwegnahm, andererseits kaum über den Triestiner Raum hinauswirkte. Die Männer, die darin verwickelt waren, hatten dafür zu büßen: Als unbequeme Zeugen eines Vorfalls, den alle vergessen wollten, wurden sie später ins Abseits geschoben. Dies gilt für einige Anführer der Arbeiterbewegung wie für jene Tausende italienischer Arbeiter aus Monfalcone, die bei Kriegsende nach Jugoslawien gegangen waren, um in einem sozialistischen Staat zu arbeiten, und

1948 wegen ihrer Treue zum Kominform deportiert und eingesperrt wurden. Soweit sie überlebten, fielen sie später der allgemeinen Vergessenheit anheim. Dieses Geschehen, das im Industriemilieu von Monfalcone (das sich von dem Triests grundlegend unterscheidet) seinen Ausgang nahm, ist sicherlich im Zusammenhang mit den Spannungen zu sehen, die für die Dritte Internationale typisch waren. Doch auch das Schicksal jener Überlebenden erlischt, vor allem im Augenblick ihrer Rückkehr, im Nichts der Triestiner »Flucht ohne Ende«.

Zur politischen Dialektik der Stadt gesellt sich auch eine starke independistische Tendenz. Sie stellt zwar eine neue Kraft innerhalb des politischen Lebens Triests dar, ist jedoch nichts anderes als die organisierte Form einer inneren Haltung, die tiefe Wurzeln hat und an die Vorstellungen Angelo Vivantes sowie an die Thesen anknüpft, die Valentino Pittoni im Oktober 1918 dem Reichsrat vorlegte. Diese Haltung breitet sich unmittelbar nach Kriegsende aus, als Reaktion auf den Nationalismus und den wirtschaftlichen Niedergang Triests. Man sucht nach einer Lösung, die die Stadt dem italienisch-jugoslawischen Konflikt, der sie spaltet, entziehen und dem Hafen wieder zu seiner alten wirtschaftlichen Geltung verhelfen könnte, und findet sie in der Forderung: »Triest den Triestinern.« Freilich wird diese Formel bisweilen zum Ausdruck eines engstirnigen Lokalpatriotismus, etwa wenn das Recht auf Mitbestimmung über das Schicksal Triests den bereits 1918 in der Stadt Ansässigen und deren Nachkommen vorbehalten bleiben soll. Dieser Independismus manifestierte sich erstmals in dem Vorschlag, einen autonomen Staat mit italienischer, friulanischer, deutscher, slowenischer und kroatischer Bevölkerung zu schaffen (ein Plan, der sich in späteren Versionen mit unterschiedlichen territorialen Vorstellungen verbindet), vorgetragen von dem ehemaligen Bischof Triests, Luigi Fogar – der 1938 auf Betreiben der Faschisten abgesetzt worden war – und von Elementen unterstützt, die wie Fogar selbst den übernationalen Werten der habsburgischen katholischen Tradition verbunden waren, sowie von antikommunistischen slowenischen Kreisen.

Vor allem wirtschaftlichen Interessen entspringt dagegen der Propagandafeldzug, der im Sommer 1945 von einem österreichischen Komitee zur Befreiung Triests geführt wird. An ihm beteiligen sich österreichische Industrielle, die hoffen, mit dem Adriahafen der Wirtschaft ihres wiedererstandenen Staates einen Zugang zum Meer zu verschaffen, sowie einige Vertreter der Triestiner Wirtschaftskreise, die nostalgisch auf den Wohlstand und das Handelsvolumen der Vergangenheit zurückblicken. Der Independismus als organisierte politische Kraft entsteht nach dem Abzug der jugoslawischen Truppen auf Initiative nichtkommunistischer Kreise, die bis dahin die These von einem autonomen Triest innerhalb eines jugoslawischen Staates vertreten hatten. In der neuen Situation verfolgen sie dagegen das Ziel völliger Unabhängigkeit und werden dementsprechend später zu der Kraft, die am entschiedensten für die Verwirklichung des Freistaates kämpft. Der historisch-gefühlsmäßige Hintergrund der verschiedenen independistischen Bestrebungen ist einheitlich: Sie berufen sich auf die Tradition Triests als Emporium, die sie durch die politisch-territoriale Unabhängigkeit und geeignete ökonomische Maßnahmen wiederzubeleben hoffen; sie sind bestrebt, die Beziehungen zum historischen Hinterland zu vertiefen; sie wollen den nationalen Konflikt im Rahmen eines kleinen Zweivölkerstaates überwinden.

Politisch präsentiert sich der Triestiner Independismus jedoch unterschiedlich: An den Wahlen von 1949 beteiligen sich drei independistische Parteien. Unter den beiden maßgebenden repräsentiert die älteste, der »Fronte dell' indipendenza«, den linken Flügel der Bewegung, der einige Züge der ursprünglichen projugoslawischen Position bewahrt und der alliierten Militärregierung, die ihm zu italophil ist, äußerst kritisch gegenübersteht. Diese Partei erhält die größte Unterstützung aus Arbeiter- und Kleinbürgerkreisen. Der »Blocco di Trieste«, der von einigen Handels- und Industriekreisen unterstützt wird, vertritt dagegen den bürgerlichen Flügel des Independismus. Er distanziert sich kritisch von der zu radikalen Linie der »Front«, ist erfüllt von Habsburg-Nostalgie und steht der alliierten Regierung und vor allem den Engländern positiv gegenüber. Was die nationale Zusammensetzung des Independismus betrifft, so handelt es sich um eine fast ausschließlich italienische Bewegung, die die Unterstützung einiger Vertreter des antikommunistischen slowenischen Lagers genießt.

Das Phänomen des Independismus wird im schwierigen politischen Klima des Triests der Nachkriegszeit noch komplizierter durch Kräfte, die daran interessiert sind, sich der independistischen Gruppen zu bedienen, um Zwiespalt im italienischen Lager zu säen oder auch, vor allem in bestimmten Situationen, die alliierte Militärverwaltung zu unterstützen. Der Independismus stellt also in jener Epoche und schon zuvor eine eigenständige, klar umrissene Strömung im politisch-geistigen Klima Triests dar. Es handelte sich dabei nicht, wie in der Hitze der Polemik behauptet wurde, um eine kaschierte, und damit um so verdächtigere, projugoslawische Bewegung, auch wenn seine publizistischen Organe – darunter der *Corriere di Trieste*, für den unter anderen Fabio Cusin, Bruno Cerne und Carolus L. Cergoly schrieben – von jugoslawischer Seite mitfinanziert wurden. Ebensowenig war er eine fünfte Kolonne der alliierten Militärregierung, auch wenn er zeitweilig von den Alliierten, vor allem von den Engländern, wahrscheinlich finanzielle Unterstützung erhielt.

In der slowenischen Nationalitätengruppe sind die drei traditionellen Strömungen – die katholische, die liberale und die proletarische – vertreten, wobei sich die letztere in der Zeit nach dem Ersten Weltkrieg und verstärkt natürlich seit dem Befreiungskampf von einer radikalsozialistischen zu einer kommunistischen Bewegung entwickelt hat. Die Reaktion auf die kommunistische Politik und der massive Zustrom von antikommunistischen slawischen Flüchtlingen (oder zumindest von solchen, die durch die Erfahrung des Kriegskommunismus zum Weggang bewogen wurden) nach Triest lassen im slowenischen Lager ideologische Meinungsverschiedenheiten wieder aufbrechen, die während der Jahre der nationalen Unterdrückung und des Widerstands weitgehend überdeckt waren.

Der gemeinsame Antikommunismus bestimmt eine Zusammenarbeit zwischen Katholiken und Liberalen, die an die Zeit des gemeinsamen Kampfes gegen Nationalismus und Faschismus nach dem Ersten Weltkrieg anknüpft. Das Aufkommen der titoistischen Häresie führt zu zusätzlicher Uneinigkeit im slowenischen Lager, diesmal bei den Kommunisten. Doch obwohl sich die Spaltung in der Parteispitze sehr heftig auswirkt, bleibt die Basis, auch in ihrem slowenischen Teil, überwiegend der alten Partei treu, die sie in der Phase des Untergrundkampfes geführt hatte und die fest in der Triestiner Arbeiterklasse verwurzelt ist. Allerdings wird der erhebliche, zuweilen erbitterte politische Dissens zwischen den Slowenen insofern gemildert, als alle Parteien, die die Unterstützung der Triestiner Slowenen genießen, für die Erfüllung des Friedensvertrags und die Verwirklichung des Freistaates eintreten. Dieses gemeinsame Ziel bildet einen einigenden Faktor innerhalb des ansonsten kontrastreichen Spektrums und ermöglicht es beispielsweise, daß Titoisten und antikommunistische Slowenen bei den Wahlen von 1952 gemeinsame Listen aufstellen – wenn auch nicht in Triest, so doch in der entspannteren Atmosphäre der kleineren Karstgemeinden.

Der Aufstieg der Democrazia Cristiana führt nicht zum Erlöschen der verwurzeltsten und lebendigsten politischen Traditionen in der öffentlichen Meinung der italienischen Bevölkerung Triests: der liberal-konservativen sowie der demokratisch-risorgimentalen Strömung, die in den letzten Jahren des Antifaschismus und des Widerstands durch die Bewegung »Giustizia e Libertà« und den »Partito d'azione« neu belebt worden war. Diese beiden alten Stränge der politischen Welt Triests halten sich in den Zentrumsparteien – der liberalen, der sozialdemokratischen und der republikanischen –, die zwar zahlenmäßig klein sind, aber weiterhin die in der italienischen Bevölkerung verbreitetste politisch-kulturelle Tradition repräsentieren.

Stärker als in anderen italienischen Städten mit vergleichbaren ökonomisch-sozialen Strukturen bleibt in Triest das Gewicht der nationalistischen und neofaschistischen extremen Rechten. Sie gewinnt in der besonderen Triestiner Atmosphäre, die immer noch vom Nationalitätenproblem beherrscht wird, ihre Anhänger nicht nur unter den Nostalgikern des faschistischen Regimes, sondern auch unter Jugendlichen, die sich von einem wilden und aggressiven Nationalismus angezogen fühlen, und schließlich unter den istrischen Flüchtlingen, deren Bitterkeit und Ressentiments von den Erben jenes Regimes, das den Verlust Istriens herbeigeführt hat, ausgenützt und mißbraucht werden.

Dieser vielgestaltige politische Kampf, der sich zwischen zwei Polen, dem Streben nach der Vereinigung mit Italien und dem Wunsch, die Unabhängigkeit aufrechtzuerhalten, bewegt, wird durch einen Wirrwarr von nationalen und ideologischen Motiven charakterisiert. In ihm klingen politische und ideologische Ereignisse von weltweiter Bedeutung, wie der Bruch zwischen Tito und Stalin, nach, die dem politischen Leben Triests andere Züge verleihen als in den vorangegangenen Epochen, auch wenn ein Element der Kontinuität erhalten bleibt: die Existenz eines nationalen italienischen Blocks, der in der alten Politik der nationalen Verteidigung verwurzelt ist, wenngleich er von einer neuen hegemonialen Kraft wie der Democrazia Cristiana geführt wird.

Diesem Gemisch aus Altem und Neuem in der politischen Landschaft Triests entspricht auch ein tiefgreifender Wandel in der Zusammensetzung der Bevölkerung. Für den Flüchtlingsstrom aus Istrien bildet Triest die erste logische Etappe, und in vielen Fällen findet er dort auch sein endgültiges Ziel. Die Stadt nimmt so in den Jahren nach 1945 und erneut nach 1954 einen beträchtlichen Teil der istrischen Bevölkerung auf, die ihre Heimat verläßt. Innerhalb des italienischen Triest bewahren sich die istrischen Aussiedler ihre Eigenart, sei es zusammengeschlossen in einer Flüchtlingsorganisation, die die ganze istrische Gruppe repräsentiert, sei es in kleinen Zirkeln, die die Erinnerung an die jeweiligen Heimatorte und deren Traditionen sowie die Bindungen zwischen den ehemaligen Einwohnern lebendig erhalten.

Das Zusammenleben zwischen Triestinern und Istriern ist nicht frei von Unverständnis, Spannungen und Problemen. Die Triestiner reagieren oft mit Distanziertheit und bisweilen mit offener Ablehnung, die angesichts des Eindringens der Neuankömmlinge in das Wirtschaftsleben der Stadt ausgesprochen feindselige Formen annehmen kann. Andererseits beziehen die offiziellen Flüchtlingsorganisationen mitunter starre und engstirnige nationalistische Positionen, die die Entwicklung eines nationalen Dialogs in den Grenzgebieten behindern. Und doch leistet diese Begegnung zwischen der kosmopolitischen, bürgerlichen und städtischen Tradition Triests und dem Erbe Istriens, wie es in seinen kleinen venezianischen Küstenstädten und bäuerlichen Landstädten lebendig war, einen positiven historischen Beitrag zur Erhaltung des Gesamterbes der adriatischen Italianità, auch in jenen Zügen, die zu verwischen oder auszulöschen drohten.

Diese historische Funktion wird von Schriftstellern wie Stuparich und Quarantotti Gambini erkannt, die von ihrer Mission erfüllt sind, Zeugen und Hüter der istrischen Tradition zu sein und das Erbe dieser zerstreuten und entwurzelten Italianità weiterzugeben, aber auch von jüngeren Autoren wie Guido Miglia. Später, als das Trauma der Trennung überwunden ist und die Zeiten sich beruhigt haben, wird Miglia den Kontakt zu seiner Heimat wiederaufnehmen, so daß sie für ihn nicht nur ein abgeschlossenes Kapitel an Lebenserfahrung und Erinnerung darstellt, sondern auch eine stets lebendige Gegenwart. Er befaßt sich eindringlich und liebevoll mit der alten istrischen Kultur, widmet seine Aufmerksamkeit aber auch dem kulturellen und politischen Klima Istriens in den jüngsten Jahren. In diesen Jahren, einer Zeit der Entspannung und des Dialogs, kommt es zu einem Wiederaufleben der italienischen Kultur in Istrien (Carlo Schiffrer hatte schon 1955 darüber reflektiert). Es wird erleichtert durch die Nähe einer Triestiner »Lunge«, die es gewohnt ist, istrische Tradition zu atmen.

Während Triest einen beträchtlichen Teil der istrischen Bevölkerung absorbiert, dauert – bedingt durch die unsichere Zukunft, die Grenznähe, die schlechte wirtschaftliche Lage und die Stagnation des kulturellen und intellektuellen Lebens – die in den Jahren zwischen den beiden Kriegen begonnene Auswanderung aus der Stadt an. Triest, dessen eigentliches Gesicht durch die Immigration geprägt worden war, sieht sich nun dem gegenteiligen Phänomen gegenüber, nämlich Ausblutung und Niedergang. Der Verlust an Arbeitskräften und intellektuellen Begabungen hält an in einem Milieu, das sich ängstlich und manchmal hysterisch die Frage nach seiner wirtschaftlichen Lebensfähigkeit, seiner Funktion und seiner Zukunft stellt. Wer die Triestiner Nachkriegsjahre erlebt hat, erinnert sich an eine Zeit leidenschaftlicher Anspannung und zugleich schicksalhafter Ausweglosigkeit, an eine Welt, deren führende Schicht in eine Sackgasse geraten war und sich nicht selten darauf versteifte, diesen Weg ohne Ausweg weiterzugehen. Doch diese Situation spiegelte, sozusagen in verkleinertem Maßstab und verschärft, auch das bleierne Gewicht wider, das in jenen Jahren auf der Welt lastete.

Triest war ein marginaler Ort, an dem sich viele große Illusionen über Geschichte und Politik vielleicht früher als anderswo in nichts auflösten. Die Krise der großen Systeme, des real existierenden Sozialismus und der Projekte zur Neuordnung der Welt wurde in der Glanzlosigkeit der Stadt, die sie auf unmittelbare Weise erfuhr, offenkundig, während man andernorts, zumindest in Italien, an die großen Modelle, die Führungsstaaten und die einander frontal entgegengesetzten Konzepte zur Rettung der Welt glaubte. In Triest nimmt die Desillusionierung ihren Anfang, die im Bewußtsein vieler Europäer erst später wirksam werden sollte.

In diesen Jahren ist die Triestiner Literatur generell von einer bitteren Melancholie geprägt. Giani Stuparich, dieser geistige Bruder Slatapers, dem es dennoch nicht gelingt – und auch nicht hätte gelingen können –, dessen Erbe tatsächlich anzutreten, verkörpert im Ausklang seines Lebens und seines Schaffens exemplarisch diesen Niedergang Triests, den er als schicksalhaft empfindet. Seine *Ricordi Istriani* (»Istrische Erinnerungen«; 1961) sind die gefühlvolle Elegie auf einen unwiederbringlichen Verlust; seine moralischen Prosastücke verkrampfen sich in einer zerstörerischen Traurigkeit; eine Roman wie *Simone* (1953) ist die Zukunftsvision einer Katastrophe, der man zwar mannhaft begegnet, die aber mit allen Fasern als definitives, absolutes Ende erlebt wird, als Riß, der dem Leben keine Chance läßt. Mit Stuparich scheint, in einem wehmütigen Abschied voller Würde, die Kultur, die risorgimentale Seele Triests unterzugehen, und mit ihr die große zivilisatorische Illusion, die als Ziel aller Arbeit und Hoffnung aufrechtzuerhalten Scipio Slataper sich gezwungen hatte, indem er seinen Pessimismus, seine Ahnung von der Unabwendbarkeit der Krise, die er in seiner Existenz verkörpert fühlte, heroisch unterdrückte.

Stuparichs bedeutende Lektion ist die moralische Redlichkeit, die große Menschlichkeit, mit der er den Untergang der eigenen Welt erlebte, ohne seinen Idealen untreu zu werden. Anderer Art ist der Widerstand – abseits und leise, aber unerschütterlich –, der die Dichtung Giottis und Marins, vor allem aber die Sabas in der absoluten poetischen und existentiellen Erfahrung seiner letzten Jahre mit Leben erfüllt.

In der Krise jener Jahre wimmelt es auch von kulturellen Initiativen. Im Verlag *Lo Zibaldone*, der von Anita Pittoni mit großem typographischen und literarischen Geschmack im Stil eines Handwerksbetriebs gegründet und geleitet wurde, erschienen wichtige Texte aus der Triestiner Tradition des 18. und 19. Jahrhunderts (zum Beispiel de Giuliani, Sartorio) und zugleich die Arbeiten der ganz jungen literarischen Generation. *Lo Zibaldone* wäre vielleicht der Verlag geworden, der Triest immer gefehlt hat und der der künstlerischen Vitalität der Stadt ihren gesellschaftlichen Ausdruck hätte verleihen können. Er richtete seinen Blick nicht nur auf die Vergangenheit und Gegenwart Triests, sondern auch auf die europäische Kultur, der sich Triest einmal mit soviel ursprünglichem Enthusiasmus zugewandt hatte, und veröffentlichte ebenso originelle wie wichtige Texte (so, um nur ein Beispiel zu nennen, Ulrich Bräkers *Der arme Mann im Tockenburg* in der Übersetzung von Alberto Spaini). Bald jedoch sollte *Lo Zibaldone*, nur vom Eifer seiner Gründerin getragen und ohne ausreichende finanzielle Unterstützung, wieder von der Bildfläche verschwinden – und Triest um eine versäumte Gelegenheit reicher sein.

In diesen Jahren leben und arbeiten in Triest junge, unruhige Talente, die bald darauf die Stadt verlassen werden, um in der italienischen Diaspora Funktionen in der Kultur und im Kulturbetrieb zu übernehmen: im Verlagswesen, beim Film, im Journalismus usw. Das Jahr 1954, das mit der Rückkehr an Italien eine unbestimmte Hoffnung erfüllt und enttäuscht, zwingt diese lebendige

Gruppe zum Aufbruch, um ihre vielfältigen Begabungen in jenen kulturellen Bereichen einzusetzen, an denen es in Triest mangelt. Die Emigranten verlassen die Stadt nicht ohne Abschiedsschmerz, aber auch mit Groll, weil sie ihnen nicht erlaubt hat, in ihr Wurzeln zu schlagen; sie gehen voll Enttäuschung über das nicht gehaltene Glücksversprechen und mit einem ödipalen Ressentiment, das sie später insgeheim wünschen lassen wird, wieder dorthin zurückzukehren und doch nicht zurückzukehren, nicht einmal für eine Woche; selbstzerstörerisch werden sie Triests Krisen genießen und immer schlecht von ihrer Stadt reden, vor allem aber *immer* von ihr reden, wie es im übrigen auch der tut, der bleibt und aus gequältem Herzen die Chronik jener unerfüllten Versprechungen aufzeichnet – dem »verlorenen Grün unseres Tales« (L. Mazzi) nachtrauernd und dem Leben, das hätte erblühen können und sollen.

11. Zwischen Tauwetter und Dialog

Mit dem Jahr 1948 beginnt das, was Diego de Castro als die statische Phase der Triestiner Frage bezeichnet hat. Die Drei-Mächte-Erklärung, die von den Italienern Triests mit soviel Begeisterung aufgenommen worden war, blieb, wie es nicht anders sein konnte, bloßes Papier. Ihre politisch gesehen ohnehin recht begrenzte Bedeutung verringerte sich noch mehr durch den Bruch zwischen Tito und Stalin, der die westlichen Regierungen Jugoslawien annäherte und jene kurze Epoche beendete, in der sich die Haltung der Alliierten fast völlig mit den italienischen Interessen zu decken schien. Eine unmittelbare Verständigung zwischen Italien und Jugoslawien beginnt sich als der einzige Weg zu einer Lösung des Triestiner Problems abzuzeichnen. Aber die Zeit ist für eine solche Übereinkunft noch nicht reif: Wie die ersten italienisch-jugoslawischen Kontakte zeigen, sieht sich noch keine der beiden Parteien in der Lage, Ziele aufzugeben, die in der Öffentlichkeit als unaufgebbar gelten; dem eigenen Land einen Kompromiß zuzumuten, der einen Rückschritt gegenüber den Ausgangspositionen bedeuten und der Bevölkerung Opfer abverlangen würde, die ihr untragbar erscheinen müßten.

Einstweilen ebnen Titos Bruch mit dem Kominform und die daraus resultierende Spaltung der kommunistischen Bewegung Triests den Weg für die ersten Wahlen in der Zone A. Bis dahin hatte die alliierte Regierung solche Wahlen verhindert, da sie einen Sieg der Kommunisten fürchtete, nach dem sich die Beziehungen zwischen ihr und der Stadtverwaltung äußerst schwierig gestaltet hätten. Die kommunistische Krise ermöglicht daher eine allmähliche Normalisierung und Demokratisierung des politischen Lebens in Triest. Die nationalen italienischen Parteien, allen voran die Democrazia Cristina, erringen bei den Wahlen vom Juni 1949 einen deutlichen Erfolg, der es ihnen erlaubt, Triest als eine nach der Wiedervereinigung mit Italien lechzende Stadt hinzustellen. Diejenigen Parteien, die – oft von sehr unterschiedlichen Positionen aus – für einen Freistaat Triest eintreten (wobei die Kominformisten einen deutlichen Vorsprung vor den Titoisten haben und die Independisten zwar eine ansehnliche Stimmenzahl auf sich vereinigen, aber hinter ihren Erwartungen zurückbleiben), können ihrerseits darauf verweisen, daß sich ein beachtlicher Teil der Wähler für die Unabhängigkeit ausgesprochen habe. Dank ihres Wahlerfolgs in Muggia und der einhelligen Zustimmung, die sie in den Karstgemeinden gefunden haben, gelingt es ihnen zudem, die Vorstellung zu untermauern, Triest sei nur eine italienische Insel in einem nichtitalienischen Territorium.

Indessen verleiht jedoch der unbestreitbare, wenn auch unterschiedlich interpretierte italienische Wahlerfolg der städtischen Verwaltung, die schon vorher weitgehend in italienischer Hand lag, eine neue und stärkere Legitimation. Zur gleichen Zeit aber sieht sich die alliierte Regierung durch die entspannteren Beziehungen zu Jugoslawien zu einem neutraleren und weniger italophilen politischen Kurs und zur Stärkung ihrer eigenen Verwaltungspräsenz in der Zone A veranlaßt. Diese Haltung ruft in italienischen Kreisen Bestürzung und Sorge hervor: Sie sehen darin die Verfestigung einer administrativen Struktur, die sie stets nur als Übergangslösung betrachtet hatten. Auf der anderen Seite gelingt es den Alliierten mit ihrem neuen Kurs nicht, die Befürchtungen jener politischen Kräfte zu zerstreuen, die über einen schleichenden Italianisierungsprozeß der Zone A klagen, vor allem die Unzufriedenheit der Slowenen, die sich in ihren Rechten zuwenig geschützt sehen.

Die zweiten und letzten Wahlen, die 1952 in der Zone A

abgehalten werden, spiegeln Ängste, Sorgen und Hoffnungen wider, die die verschiedenen Fraktionen der öffentlichen Meinung Triests beherrschen. Das Kräfteverhältnis zwischen den nationalen Parteien und denen, die für einen Freistaat eintreten, bleibt nahezu unverändert. Im ersten Lager zeigt sich jedoch ein Rückgang der gemäßigten Kräfte und eine Verschiebung der Stimmen zugunsten des neofaschistischen Extremismus, während sich im anderen eine Stärkung der beiden independistischen Parteien feststellen läßt. Bei den Italienern führt die Beunruhigung durch die alliierte Politik also zu einer Radikalisierung. Auf der Gegenseite verstärken das Geflecht aus Interessen und Arbeitsbeziehungen, das sich um die alliierte Verwaltung gebildet hat, sowie ein gewisser Wohlstand (der weniger durch größere Produktivität als durch die Geldzirkulation und erhöhten Konsum bedingt ist und der durch die Präsenz der alliierten Soldaten und Beamten sowie durch Zuschüsse der italienischen Regierung gefördert wird) noch die Zustimmung, derer sich die Militärregierung ohnehin erfreut. Dies drückt sich in der Zahl der Wählerstimmen aus, die jenen Parteien gegeben werden, für die die Unabhängigkeit als solche das höchste und eigentliche Ziel darstellt und nicht bloß eine Konsequenz aus anderen politischen und ideologischen Optionen. Und doch fürchten die Anglo-Amerikaner, gerade während sich ihr politischer Einfluß zu festigen scheint, eine Schwächung ihrer Position in der Adriastadt.

Die Spannung und Unruhe im italienischen Milieu machen sich im März 1952, kurz vor den Wahlen, in Straßenkundgebungen Luft. Das veranlaßt die Alliierten, Italien einseitig an der Verwaltung der Zone A zu beteiligen, um eine Wiederholung solcher Zwischenfälle zu vermeiden und zugleich ein gewisses Gegengewicht zur jugoslawischen Präsenz in der Zone B zu schaffen. Auf alliierter Seite ist man offensichtlich bemüht, eine italienisch-jugoslawische Verständigung herbeizuführen:

Zwischen Dezember 1952 und März 1953 arbeitet die amerikanische Diplomatie nacheinander drei Vorschläge zu einer Aufteilung des Freistaates zwischen Italien und Jugoslawien aus; der letzte, der weitgehend Italien begünstigt, sieht eine Teilung unter ethnischen Gesichtspunkten vor. Alle drei werden jedoch aus innenpolitischen und wahltaktischen Gründen von de Gasperi verworfen, der sich der Illusion hingibt, er könne nach den für Juni 1953 vorgesehenen italienischen Wahlen von einer stärkeren Position aus verhandeln. Der Ausgang der Wahlen und das Abtreten de Gasperis als Ministerpräsident bedeuten dann das Ende der amerikanischen Initiative.

Im Herbst 1953 erreicht die Triestiner Krise ihren Höhepunkt seit den harten Jahren unmittelbar nach dem Krieg: In Jugoslawien wie in Italien kommt es zu einer nationalistischen Eskalation, mit Truppenbewegungen in Grenznähe und heftigen Redeschlachten der Politiker beider Länder. Anfang Oktober verpflichten sich die Alliierten in einem eher unbedachten diplomatischen Schritt (denn er weckt Hoffnungen, die nicht erfüllt werden können), der italienischen Regierung die Verwaltung der Zone A zu übertragen. In Triest entlädt sich die aufgestaute Spannung während der ersten Novembertage in blutigen Zusammenstößen (sechs Tote), zu denen nach Ansicht von de Castro vielleicht auch die Provokationen italienischer Extremisten beigetragen haben. Die Unruhen, in die fast die gesamte italienische Bevölkerung verwickelt war, wurden – besonders am ersten Tag und vor allem auf Betreiben der Engländer – mit zynischer, unangemessener und vielleicht sogar kalkulierter Gewalt durch die Polizeikräfte niedergeschlagen.

Und doch, so paradox es klingt, ist es gerade diese Verschärfung der internationalen und innertriestinischen Spannungen, die den Weg zur Lösung des adriatischen Problems ebnet. Genau von dem Moment an, in dem die alliierte Verwaltung ihre Position gefestigt hat, verlieren die Anglo-Amerikaner immer mehr das Interesse an einer Präsenz in Triest und werden sich statt dessen der Nachteile bewußt, die deren Fortdauer mit sich brächte. Das »blockfreie« Jugoslawien stellt schon seit einiger Zeit keine Bedrohung für die westlichen Interessen mehr dar. Die ständige, immer weiter um sich greifende Erregtheit in Triest und in Italien veranlaßt die Anglo-Amerikaner, sich so rasch wie möglich eines Problems zu entledigen, das für sie zur Quelle von Irritationen und Schwierigkeiten geworden ist, die in keinem Verhältnis mehr zu den politischen oder strategischen Vorteilen stehen.

Auch auf jugoslawischer und italienischer Seite zeichnet sich eine größere Bereitschaft zu einer Einigung ab. Jugoslawien hat inzwischen die Integration der Zone B zum Abschluß bringen können, und der Regierung gelingt es, die Aufmerksamkeit ganz auf die Zone A zu lenken, als stelle diese den einzigen noch offenen Aspekt des julischen Problems dar. Die slawische politische Führung ist nun realistisch genug, auf Triest zu verzichten, im Austausch gegen einen anderen Zugang zum Meer innerhalb der Zone A. Der römischen Regierung und auch der italienischen Bevölkerung Triests – mit Ausnahme der istrischen Flüchtlinge – haben die Vorfälle vom November 1953 die Unsicherheit der diplomatischen Lage Italiens und auch die Schwäche der Italiener in Triest gegenüber einer alliierten Militärregierung bewußtgemacht, die, solange sie in der Stadt bliebe, stets einen Kurs des größtmöglichen Ausgleichs zwischen Italienern, Independisten und Slowenen verfolgen würde. In politischen Kreisen und in der öffentlichen Meinung herrscht zum erstenmal das bestimmte Gefühl, daß die Zeit gegen Italien arbeite und der Versuch, einige italienische Zentren aus der Zone B zu retten, nicht nur zum Scheitern verurteilt wäre, sondern auch die Zukunft Triests gefährden könnte. Mit de Gasperi, der bald nach seinem Abtreten stirbt, scheidet der letzte Politiker aus der italienischen Regierung aus, für den – auch unter dem Eindruck der bitteren Erinnerungen an die Jahre von 1945 bis 1947 – Triest noch eine zentrale Frage der italienischen Politik darstellte. Zu diesem Zeitpunkt sind alle unmittelbar vom adriatischen Problem Betroffenen entschlossen, eine Einigung herbeizuführen. Sie wollen damit einer Verschlechterung der Situation zuvorkommen, die nicht nur gefährlich, sondern angesichts der Tatsache, daß sich die Frage ohnehin nur innerhalb der Grenzen des Status quo lösen ließ, auch unnötig gewesen wäre.

Die italienisch-jugoslawischen Kontakte, die bis dahin zu keinerlei positivem Ergebnis geführt hatten, werden nun auf Vermittlung der Anglo-Amerikaner, genauer gesagt mit deren aktiver Beteiligung, wiederaufgenommen. Im Januar 1954 beginnt jene Verhandlungsphase, die zum Abschluß der im Mai 1945 ausgebrochenen Kontroverse führt. Die Verhandlungen sind durch einige diplomatische Eigentümlichkeiten gekennzeichnet: Sie finden in drei Etappen statt, wobei Italien und Jugoslawien nur an der letzten gemeinsam teilnehmen. Dieser entscheidenden Schlußphase – der einzigen, bei der alle vier Verhandlungspartner vertreten sind – gehen eine erste Phase englisch-amerikanisch-jugoslawischer und eine zweite englisch-amerikanisch-italienischer Begegnungen voraus.

Dieser eigentümliche Verhandlungsablauf – der die italienische Diplomatie in eine heikle Lage bringen konnte, da er sie dem Risiko aussetzte, im Falle einer Ablehnung der in der ersten Phase ausgearbeiteten Lösungsvorschläge für das Scheitern der Verhandlungen verantwortlich gemacht zu werden – wird ausgerechnet von italienischer Seite vorgeschlagen. Der Generalsekretär im Außenministerium, Graf Zoppi, hatte diese Verhandlungsmethode in der Annahme empfohlen, daß es für die italienische Diplomatie von Vorteil sei, bei der ersten Runde nicht vertreten und daher im Fall eines Mißerfolgs jeder Verantwortung enthoben zu sein. Er war dabei jedoch von der Voraussetzung ausgegangen, daß die Alliierten dem slawischen Verhandlungspartner gegenüber eine Position vertreten würden, die sich weitgehend mit der italienischen deckte. Den Anglo-Amerikanern, die sich – nachdem sie vergeblich eine Fünfer-Konferenz unter Beteiligung Frankreichs vorgeschlagen haben – auf den Vorschlag des italienischen Außenministeriums einlassen und Verhandlungen in London einberufen, geht es dagegen nur darum, so rasch wie möglich zu einem positiven Ergebnis zu gelangen und die Triestiner Frage, die sich für sie zu einem ständigen Unruheherd entwickelt hat, endlich abzuschließen.

Gerade diese Absicht, die Kontroverse unter allen Umständen zu beenden, erlaubt es den Anglo-Amerikanern nicht, die Forderungen einer der beiden Parteien einseitig zu unterstützen. Sie wählen den einfachsten und bequemsten Weg, um eine Einigung zu erreichen, das heißt sie schlagen – auch wenn kleinere Korrekturen nicht ausgeschlossen werden – eine Aufteilung des Freistaates zwischen Italien und Jugoslawien nach der zwischen den beiden Zonen verlaufenden Demarkationslinie vor. Die Auseinandersetzungen um territoriale Fragen, zu denen es im Verlauf der Verhandlungen immer wieder kommt, lösen bei den Alliierten, besonders bei den Amerikanern, ein Gefühl des Überdrusses aus, denn sie können die endlosen Diskussionen um ein paar Quadratkilometer Land nicht begreifen. Gewohnt, territoriale Probleme allein nach quantitativen Maßstäben zu beurteilen, wenig sensibel Detailfragen gegenüber und mehr an der globalen Bedeutung der Verhandlungen als an den umstrittenen Gebieten selbst interessiert, wird der amerikanische Unterhändler, Llewellyn E. Thompson, später erklären, bei den ganzen Streitigkeiten sei es nur um ein paar Fischerdörfer an der istrischen Küste gegangen, die die Italiener für sich reklamiert hätten. Die stolze Rolle des kleinen Capodistria in der kulturellen und religiösen Geschichte des europäischen Westens war ihm gänzlich unbekannt.

Der realistischen Position der Mittlermächte steht die jugoslawische Ausgangsforderung, der radikale Anspruch auf den gesamten Freistaat, mit dem grundsätzlich das jugoslawische Recht auf Triest unterstrichen werden soll, gegenüber. Ihr folgt die Wiedervorlage der gemäßigteren Forderung nach einem Zugang zum Meer in der Zone A. Die italienische Seite hofft dagegen, außer der anglo-amerikanischen Zone – allenfalls unter Ausschluß einiger slowenischer Einsprengsel auf dem Hochplateau – auch einen Teil des Küstenstreifens der Zone B zu erhalten, entsprechend den Vorschlägen der Amerikaner vor den Wahlen von 1953, die von de Gasperi vielleicht etwas voreilig ad acta gelegt worden waren. Zwischen Italien und Jugoslawien besteht also bei aller Unterschiedlichkeit der Positionen eine gewisse Übereinstimmung im Wunsch nach einigen Korrekturen der Zonengrenzen aus nationalen oder ökonomischen Gründen. Doch die endgültige Lösung, die sich im wesentlichen (wenn auch mit geringfügigen Modifikationen zugunsten Italiens) mit dem deckt, worauf sich die Vertreter Amerikas, Englands und Jugoslawiens in der ersten Verhandlungsphase geeinigt haben, entspricht der Aufteilung des Freistaats nach der bestehenden Demarkationslinie, mit kleinen territorialen Entschädigungen für Jugoslawien in der Zone A. Das Gewicht der Anglo-Amerikaner scheint bei den Verhandlungen also ausschlaggebend gewesen zu sein. Unklar bleibt hingegen, warum das gemeinsame (wenn auch in territorialer Hinsicht unterschiedliche) Interesse Italiens und Jugoslawiens nicht zu einer differenzierteren Lösung des Triestiner Problems geführt hat. Daß man versäumte, Jugoslawien einen Zugang zum Meer in der Nähe Triests zu gewähren und damit umgekehrt eine Verständigung über das Schicksal der istrischen Küstenstädtchen verhinderte, geht jedenfalls auf die erste Verhandlungsphase zurück, an der die Italiener noch nicht beteiligt waren.

Das Schicksal der Londoner Verhandlungen wird also in ihrer ersten Phase durch die zwischen den amerikanischen, englischen und jugoslawischen Delegierten erzielte Einigung bestimmt. Diese Einigung ist für Italien – wenn es nicht vor der Weltöffentlichkeit die Verantwortung für das Scheitern der Verhandlungen auf sich nehmen und seine eigenen Beziehungen zu den Westmächten stark belasten will – nur noch in Detailfragen modifizierbar. Die tatsächliche Verhandlungsposition Italiens ist letzten Endes in psychologischer wie politischer Hinsicht völlig anders und unendlich viel schwächer, als Zoppi es beabsichtigt hatte. Dem Geschick und der Zähigkeit des italienischen Unterhändlers, des Botschafters in London, Manlio Brosio, ist es zu verdanken, daß Punta Sottile, eine schmale Landzunge, die die Bucht von Muggia einschließt, für Italien gerettet und die jugoslawische Kontrolle auf die Zufahrtswege zum Triestiner Hafen beschränkt wird – ein politischer, psychologischer und nach damaliger Auffassung auch strategischer Erfolg. Vor allem wurde der Eindruck vermieden, Italien müsse sich darauf beschränken, eine von den anderen erzielte Einigung zu unterzeichnen, und sei gezwungen, sich einem Diktat zu beugen.

Für Italien wird der Druck, den die Anglo-Amerikaner in ihrer dreifachen Rolle als Mittlermächte, stärkste Partner im Nordatlantischen Bund und – durch die Kontrolle des territorialen »Unterpfands« der Zone A – direkt in das Triestiner Problem verwickelte Partei ausüben, zum entscheidenden Faktor. Druck wird, wenngleich in milderer Form, auch auf die Jugoslawen ausgeübt, nicht so sehr bei den Londoner Verhandlungen als im Verlauf einer Mission des Sonderbeauftragten Eisenhowers, Robert D. Murphy, bei Tito, während der die Zustimmung zum Kompromiß über Punta Sottile zustande kommt. Im Oktober 1954 unterzeichnen die Vertreter der vier Staaten, die an den Verhandlungen teilgenommen haben, in London jenes Vereinbarungsprotokoll, das Triest und einen großen Teil der Zone A der italienischen Verwaltung unterstellt, während es die jugoslawische Verwaltung der Zone B bestätigt und auf einen schmalen Streifen der Zone A ausdehnt.

Bei allen Vorbehalten gegenüber den Modalitäten der Verhandlungsführung, die zwar möglicherweise die einzig richtigen waren, um zu einer Einigung zu gelangen, aber die italienische Diplomatie gleichsam aus Versehen in eine taktisch schwächere Position drängten, stellte die Vereinbarung doch das Äußerste dar, was von italienischer Seite erwartet werden konnte. Zwischen der jugoslawischen und der italienischen Ausgangssituation bestand ein grundlegender Unterschied, dessen man sich auf italienischer Seite bis zur Schlußphase der Verhandlungen nie voll bewußt war: Während Jugoslawien die Zone B seit 1945 besetzt hielt und verwaltete und nach und nach in sein politisches und ökonomisches System integriert hatte, war Italien – trotz eines nicht zu unterschätzenden Einflusses in der Verwaltung der Zone A – von der Kontrolle des Freistaats im Grunde ausgeschlossen. Ein zusätzlicher geringer Gebietsverlust in der Zone A war daher der letzte Preis, den Italien bezahlen mußte, um Triest zu erhalten und den jugoslawischen Verzicht auf die Stadt zu kompensieren. Zwar war sich die politische Führung Jugoslawiens darüber im klaren, daß sie Triest bereits im Juni 1945 verloren hatte, doch wollte sie diesen Verlust nie vor der Bevölkerung eingestehen und mußte ihr nun zum Ausgleich einen wenn auch nur symbolischen Ersatz bieten.

Noch einen weiteren Erfolg wollte Tito verbuchen, nämlich die Bestätigung, daß die Einigung über die adriatische Frage eine endgültige sei. In diesem Punkt stößt die jugoslawische Delegation jedoch auf den erbitterten Widerstand der italienischen Regierung: Sie besteht auf einer, zumindest in formaler Hinsicht, provisorischen Vereinbarung, die sich lediglich auf die Verwaltung der umstrittenen Gebiete, nicht aber auf die Hoheitsrechte darüber bezieht. Die Formel des Provisoriums gestattet es der italienischen Regierung, gegenüber einigen Fraktionen der öffentlichen italienischen und triestinischen Meinung und vor allem gegenüber den istrischen Flüchtlingen zu beteuern, das Schicksal der Zone B sei noch nicht endgültig besiegelt. Sie bietet ferner ein Argument gegen die Vorwürfe, die die Oppositionsparteien in einer heftigen Parlamentsdebatte über die Vereinbarung gegen die Regierung erheben, sie habe sich den Alliierten und Jugoslawien gebeugt und Istrien verraten.

In der Frage des Provisoriums setzt sich die italienische Seite gegen die jugoslawische auch deshalb durch, weil diese Lösung – im Gegensatz zur jugoslawischen Regierungslinie – von slowenischen Kreisen begrüßt wird, denen ein endgültiger Verzicht auf Triest als zu hart erscheint. Sie finden in London im jugoslawischen Unterhändler, dem Botschafter Velebit, ihren Vertreter, der glücklich ist, daß ihm der Verlauf der Verhandlungen die Möglichkeit gibt, keinen formellen endgültigen Verzicht auf seine Heimatstadt unterzeichnen zu müssen.

Im Oktober 1954 findet – während in Istrien die letzte Phase des Exodus beginnt – mit dem Wiederanschluß Triests an Italien eine Epoche der Spannungen und Ungewißheit ihr Ende. De facto – wenn infolge der Provisoriumsformel auch noch nicht de jure – verschwindet damit auch das Überbleibsel des Weltkriegs: die ungelöste Frage des nie zustande gekommenen Freistaats Triest.

Noch einmal, vielleicht zum letztenmal, ist – während sich der geistige und wirtschaftliche Horizont der durch die Unsicherheit ihrer Lage und die Diasporasituation verarmten Stadt immer mehr verengt hat – das Schicksal des Adriahafens mit den großen politischen Prozessen und ihren Auswirkungen auf Mitteleuropa verknüpft. Die beginnende Entspannung und der Ansatz zur Lösung der Frage des österreichischen Friedens- und Staatsvertrags machen den Weg zu einer Verständigung über die Zukunft dieses kleinen Landzipfels an der Adria frei.

Die Stimmung in der Stadt im Oktober 1954 erinnert an die der letzten Oktober- und ersten Novembertage sechsunddreißig Jahre zuvor. Mit der Begeisterung verbindet sich jedoch bei den meisten auch das Bewußtsein, daß die istrische Frage, soweit sie die Zone B betrifft, endgültig entschieden sei, auch wenn sich einige noch so sehr an den formal rein provisorischen Charakter der Vereinbarung klammern – ein Bewußtsein, das bei den Flüchtlingen in Heimweh und Bitterkeit umschlägt, wie dies im schmerzlichen Protest von Quarantotti Gambinis offenem Brief an den Präsidenten der Republik (veröffentlicht im Anhang der 1967 erschienenen Neuausgabe von *Primavera a Trieste*) seinen literarischen Ausdruck findet. Doch vor allem kann die Reaktion von 1954 deshalb nicht die gleiche sein wie die von 1918, weil die Stadt sich ihrer Krise und ihres Niedergangs bewußt ist und – zumindest im einsichtigeren Teil ihrer Bevölkerung – die Lektion von zwanzig Jahren Faschismus und den von ihm betriebenen Mißbrauch nationaler Mythen nicht zu vergessen vermag.

So löst sich allmählich jene lang anhaltende italienisch-nationale Verkrampfung, die es möglich gemacht hatte, andere Probleme in den Hintergrund zu drängen und die große Mehrheit der italienischen Bevölkerung Triests auf die politische und sentimentale Devise der nationalen Verteidigung einzuschwören. Die Jahre nach der Wiedervereinigung mit Italien bezeichnen daher das Ende eines langen Kapitels der Stadtgeschichte, das in den letzten Jahrzehnten des vorigen Jahrhunderts beginnt, das Ende einer Epoche, in der – wenn auch in unterschiedlichen Formen – die nationale Thematik das öffentliche Leben Triests beherrscht hat. Die politische Diskussion in Triest wendet sich nun stärker den ideologischen Gegensätzen und den eigentlichen Problemen der Stadt zu. Die Polarisierung des geistigen Lebens durch das nationale Problem läßt nach, und der daraus resultierende Abbau der italienisch-slowenischen Spannungen eröffnet erstmals in der langen Geschichte Triests konkrete Perspektiven des Dialogs und der Zusammenarbeit mit der slawischen Welt innerhalb und außerhalb der Stadt.

Der, wenn auch langsame und mühevolle, Prozeß einer relativen politischen und ökonomischen Liberalisierung in Jugoslawien und die Befriedung der Geister diesseits und jenseits der Grenze lassen die Triestiner Grenze zu einer der offensten im östlichen Europa werden, mit einem ununterbrochenen Personen- und Güterverkehr in beiden Richtungen. In Triest entwickelt sich parallel zum Bevölkerungs- und Wirtschaftswachstum der slowenischen Gruppe, das sich auch in bedeutenden kulturellen Aktivitäten und Institutionen manifestiert, eine Atmosphäre der Verständigung und des Dialogs zwischen italienischen und slowenischen Kreisen. 1965 wird – trotz heftigen Widerstands aus dem italienischen Lager, und zwar nicht nur von seiten der extremen Rechten, sondern auch aus Kreisen, die der nationalliberalen Tradition verbunden sind – der sozialistische Stadtrat Hreščak als erster Slowene zum Beisitzer des Triestiner Gemeindeausschusses gewählt.

In diesem Klima wachsender gegenseitiger Toleranz kommt es auch zu einem Wiederaufleben des italienischen Elements in Istrien, das nicht nur zu einer erneuerten kulturellen Präsenz führt, sondern auch zum Dialog zwischen den beiden Kulturen beiträgt. Obwohl sie durch den Exodus fast ihre gesamte Führungsschicht verloren haben, administrativ zwischen Slowenien und Kroatien aufgeteilt und in vielen, zum Teil winzigen Gemeinden verstreut sind und zudem ihrer slawischen Nachnamen wegen mitunter gar nicht mehr offiziell der italienischen Volksgruppe zugerechnet werden, gelingt es den Italienern in Jugoslawien, sich eine neue führende intellektuelle Schicht zu schaffen und ihre sprachliche und kulturelle Präsenz an der adriatischen Ostküste in einem Maß wieder zu realisieren, wie man es in den dunklen Jahren der unmittelbaren Nachkriegszeit nicht zu hoffen gewagt hätte. Diese Präsenz scheint gewichtiger und vitaler zu sein, als die offiziellen Daten erkennen lassen, wenngleich sich die italienische Gruppe, vor allem in ihrer neu entstandenen Bildungsschicht, angesichts des Mangels an beruflichen Möglichkeiten ständig der Gefahr der Abwanderung oder Assimilation ausgesetzt sieht. Ein Zentrum historischer Forschung wie das von Giovanni Radossi geleitete Institut in Rovigno, das eng mit Triestiner Wissenschaftlern zusammenarbeitet, liefert einen wichtigen Beitrag zur Rekonstruktion der venezianischen und italienischen Vergangenheit Istriens.

Auch in Italien entstehen durch das Engagement der Flüchtlinge ähnliche Initiativen, manchmal unkritisch-polemisch, in anderen Fällen fundierter und von größerem wissenschaftlichen Wert; allen gemeinsam ist jedoch das Anliegen, eine historische Erinnerung zu bewahren, die sonst verwischen und erlöschen würde. Begünstigt durch den freien Grenzverkehr und den Tourismus, kommt es zu einer Verbreitung der italienischen Sprache auch unter den Slowenen und Kroaten an der istrischen Küste und damit – wenn auch unter völlig veränderten Umständen – wieder zur alten Zweisprachigkeit der Region. In Triest gründet der slowenische Volkswirtschaftler Aleš Lokar die Zeitschrift *Most*, die zunächst vor allem dem Dialog zwischen den verschiedenen ideologischen Strömungen unter den Slowenen gewidmet ist und sich dann auch der Begegnung mit der italienischen Kultur öffnet. Von einer etwas isolierteren Position aus reflektiert Pavle Merkù, ein Schriftsteller und Musikwissenschaftler, über die Besonderheiten der slowenischen Kultur Triests und über die Beziehungen zwischen den beiden kulturellen Strängen der Stadt. In dieser neuen Atmosphäre des Dialogs zwischen den zwei nationalen Gruppen dringt die slawische Welt zum erstenmal nicht nur auf intellektueller Ebene, wie bei Scipio Slataper, sondern auch auf der unmittelbarer Lebenserfahrung und einer Vertrautheit mit ihrer Kultur in die Triestiner Literatur ein, so im Werk von Enzo Bettiza und von Fulvio Tomizza, der auch dichterischer Interpret der Zerrissenheit im Nachkriegs-Istrien und des Exodus ist.

Indem die Italiener Triests – wenn auch nicht ohne Polemiken und Widersprüchlichkeiten – beginnen, die slowenische Präsenz als ein die Physiognomie der Stadt charakterisierendes Element anzuerkennen, entdecken und akzeptieren sie auch ihre eigene Geschichte, ohne sie länger durch die nationalistische Mythologie zu entstellen. Sie sehen in der österreichischen Vergangenheit mit ihren geistigen und nationalen Spannungen nicht mehr eine nur negative Realität, der das Bild der *città italianissima*, der alleritalienischsten Stadt, gegenübersteht, sondern eine grundlegende historische Erfahrung, aus der Triest seine unverwechselbare Identität gewonnen hat. Vorbereitet durch das Werk von Carlo Schiffrer und Fabio Cusin, angeregt durch das Buch über Julisch-Venetien und andere Arbeiten Ernesto Sestans sowie die Lehrtätigkeit des Historikers Nino Valeri an der Triestiner Universität, führt dieses Nachdenken über die Vergangenheit zu bedeutenden Untersuchungen, die Triest und der Welt, der der Adriahafen Jahrhunderte hindurch angehörte, gewidmet sind. Die Stimmung, die sich nun ausbreitet, versöhnt das italienische Triest mit seiner Geschichte und führt zu einer Vertiefung der Beziehungen zu den Donauvölkern, den Erben derselben Vergangenheit. Manchmal artet dieses Interesse – begünstigt durch das tiefe wirtschaftliche und geistige Unbehagen, das in der Stadt schwelt – allerdings auch zu einer unkritischen Mystifizierung der untergegangenen Welt aus, die einer Flucht vor den Problemen der Gegenwart gleichkommt.

Die internationale und interne Entspannung erreicht

1975 mit dem italienisch-jugoslawischen Vertrag von Osimo – durch den das im Londoner Vereinbarungsprotokoll von 1954 fixierte formale Regierungsprovisorium beendet wird und der eine engere wirtschaftliche Zusammenarbeit zwischen den beiden Ländern vorsieht – ihren Höhepunkt, gerät aber zugleich in eine Krise, da der Vertrag bei einem beträchtlichen Teil der italienischen Bevölkerung Triests negative Reaktionen hervorruft. Die endgültige Anerkennung der Trennungslinie zwischen den beiden Zonen des Freistaats als Staatsgrenze läßt – zwar auf mehr sentimentale als realistische, aber dennoch heftige und emotionsgeladene Weise – das letzte Stück istrischer Erde, dessen Schicksal formell noch nicht besiegelt erschien, noch einmal in den Mittelpunkt des öffentlichen Interesses treten. Der ökonomische Teil des Vertrags scheint mehr den allgemeinen Wirtschaftsinteressen der beiden Länder und den Erwartungen einiger großer Industriegruppen zu entsprechen als den konkreten Bedürfnissen der Stadt. Der Plan zur Errichtung einer Industriezone auf dem Karst stößt aus ökologischen Gründen in weiten Kreisen auf Vorbehalte und Widerstand. Viele Triestiner haben schließlich das Gefühl, daß wieder einmal für das Leben der Stadt grundlegende Entscheidungen über ihre Köpfe hinweg getroffen wurden.

Aber der Protest gegen den Vertrag von Osimo resultiert vor allem aus dem Unbehagen, das sich bei den Italienern Triests nach 1954 angestaut hat. Die Rückkehr der Stadt zu Italien hat ihre wirtschaftliche Rolle nicht neu belebt und den Umschlag des Hafens nicht erhöht. Die wirtschaftlichen Vorteile durch die anglo-amerikanische Besatzung werden nach der Öffnung der Grenze zu Jugoslawien allmählich durch den starken Zustrom slawischer Besucher ersetzt, die – angelockt durch dieses Schaufenster des Westens und das reiche Warenangebot der Konsumgesellschaft – nach Triest kommen und sich mit Gütern aller Art eindecken. Dieser Verkehr führt zu einer starken Belebung des Handels und einem beträchtlichen Zufluß von Valuta, trägt jedoch zur Erhöhung der Lebenshaltungskosten in der Stadt bei und zeitigt keine Investitionen oder wirtschaftlichen Initiativen größeren Ausmaßes; er erweist sich nicht als Faktor eines stabilen und gesunden Wirtschaftswachstums. Die Tatsache, daß der Kleinhandel über die Grenze sich zum wichtigsten Sektor der Triestiner Wirtschaft entwickelt, ist also auch ein Indiz für die stagnierende Produktivität der Stadt, um so mehr, als er zu sehr an die Verhältnisse der jugoslawischen Wirtschafts- und Handelspolitik gebunden ist. Das zeigt sich zum Beispiel, als die jugoslawische Regierung nach den Protesten gegen den Vertrag von Osimo Vergeltungsmaßnahmen androht, und vor allem 1982, als sie Zollbestimmungen beschließt, die zu einer regelrechten Lähmung des Grenzverkehrs führen, mit starken Einbußen für die Triestiner Händler und die gesamte Wirtschaft der Stadt.

Mit dem Fortdauern der wirtschaftlichen Stagnation nach der Rückkehr Triests zu Italien hat sich in der Stadt ein dumpfer Groll gegen den Staat entwickelt, dem man vorwirft, Triest zu vernachlässigen – ein Groll, der um so stärker ist, als er in der Erinnerung an eine Zeit wurzelt, in der Triest im Mittelpunkt des staatlichen Interesses stand, umhegt von der wachsamen Fürsorge der politischen Macht. Dieser Groll schlägt im Oktober 1966 erstmals in offenen Protest um, als die Planungen des IRI (Institut für den industriellen Wiederaufbau) bekannt werden, die einen drastischen Abbau im Bereich der Triestiner Werften vorsehen. Zum heftigen Protest der Werftarbeiter, die von der geplanten Umstrukturierung unmittelbar betroffen sind, gesellt sich der all jener Kreise, die an den Symbolen des alten Wirtschaftsglanzes hängen, sich aber auch der schweren Krise bewußt sind, die die Stadt zu bestehen hat.

Dieses Krisenbewußtsein scheint jedoch einigen Triestiner Politikern in den Verwaltungs- und Wirtschaftsgremien der Stadt zu fehlen. Aus ihrem Mund kommen illusorische und phantastische Vorhersagen über Wachstum und Entwicklung – Äußerungen, die in jenen Tagen von Enzo Bettiza im Rahmen einer journalistischen Umfrage gesammelt wurden. Nach diesen völlig unfundierten Vorhersagen stand Triest im Begriff, zum ersten europäischen Hafen Italiens, zum größten Ölhafen eines der Einigung zustrebenden Europas zu werden und so auf friedliche Weise die alten kriegerischen Expansionsträume eines Ruggero Timeus zu verwirklichen. Der Abbau im überholten und unproduktiven Werftbereich – an dessen Erhaltung sich jedoch verschiedene Kreise der Triestiner Öffentlichkeit aus ganz unterschiedlichen Motiven wie an einen Rettungsanker klammern – wird von den offiziellen Vertretern Triests als der Preis bezeichnet, der für einen zeitgemäßen und dynamischen wirtschaftlichen Aufstieg bezahlt werden müsse – eine Behauptung, die jeder Grundlage entbehrt und allenfalls in den Bereich der Wunschträume gehört.

Weder staatliche Planung noch lokale Initiativen sind in der Lage, einer darniederliegenden, stagnierenden Stadt zu neuem Leben zu verhelfen. Das Gefühl, in allgemeiner wie in wirtschaftlicher Hinsicht an den Rand gedrängt zu sein, wird deutlicher und bitterer. Die Rückbesinnung auf die Vergangenheit – eine Vergangenheit, deren realer Glanz den Maßstab für die Gegenwart setzt, die aber auch aus dem zeitlichen Abstand verklärt und durch jahrzehntelange Enttäuschungen ins Märchenhafte gesteigert wird – beeinflußt weiterhin in beachtlichem Ausmaß die öffentliche Meinung der Stadt, weit mehr, als es unter anderen historisch-politischen und geographischen Bedingungen der Fall ist. In der Öffentlichkeit, die nicht mehr von der nationalen Obsession beherrscht wird und nicht mehr bereit ist, dieser jede andere Überlegung, jedes andere Interesse unterzuordnen, werden der Vergleich zwischen Vergangenheit und Gegenwart und das Unbehagen, das er auslöst, zu den Faktoren, die

die städtische Atmosphäre am meisten erhitzen, zum dominierenden Thema im geistigen Leben der Stadt.

Dieses Thema ist ursprünglich vor allem von emotionaler Relevanz, gewinnt jedoch in dem Klima des Protests, das sich nach dem Vertrag von Osimo in der Stadt ausbreitet, präzise politische Konturen. Die Organisation des Protests führt zur Bildung einer politischen Gruppierung, der »Lista per Trieste«, die einerseits ein Phänomen repräsentiert, das in ganz Italien und vor allem in den Randzonen der Halbinsel verbreitet ist – nämlich das Mißtrauen gegenüber dem Staat und den traditionellen Parteien –, andererseits jedoch einen typischen und unverwechselbaren Triestiner Stempel trägt. Es ist die Reaktion einer Stadt, die sich verlassen und unverstanden fühlt, regiert von Leuten, die nichts von ihr wissen, einer Stadt, in der jede reale Schwierigkeit und jedes reale Problem noch verschärft werden durch den selbstbewußten Vergleich mit jener habsburgischen Vergangenheit, die das vitalste Kapitel der Stadtgeschichte darstellt, eine, wenn auch unwiederholbare, Realität, zugleich aber auch einen Mythos und ein immer drohendes Gespenst. Auch der Protest gegen die Parteien nimmt in Triest besondere Züge an, denn er richtet sich gegen jene Schicht, die sich in den bürokratischen Parteiapparaten herausgebildet und in den verschiedenen Institutionen des städtischen öffentlichen Lebens fest eingenistet hat – die einzige neue Führungsschicht, die Triest nach dem Krieg hervorbrachte, auch sie Zeugnis der stagnierenden Produktivität der Stadt. Ihre immer wieder verbreiteten Diagnosen der Triestiner Situation zeichnen sich vor allem durch unfundierten Optimismus und das Bemühen aus, Regierungsentscheidungen zu verteidigen, die von der Mehrheit der Bevölkerung mißbilligt und abgelehnt werden – auch wenn man diesen Politikern andererseits das Verdienst nicht absprechen kann, zur Überwindung der italienisch-slowenischen Schranken beigetragen zu haben.

An die Stelle einer Italianità, die in diesem Klima des Mißtrauens und der Unzufriedenheit für die Mehrheit der städtischen Bevölkerung keinen vorrangigen oder gar ausschließlichen politischen Wert mehr darstellen kann, tritt als wichtigstes Moment in der politischen Diskussion die Triestinità, verstanden als Hinweis auf die Besonderheit und die historischen und ökonomischen Traditionen Triests. Wie in der Vergangenheit die Italianità den gemeinsamen Nenner für einen heterogenen nationalliberalen Block bildete, so vereinigt jetzt die »Liste« vielleicht noch heterogenere Kräfte unter dem gemeinsamen Vorzeichen der Triestinità, indem sie die städtische Tradition hervorhebt und die Schaffung einer umfassenden wirtschaftlichen Freizone als Allheilmittel gegen sämtliche Übel, die die Triestiner Wirtschaft befallen haben, fordert. Unter dem städtischen Symbol der Melone versammelt die »Liste« völlig unterschiedliche Strömungen, die von der nationalistischen Rechten und dem alten Handelsbürgertum bis zu aus der Partei ausgeschiedenen Sozialisten und linken »grünen« Ökologie- und Protestgruppen reichen. Kräfte verschiedenen, mitunter gegensätzlichen ideologischen Ursprungs, die hinsichtlich der großen politischen und nationalen Themen in der Triestiner Diskussion von vornherein geteilter Meinung sind, konvergieren in einem Programm, das auf Widerspruch und Idealisierung der Vergangenheit basiert und es fertigbringt, die weitverzweigten Ausläufer der öffentlichen Meinung Triests zu vereinigen, in denen sich der Protest und die Unzufriedenheit der Stadt verkörpern. Mit dem Abklingen der durch den Vertrag von Osimo ausgelösten Welle emotionaler Erregung schmolz nach den ersten Erfolgen auch die Anhängerschaft der »Liste«. In ihrer zerklüfteten und heterogenen Zusammensetzung bleibt sie jedoch die für die jüngere Zeit signifikanteste Manifestation der alten Widersprüche Triests und der vielleicht deutlichste, wenn auch bestimmt nicht einzige Ausdruck der gespannten und bitteren Atmosphäre einer Stadt, die sechzig Jahre nach 1918 immer noch nicht ihre Identitätskrise überwunden hat.

12. Die Stadt aus Papier

Schon zu Beginn unseres Jahrhunderts fand der berühmte Wiener Dramaturg und Kritiker Hermann Bahr bei einem Besuch Triest »merkwürdig«: Die Landschaft erschien ihm wunderbar, »schöner als Neapel«, aber Triest, setzte er hinzu, ist »keine Stadt. Man hat das Gefühl, hier überhaupt nirgends zu sein. Es kommt einem vor, als bewege man sich im Wesenlosen«.

Dieses Gefühl der Unwirklichkeit und Unbestimmbarkeit verstärkt sich ganz allgemein in der Zeit nach dem Zweiten Weltkrieg, vor allem aber nach der Rückkehr Triests zu Italien 1954 und noch mehr nach dem Vertrag von Osimo. Die Unbestimmbarkeit gilt als das eigentliche Charakteristikum der Stadt, als paradoxe Definition, Formel oder Etikettierung dessen, was man weder bestimmen kann noch will, als Alibi für soviel Unfähigkeit, sich den politischen Problemen zu stellen, wie für das Verdrängen dieses Scheiterns.

In der unmittelbaren Nachkriegszeit, als Triest – wie der Jurist und Schriftsteller Salvatore Satta sich bei der Eröffnung des Akademischen Jahres am 25. November 1945 ausdrückte – zum »unseligsten Ort« in einem politischen Spiel auf Leben und Tod zwischen den Großmächten geworden zu sein schien, hatte das Gefühl der Krise und des Belagertseins die kulturelle Geschlossenheit der Stadt, zumindest oberflächlich, gefestigt. Trotz schmerzlicher Einschnitte – bedingt durch die faschistischen Rassengesetze, die chaotische und tragische Zeit zwischen 1943 und 1945, den Verlust des Hinterlands, die wirtschaftlichen Schwierigkeiten und den Flüchtlingsstrom – bleibt innerhalb des gesellschaftlichen Gefüges der Stadt das Bürgertum bis in die fünfziger Jahre hinein relativ kompakt. Das Proletariat dagegen erfährt infolge der Auseinandersetzungen zwischen Jugoslawien und Italien und der widersprüchlichen und lähmenden Verflechtung von nationaler und sozialer Frage, die eine eindeutige politische Entscheidung problematisch macht, eine tiefe Spaltung. Gerade weil das Proletariat diese Spaltung bewußt erlebt, wird es zum Träger einer authentischen Kultur, auch wenn es arm an anerkannten kulturellen Einrichtungen ist (oder diese vom Bürgertum ignoriert werden) und kaum über eine eigene Literatur verfügt.

Bis zu diesen Jahren orientiert sich die im städtischen Kontext offiziell anerkannte Kultur an der liberal-demokratischen und liberal-sozialistischen Tradition, die das Nationale Befreiungskomitee Triests und Istriens, aus dem die kulturellen Nachkriegs-Institutionen hervorgehen, im Kern prägt. Der politischen Vorherrschaft der Democrazia Cristiana entspricht keine selbständige katholische Kultur; allenfalls engagieren sich die katholischen Intellektuellen individuell innerhalb einer Kultur demokratisch-risorgimentaler Prägung. Die starke nationalistische Präsenz im politischen Leben, gefördert durch die Grenzproblematik und den Exodus aus Istrien, wirkt sich auf kultureller Ebene so gut wie nicht aus, und die alte, von Slataper so scharf kritisierte nationalliberale Tradition ist nur mehr eine Randerscheinung. Das Kriegserleben schlägt sich literarisch in pikaresken, haßfreien erzählerischen Zeugnissen nieder, wie zum Beipiel dem Roman *Pane* (»Brot«; 1959) von Dino Dardi.

Die übrigen Realitäten oder Wesenheiten der Stadt existieren in wechselseitiger Isolation und unbeachtet von der dominierenden Kultur, trotz des demokratischen Humanismus, der die letztere beseelt. Von wenigen Ausnahmen abgesehen, weiß der bürgerliche und antifaschistische italienische Intellektuelle Triests in diesen Jahren fast nichts von der äußeren und inneren Wirklichkeit der Slowenen, die sich ihrerseits in einer gekränkten geistigen Autarkie abschließen. Die habsburgischen Nostalgien und Erinnerungen, von denen sich einige independistische Bewegungen (die neben den Gruppen titoistischer Prägung bestehen) nähren, verhindern noch eine kritische Auseinandersetzung mit dem kulturellen Erbe Österreichs. Die Stadt, die Schmelztiegel und Schnittpunkt der Kulturen war, ist nun zu einer Stadt aus isolierten, voneinander getrennten Komponenten geworden. Es ist nicht allein die Sicht der bürgerlichen Klasse, die von italienischer Seite aus den Dialog unterbindet; vielmehr macht die Realität der Stadt – mit ihren Ressentiments, ihren Isolierungstendenzen, den Vorurteilen und der Intoleranz innerhalb all ihrer Gruppierungen – einen Dialog objektiv unmöglich. Nie ist, wie Nora Baldi bemerkt hat, das Leben Triests so von »aufblitzenden und versäumten Gelegenheiten« gekennzeichnet gewesen wie in jener Zeit.

Die, wenn auch noch so relative, Normalisierung lockert das Spannungsverhältnis, das durch die kollektive Fixierung auf die Lösung des politisch-nationalen Problems zementiert worden war. Die unausbleibliche Enttäuschung (vor allem in wirtschaftlicher Hinsicht), die auf die Rückkehr zu Italien folgt, erschüttert die geschlossene neoirredentistische Leidenschaft und rückt nicht die Einheit der – italienischen und europäischen – bürgerlichen Kultur ins Blickfeld, sondern ihre widersprüchliche Heterogenität und ihre zentrifugalen Eigenheiten. Die Beziehungen zur slowenischen Welt und die Präsenz ihrer kulturellen Institutionen (Theater, Zeitschriften), die sich nach und nach in den städtischen Kontext einfügen, anstatt sich eifersüchtig abzuschließen oder von oben herab ignoriert zu werden, zwingen dazu, sich auch mit anderen Elementen der Triestiner Realität auseinanderzusetzen. Zum erstenmal bahnt sich ein nicht nur sporadischer kultureller Dialog zwischen Italienern und Slowenen an, die in ihrer Identität weitgehend gefördert und ermutigt werden.

Die Totalität bricht auseinander und zerfällt in eine

immer größere Anzahl von Einzelteilen, die ihrem autonomistischen, zentrifugalen Drang folgen und einem gesonderten Weg nachstreben, da sie sich in dieser Totalität nicht wiedererkennen und keinen Platz in ihr finden können. In diesen Jahren entsteht eine Triestiner ›Literatur im Quadrat‹, die von der Tradition und dem Mythos der Triestinità profitiert, wobei sie ihre Geschichten häufig nicht in einem – natürlichen und historischen – realen Ambiente ansiedelt, sondern in einem papierenen, das auf den Darstellungen oder Erfindungen der vorangegangenen Literatur fußt. Svevo, Saba und Slataper hatten, auf unterschiedlichen Ebenen des Bewußtseins und der Reflexion, die Realität Triest als unabwendbares, als notwendiges Problem erfahren, vor das sie die Welt, in der sie lebten, stellte. Auch die Stadt, die Virgilio Giotti in den fünfziger Jahren in seiner makellosen Lyrik so oft porträtiert, ist ein unverwechselbares Triest, aber nicht stilisiert nach dem vorgegebenen Modell einer mythischen Triestinità: Es ist eine Stadt aus Meer, Himmel, Dialekt, geistigen Widersprüchen, die besungen wird, weil der Dichter sie erlebt, auf den Straßen sieht und fühlt, weil er sie liebt und erleidet und in seiner zutiefst menschlichen Dichtung gestaltet. In den folgenden Jahren entsteht neben einer Literatur, die sichtlich unabhängig ihren Weg geht, sich zwar mehr oder weniger von den Problemen der Stadt inspirieren läßt, jedoch gänzlich auf den Topos der Triestinità verzichtet, eine andere, die zu ihrer eigenen Legitimation eine bestimmte Art von Triestinität zur Kategorie erhebt und kanonisiert: »Eine historisch erregende und unerträgliche Stadt: Einerseits reizte sie den Gelehrten, indem sie sich der Forschung stets so neu, so jungfräulich anbot, andererseits deprimierte sie ihn gerade durch ihre verwirrende Neuheit, die ihn zu den widersprüchlichsten Urteilen verführte«, schrieb beispielsweise Enzo Bettiza, und an anderer Stelle: »Für den, der nicht in den ambivalenten, verschwimmenden, absurden Grenzzonen geboren wurde, wird es immer schwer bleiben, zu verstehen, wirklich zu verstehen ... Die Fälle von sogenannter ›doppelter Persönlichkeit‹ sind hier bei uns an der Tagesordnung ... Das Phänomen wird noch problematischer, wenn die ›doppelte Persönlichkeit‹ an einem Ort wie Triest beschließt, zu ›einer‹ zu werden, unteilbar und absolut, wenn sie beschließt, einen ihrer Teile abzustoßen und sich ganz auf den anderen zu werfen. Das kann sie nicht tun, ohne Gewalt gegen sich selbst zu üben. Und daraus erklären sich die unzähligen Fälle von politischer Neurasthenie, die in einer Stadt wie der unseren auftreten und oft fälschlich oder zumindest ungenau mit dem Sammelbegriff Nationalismus belegt werden.«

Es ist kein Zufall, daß sich diese Reflexionen nicht in einem Essay, sondern in einem Roman finden, *Il fantasma di Trieste* (»Das Phantom von Triest«; 1958), dessen Fabel auf dem Mythos Triest – wie übrigens der Titel eines anderen Buches von Bettiza lautet (*Mito e realtà di Trieste*) – aufbaut, der zum Konzentrat der Krise des alten Europa erhoben wird. Der Titel von Bettizas Roman erfaßt haargenau den Charakter dieser »Literatur im Quadrat«, für die er selbst ein verführerisches und schillerndes Beispiel bietet: Während man hinter den Spaziergängen Zeno Cosinis das Antlitz der geschäftigen Vorkriegsstadt entdeckt – gerade weil es in das lebendige Geschehen integriert und nicht ausdrücklich geschildert wird –, erscheint in der zwischen dem Ende der fünfziger Jahre und heute entstandenen Erzählprosa oft nur noch das Phantom Triests, die kollektive Vorstellung der Triestinità. Wie das Österreich Rezzoris ist auch das Triest der zeitgenössischen Triestiner Literatur häufig eine Montage aus Zitaten. *Il gatto rosso* (»Die rote Katze«; 1957) von Bruno Forti zum Beispiel ist aus dem Topos des kosmopolitischen und übernationalen Triest konstruiert.

Das alles sagt natürlich noch nichts über den literarischen Wert dieser Werke aus, über den poetischen oder unpoetischen Charakter der einen oder anderen Montage. Immerhin lassen die erwähnten Elemente eine Wiederholung – und damit Kontinuität –, aber auch eine tiefgreifende Abwandlung des Slataperianischen »Ich möchte euch sagen« erkennen, der Notwendigkeit, das eigene undefinierbare Anderssein zu proklamieren – einer tatsächlichen und zugleich künstlichen Notwendigkeit: Literatur aus antliterarischem Protest. Die lokale Literaturkritik, die instinktiv versucht, die Triestiner Autoren samt und sonders aufzuwerten, erhebt ihrerseits dieses Quadrat zum Kubus, indem sie die Schriftsteller unter Kategorien feiert, die sie zuerst aus deren Werken ableitet.

An die Stelle des Topos von der Italianità tritt der Topos Mitteleuropa, ebenso legitim und ebenso mißbraucht. Zur historiographischen Revision des Irredentismus (unter anderem Thema einiger Arbeiten Carlo Schiffrers) gesellen sich nicht nur Studien zur mitteleuropäischen Idee und zum Austromarxismus (vor allem angeregt durch die Bücher Arduino Agnellis), sondern auch und vor allem zum österreichisch-ungarischen Imperium, das nun kulturell entdeckt wird. 1958 erzählt Biagio Marin in einem reizvollen Aufsatz von einer Begegnung, die er im Jahr 1915 als enthusiastischer und ungestümer irredentistischer Student mit dem Rektor der Wiener Universität hatte: Der Rektor wendet sich auf italienisch an ihn und ermahnt ihn, über die Konsequenzen nachzudenken, die ein Krieg für einen noch so jungen Staat wie Italien haben könnte. Nachdem er vergeblich versucht hat, den jungen Studenten in seiner unbekümmerten antiösterreichischen Überheblichkeit vom Wert des zivilen Zusammenlebens im habsburgischen Vielvölkerstaat zu überzeugen, entläßt er ihn mit melancholischer Liebenswürdigkeit, indem er zur deutschen Sprache zurückkehrt. Und Marin erinnert sich, wie er kurz darauf als Freiwilliger im italienischen Heer einem Offizier, der ihn anschnauzte, erklärte, sie »als Österreicher« seien es nicht gewöhnt, so unzivil behandelt zu werden.

Das Anderssein Triests äußert sich besonders nach der Rückkehr zu Italien 1954 in einem Abrücken von der Italianità, in der – zunächst vor allem von den ehemaligen Irredentisten betriebenen – Entdeckung der eigenen »Austriazität«, der eigenen mitteleuropäischen Seele. Der habsburgische Mythos – der Mythos eines Imperiums, dessen Idee vor allem nach seinem Niedergang zu erstrahlen und so gerade in der Abwesenheit und in der Nostalgie, die diese hervorruft, ihre Faszination auszuüben scheint – wird zu einem zentralen Bezugspunkt der Triestinità, zu einer wesentlichen Chiffre ihres Selbstverständnisses. Es ist vielleicht kein Zufall, daß der genannte Begriff den Titel eines 1963 von einem Triestiner (einem der beiden Autoren der vorliegenden Studie) veröffentlichten Buches bildet, das den habsburgischen Mythos aus Negation und Substraktion konstruiert, um ihn scheinbar zu entmystifizieren, in Wirklichkeit aber aus dem Widerspruch erschafft.

Für die authentische und eigenständige Literatur bildet die Stadt einen selbstverständlichen, keiner ausdrücklichen Erwähnung bedürftigen Hintergrund, ein Moment der Unruhe, aus der ein unstetes, unterschwelliges, von den politischen Gegebenheiten zerrissenes Bewußtsein Bilder und Analogien schöpft. In den sehr beachtenswerten Erzählungen des Bandes *L'adescamento* (»Die Verlockung«; 1959) von Renzo Rosso wird Triest mit seiner inneren Zerrissenheit und der Spaltung zwischen Stadt und Karst zum Spiegel aller Frakturen, die das Herz und der Körper des Menschen erleiden können, zum Symbol des trügerischen Lebens, das ihn fasziniert und zur Doppeldeutigkeit verlockt: »... die fahle Farbe der Jahreszeit drang ihm in die Knochen und ließ ihn vor Zufriedenheit erschaudern. Die flinken Straßen, schmal wie Stelen, die sich plötzlich über den Kelchen unerwarteter Panoramen öffneten, die grauen Gartenmauern, an denen die Bora rüttelte, die brüllende Aggressivität des Meeres an den Ufern, die ihm Bilder borealer Einsamkeiten ins

Gedächtnis rief, die locker gewordenen Steine des Hafenpflasters – all das war für ihn die Entdeckung betörender Affinitäten.«

L'adescamento ist ein wunderschönes Buch, vielleicht schärfer und eindrücklicher als die zahlreichen späteren Werke Rossos, ein Buch, in dem die Triestiner Problematik zum Anlaß wird, den Bedingungen des Lebens und der Geschichte nachzuspüren. Es ist ein Buch, das der Zerrissenheit Triests, dem verlogenen bürgerlichen Bewußtsein, das sie verdrängt, und den Täuschungen, mit denen dieses Bewußtsein die existentielle soziale Wahrheit überdeckt, auf den Grund geht. Die Beziehung zwischen den beiden Protagonisten Enrico Paulian und Alessio Slank stellt eine der scharfsinnigsten Analysen der Beziehung zwischen Italienern und Slowenen dar, eine Analyse, die nicht ideologisch aufgesetzt wird, sondern Substanz und Struktur der Erzählung selbst bestimmt – Metapher des Lebens und zugleich historisch-soziale Entmystifizierung, Entdeckung der Welt der Opfer und ihrer Wahrheit.

Wenn Triest eine Grenze ist, so wird diese in einigen literarischen Werken zur Grundbefindlichkeit des Lebens und Fühlens, zu einer psychologischen und poetischen Struktur. Die Grenze ist eine Linie, die zugleich trennt und verbindet, eine scharfe Schnittwunde, die nur langsam vernarbt, ein Niemandsland, eine Übergangszone, deren Bewohner oft nicht das Gefühl haben, einem bestimmten Vaterland anzugehören, zumindest nicht mit jener Selbstverständlichkeit, mit der man sich normalerweise mit dem eigenen Vaterland identifiziert. Der Sohn eines Grenzlandes ist sich seiner Nationalität mitunter nur vage bewußt, oder aber er empfindet sie mit einer Leidenschaftlichkeit, die seine Landsleute kaum nachvollziehen können, so daß er sich – enttäuscht in einer Liebe, die ihm nie genügend erwidert erscheint – schließlich als der einzige legitime Repräsentant seiner Nation fühlt.

Aber die Grenze, die die Völker, die sich auf ihrer unsichtbaren Linie begegnen, trennt und oft zu Feinden macht, verbindet diese Völker auch, die sich (was die großen Mutterländer nicht verstehen können) in ihrem gemeinsamen Schicksal als einander verwandt und benachbart erkennen – in einem unterschwelligen Gefühl der Nichtzugehörigkeit, in der Ungewißheit und Undefinierbarkeit ihrer Identität.

Daher ist in den Grenzgebieten – und zwar nicht nur in den nationalen oder sprachlichen, sondern auch in den ethnischen, sozialen, religiösen und kulturellen – oft eine beachtliche und eindrucksvolle Literatur entstanden. Sie ist Ausdruck jener Krise und Identitätssuche, die heutzutage das Schicksal eines jeden, und sicherlich nicht nur des in einem Grenzgebiet Geborenen oder Lebenden, prägt. Aber so, wie es eine große, wahre Dichtung des Exils und der Spaltung gibt, gibt es auch eine billige und berechnende Rhetorik, die mit diesen erlittenen Themen Mißbrauch treibt und sich ihrer als Mittel effektvoller und sentimentaler Suggestion bedient.

In dem schönen Roman von Franco Vegliani, *La frontiera* (»Die Grenze«; 1964), steht ebendiese Grenze für den Zustand der Nichtzugehörigkeit, der sich, wie Arduino Agnelli in einem Essay schrieb, als einzig mögliche authentische Zugehörigkeit, als Vaterland der Vaterlandslosen erweist.

Der erste Roman von Fulvio Tomizza, *Materada* (1960), ist ein Roman über den Exodus und die Grenze, eine dichte Saga, die dem italienischen Leser die Welt des kroatischen Istriens nahebringt und dabei die Tragödie des italienischen Istrien episch gestaltet. Es ist das Buch eines Schriftstellers, der sich weder mit der einen noch mit der anderen Welt völlig identifizieren kann und der – wie auch aus seinen späteren istrischen Romanen hervorgeht – in dieser Nichtzugehörigkeit seine Identität findet. *Materada* – der erste und nach wie vor beste Roman Tomizzas – stellt einen neuen, wesentlichen Beitrag zur

Dichtung der Grenze, als Moment der Zerrissenheit wie der Einigung, dar. Eine neue Stimme in der Triestiner Literatur, die diese Spannung bisher nur aus bürgerlicher und städtischer Perspektive erlebt und dargestellt hat, während ihr die bäuerliche fremd war.

Materada ist ein episches Werk, das sich aus den realen, tiefreichenden, dramatischen und unmittelbar erfahrenen Zerrissenheiten speist, indem es sie in jener melancholischen und zutiefst menschlichen Harmonie versöhnt, die gerade das Zeichen wahrer Epik ist – einer Epik, die eine höhere Einheit der Widersprüche und der durch sie verursachten Leiden ahnen läßt und sie dennoch in ihrer ganzen Tragik darstellt, ohne die Qual dessen, der die Stürme der Geschichte am eigenen Leib erfährt, zu verkleinern oder zu verharmlosen.

Die Welt, aus der *Materada* erwächst – Istrien im Augenblick des letzten Exodus 1954 –, ist eine von Ressentiments, Unrecht und blutigen Racheakten zwischen Italienern und Slawen zerrissene Welt, die Tomizza selbst erlebt und erlitten hat. Doch Tenor des Romans ist eine – tatsächliche und nicht nur metaphorische – Brüderlichkeit, die den bis zum Haß gesteigerten Konflikt überwindet.

Mit dem Instinkt eines Erzählers, der die Dinge und Begebenheiten, die Gesten und die Kleinigkeiten des Alltags zum Sprechen bringt, und mit einer archaischen bäuerlichen Weisheit, die dem Schweigen und dem jahrhundertealten Beharren der ländlichen Welt Ausdruck zu verleihen vermag, erobert Tomizza für die italienische Literatur jenes greifbare, blutgetränkte slawisch-venezianische Hinterland, das für so viele Triestiner Autoren mehr ein Trugbild der Sehnsucht als eine gelebte Erfahrung darstellte. Seine Stimme besitzt das Timbre der Wirklichkeit und scheut sich nicht, auch die unangenehmen und peinlichen Wahrheiten auszusprechen – etwa die im Namen des sozialistischen Aufbaus begangenen Gewalttaten und Niederträchtigkeiten, die von der Widerstandsliteratur oft verschwiegen oder von der nostalgisch-nationalistischen tendenziös aufgebauscht werden.

Mit der archaischen und gerechten Geste des Sämanns, der das Korn auswirft, gibt Tomizza jedem das Seine: den Italienern und Slawen, den einzelnen Figuren seiner bäuerlichen Saga. *Materada* sprengt die Schemata der vorangegangenen Triestiner Literatur und spricht für jene slawische Welt Istriens, die von der italienischen Tradition ignoriert oder verdrängt wurde. In diesem Sinn ist es ein grundlegendes Werk, das eine neue Tradition begründet. Tomizza selbst schließt sich im übrigen dieser Tradition an, zeitweise fast zu eng, indem er in mehreren – kraftvollen, aber in gewisser Hinsicht stereotypen – Romanen immer wieder zu jenem kleinen Stück Scholle unter dem Grenzstrich zurückkehrt, zu ihrer Wahrheit, die auch zum literarischen Kapital wird, das er zwar mit Beharrlichkeit und Können, aber mit recht unterschiedlichen Ergebnissen einsetzt. Auf jeden Fall ist *Materada* – wie auch ein anderes bedeutendes Romanepos Tomizzas, *La miglior vita* (»Eine bessere Welt«; 1977) – die klassische Totenklage auf all das, was Julisch-Venetien verloren hat, eine Klage voll Verständnis und ohne Groll.

Triest bietet einen idealen Ausgangspunkt für die Analyse der Zweideutigkeit der Zeit, so in Bettizas scharfsichtigem und anregendem ersten Roman *La campagna elettorale* (»Der Wahlkampf«; 1953): Triest, dieses »Nirgends«, wie Hermann Bahr es genannt hat, erweist sich als empfindliche Versuchsstation des Weltuntergangs (so Karl Kraus über Wien), gerade wenn es nicht ausdrücklich erwähnt wird, wenn es nur für eine Art des Seins und Fühlens steht und zu einem Punkt wird, von dem aus man die anderen Dinge betrachtet, zu einer verborgenen Inspiration. So etwa – um nur zwei Beispiele unter vielen zu nennen – in der Filmkritik Tullio Kezichs mit ihrer vitalen Melancholie oder in der dem negativen Denken, der Analyse des Abwesenden und der zerbrochenen Totalität zugewandten Essayistik Tito Perlinis.

Von slowenischer Seite bietet der in Triest lebende Schriftsteller Alojz Rebula mit seinem historisch-symbolisch-religiösen Roman *V Sibilinem Vetru* (»Im Wind der Sibylle«; 1968) eine Parabel jenes Widerstreits zwischen Universalität und Partikularismus, zwischen Einheitlichkeit und Verschiedenheit, in dem *der* Konflikt unserer Zeit zum Ausdruck kommt: Die Hauptfigur, ein barbarischer Jazyge, Gefangener der Römer (die ihn mit Gewalt seinem Volk entreißen, durch ebendiese Gewalt aber auch der Klassizität und dem Christentum zuführen), verkörpert jenen Zwiespalt zwischen Singularität und Totalität. So gelingt es Rebulas Roman trotz seiner Längen und einer gewissen sentimentalen Emphase, eine weit zurückliegende lokale Thematik in eine Metapher der Welt zu verwandeln.

Der slowenische Triestiner Intellektuelle oder Schriftsteller läuft wie der italienische Gefahr, manisch auf der eigenen Besonderheit und Identität zu beharren und so einer überreizten existentiellen und nationalistischen Fixierung zu erliegen. Auch Rebula ist nicht frei von solchen regressiven Tendenzen, aber er ist auch ein Beispiel dafür, wie dieser innere Zwiespalt, wenn er bis auf den Grund durchlebt und überwunden wird, den Blick für die Gegebenheiten der Zeit schärfen kann.

Boris Pahor, ein slowenischer Autor, der die Deportation ins Konzentrationslager erfahren mußte, verleiht dem Kampf um die eigene nationale Identität in seinem Werk eine allgemeine menschliche Dimension und eine weite, europäische Perspektive. So etwa in *Moj tržaški naslov* (»Meine Triestiner Adresse«; 1948), *Mesto V Zalivu* (»Die Stadt im Golf«; 1955) und *Nekropola* (»Nekropolis«; 1967). Sein schmaler, Edvard Kocbek – dem sozialistischen und christlichen Schriftsteller und Widerstandskämpfer, der später in Jugoslawien in Ungnade fiel – gewidmeter Band ist ein Dokument des kulturellen und menschlichen Reichtums, den der Slowene Triests aus der Kultur und Geschichte Sloweniens schöpfen kann.

Die Triestiner Literatur zeigt freilich häufig die Tendenz, sich auf sich selbst zurückzuziehen, gerade wenn sie es darauf anlegt, zur Künderin der Triestinità zu werden, und dabei in jenen »Triestiner Partikularismus« verfällt, den Cusin analysiert. In *Il fantasma di Trieste* von Bettiza, in *La dura spina* (»Der harte Dorn«; 1963) von Rosso sowie in einigen Romanen Tomizzas – ganz zu schweigen von den zahllosen Beispielen aus dem üppigen Unterholz der Triestiner Literatur – wird diese Triestinità explizit zum Gegenstand literarischer Reflexion. In anderen Werken wird versucht, die Triestiner Literatur früherer Jahrzehnte fortzusetzen, so etwa in dem Roman *Le quattro ragazze Wieselberger* (»Die Schwestern Wieselberger«; 1976, dt. 1977) von Fausta Cialente, der das Triest Svevos heraufbeschwört. Es ist eine Literatur, die um ihren Charakter als »Literatur im Quadrat« weiß. Seinem *Il fantasma di Trieste* verleiht Bettiza zusätzlich mitteleuropäisches Kulturkolorit und würzt die Erzählung mit Hinweisen auf die Ulanen oder die Problematik des Romans in Mitteleuropa. In ähnlicher Absicht verweist Rosso in *Dura spina* mit zahlreichen Anspielungen und Zitaten auf einen breiten kulturellen Hintergrund. Die Atmosphäre läßt sich heraufbeschwören, aber nicht definieren: Bettiza zum Beispiel gelingt es, sie in *Il fantasma di Trieste* wiederzugeben, doch als er sie in seinem Essay *Mito e realtà di Trieste* (»Mythos und Realität Triests«; 1960) in präzise Termini fassen will, entgleitet sie ihm ins Stereotype.

Wenn auch mit ganz unterschiedlichen poetischen Ergebnissen – sehr beachtlichen, mittelmäßigen oder unbedeutenden –, entwickelt sich ein Spiegelspiel zwischen Literatur und Kritik, ein Spiel, das die Romane häufig zu erzählerischen Applikationen, Ausweitungen oder Illustrationen jener Triestinità werden läßt, die die – nationale oder lokale – Literaturkritik in stereotypen Termini festgelegt hat und festlegt, indem sie ihrerseits die von den Romanen dargestellte Wirklichkeit in programmatische Interpretationsformeln überträgt. Zwischen der Triestiner Literatur und ihrer Interpretation oder kritischen Kodifikation entsteht so eine tautologische Beziehung, ähnlich der zwischen dem Glöckner, der die Kirchenuhr nach der Fabriksirene, und dem Fabrikpförtner, der die Sirene nach der Kirchenuhr zu stellen pflegte. Der Kosmopolitismus wird zum Siegel der Provinzialität.

Durch ihre Schwierigkeiten wird die Stadt dazu verleitet, ihre Originalität zum offiziellen Markenzeichen des Andersseins verkommen zu lassen, ihre eigene Tradition zu verraten und damit die Erkundung des Neuen und anderen, an die sich die slataperianische Generation gewagt hatte, aufzugeben, um sich – in einer sich selbst feiernden Autarkie – ganz auf sich zurückzuziehen und sich ihre vergangenen Ruhmestaten zu wiederholen, anstatt in deren Kielwasser zu neuen Zielen aufzubrechen. In Triest redet man zuviel über Triest und über den, der über Triest redet; Initiativen rein lokalen Charakters werden ermutigt und gefördert; es existiert eine kleine, epigonale literarische Republik, die danach strebt, zum Block zu werden, und sich in regressiver Abgeschlossenheit zu ihrem eigenen Gegenstand macht.

Aber auch das Beharren ist gerechtfertigt, erklärbar aus der Enttäuschung der Triestiner, so viele Hoffnungen ihrer Stadt scheitern zu sehen, aus dem bitteren Gefühl, in ihrem eigenen Drama unverstanden zu bleiben. Man dürfe nicht zuviel leiden, sonst werde man ungerecht, hatte Elody Oblath an Slataper geschrieben. Und Triest hat wirklich gelitten, bis zu einem Grad, an dem es zwangsweise in ungerechte Haltungen verfiel, in Selbstmitleid und Ressentiments und in eine noch stärkere gegenseitige Abschließung der nationalen und sozialen Gruppen. So schadet Triest sich selbst, wenn es sich in jener Kultur widerspiegelt, die tautologisch sein eigenes Klischee reproduziert. Das stereotype Bild Triests ist falsch, auch weil es die Triestiner Kultur mit der Literatur gleichsetzt, noch dazu mit der engstirnigsten, die ganz auf die Triestinità, auf den Triestiner Partikularismus eingeschworen ist. Die lebendige Wirklichkeit Triests wird keineswegs nur durch die Literatur und die Literaten repräsentiert: Die Physiker und die Psychologen, die Pädiater und die Historiker hätten in Presse- und Fernsehinterviews viel Interessanteres und Lebendigeres zu berichten als das, was die lokalen Musenwächter ständig wiederholen, wenn die Interviewer intelligent genug wären, sich an sie zu wenden, anstatt von vornherein nur die Literatur und den Triestiner Partikularismus als Stimme Triests zu würdigen.

Auch aus der Tautologie kann eine authentische Dichtung der zwanghaften ödipalen Wiederholung entstehen. Triest macht sich zum Objekt seiner selbst, in einer Verknüpfung von Obsession und Verzauberung: »*Parti, va, / te tornerà anca ti*« (»Geh nur, geh, / auch du wirst wiederkommen«), sagt Anita Pittoni in einem Gedicht, wissend, daß diese Verzauberung (*malìa*) zugleich das Unglück (*malora*) der Stadt ist. Die Grundstimmung dieses Triests wurzelt in einer Aura des Untergangs, aber auch in einer epischen Vertrautheit mit dem Ende, wie sie sich etwa in einem Kneipenmilieu à la *Spoon River* darstellt, das Abschied nimmt vom Vielvölkermosaik Mitteleuropas: »*Jawohl, mein Kapitän, alles verloren. / Alles, ganz alles? / Forse rimane a noi, forse ne / resta il lessico triestino – la sua dolcezza-asprezza. / E dopo, se anche questo bastione cade? / Ma ciò, papà mio vecio ebreo, / ne resta monàde.*« (»Vielleicht bleibt uns, / vielleicht bleibt wenigstens die Triestiner Sprache – herb und süß. / Und was ist, wenn auch diese Bastion fällt? / Nun dann, Papa, mein alter Jude, / dann bleiben nur noch die täglichen Nichtigkeiten.«) (Ferruccio Fölkel) Eine Art Abschied von der Existenz spricht auch aus der handfesten Dialektdichtung von Manlio Malabotta.

Während das »Durchschnittsitalienisch« des Romans häufig die negative Dimension der Abwesenheit, des hoffnungslosen Andersseins zum Ausdruck bringt, stellt der Dialekt – in Triest seit jeher gewohntes Verständigungsmittel auf allen sozialen und kulturellen Ebenen – eine unmittelbare und vertrauenerweckende Verbindung zu den Menschen und den Dingen her. Er ist die leise Stimme einer Alltagswelt aus Gesten, Orten und Personen, das natürliche Band zur Vergangenheit, zur »Geschichte, die zu Ende ist«. So läßt das witzige Sprachgemisch – ein Triestinisch, gewürzt mit slawisch-deutschen Einsprengseln – der Prosastücke und Gedichte des Autorenpaares Carpinteri und Faraguna *(Serbidiòla,* 1964; *Le Maldobrìe,* 1967 ff.) mit der Zärtlichkeit und dem Humor der authentischen *litteratura minor* bunte und fröhliche Bilder aus der österreichisch-ungarischen Koine wiedererstehen. Es bleibt der Kraft der Wörter, von denen viele inzwischen selbst aus dem Dialekt (der seine Eigenart immer mehr verliert) verschwunden sind, überlassen, in liebenswürdiger Ironie Glanz und Schatten der »Welt von gestern« heraufzubeschwören – wobei mitunter echte Poesie entsteht.

Auf völlig anderem Niveau führt die Sprache der dichten und höchst originellen Lyrik Carolus Cergolys bis zur unmittelbaren Beschwörung jenes vielstimmigen Triests »des si, des da, des ja«. Ein eisiger Todeshauch zerstreut die bunten Steine seines kaiserlich-königlichen Mosaiks, und es zeigt sich das Antlitz des unausweichlichen Endes und der düsteren historischen Tragödie, die auch Mitteleuropa in den Holocaust verstrickt: *»Gino Parin/Pittor/El se firmava/Ma in sinagoga/Sui libri/Pollak el se chiamava//Fermà una sera/Per schiarimenti/Portà in Risiera/Nissun piùlo lo ga visto/Al solito Caffè del Ponterosso//Ieri el camin/Buttava fumo/Tutto de colori/Su serrade finestre/Desperade//Del rion/De San Sabba«* (»Gino Parin/Maler/Schrieb er sich/Aber in der Synagoge/In den Büchern/Nannte er sich Pollak//Eines Abends festgenommen/Zur Überprüfung/in die Reisfabrik verbracht/Keiner hat ihn mehr gesehen/Im Café del Ponterosso//Gestern spie der Kamin/Rauch in allen Farben/Auf verschlossene Fenster/Verzweifelte Fenster/ /Des Viertels/San Sabba«).*

Die Geschichte, die Geschichte, die zu Ende ist, verdichtet sich in dem komisch lakonischen und tragischen Epitaph von C. Cergoly. Der Autor verbindet darin die Liebe zum Leben (»*Sedici volte/el mandorlo/Per mi/Sedici volte / in Carso xe fiori*« – »Sechzehnmal/hat der Mandelbaum/für mich/sechzehnmal/hat er im Karst geblüht«) mit der Erfahrung des Niedergangs, verschlüsselt in der jüdischen Tragödie: »*Arone Pakitz/Ebreo coi rizzi/Del Ghetto di Cracovia/un misirizzi/Import-Export/Morto a Varsavia./Suo fio Simon/Chirurgo a Vienna/Fatto baron/per ordine del Kaiser/Morto a Gorizia./Paola sua fia/Cantante d' operetta/Fatta savon/per ordine del Führer./Morta a Mauthausen.*« (»Aron Pakitz/Jude mit den Peies/Aus dem Krakauer Ghetto/Ein Stehaufmännchen/Import-Export/Gestorben in Warschau./Sein Sohn Simon/Chirurg in Wien/Zum Baron gemacht/Auf Befehl des Kaisers/Gestorben in Görz./Paola, seine Tochter/Operettensängerin/Zu Seife gemacht/Auf Befehl des Führers./Gestorben in Mauthausen.«)

Die Ablagerungen und der Schutt der habsburgischen Vergangenheit bilden ohne Zweifel eine Art Humus für Triest, in den die Literatur ihre Sonden einführen und aus dem sie ihre Nährstoffe ziehen kann. Triest ist eine Abstellkammer der Zeit, jenes großen Trödlers, unter dessen Händen die Lorbeerkränze zu dürrem Laub werden und der Ruhm zu Plunder. Es ist eine Stadt am Rande, in der man verstehen lernt, daß das an den Rand Gedrängte, das Verdrängte und das Relikt die Hüter der Wahrheit und der Geschichte aller sind, einer Geschichte des Elends, der Auszehrung und der Finsternis. In der kleinen Geschichte einer Familie und eines Stadtviertels oder in einer abgelegenen Karstidylle lassen sich – wie ein großer

---

* Die Reisfabrik in San Sabba wurde 1943 in ein KZ umfunktioniert. Anm. d. Ü.

Teil der *litteratura minor* nicht ohne Charme zeigt – das Anderssein Triests und die Wandlungen seiner Identität beschwören. Die Serie *Maldobrìe* (»Die Ekapaden«) gewinnt ihren komischen und melancholischen Erzählton aus dieser Dimension des Marginalen und Volkstümlichen, ausgedehnt auf Istrien und Dalmatien, Länder von großer Schönheit und großer Geschichte, die nur durch jene Kneipen- und Wirtshausfiguren ohne falschen Ton repräsentiert werden können. Gleichsam durch ein unterschwellig-objektives Mitagieren dieses »Hintergrunds« erreichen die *Maldobrìe* trotz der ermüdenden Wiederholung ihrer Motive einen humoristischen, surrealen, liebenswerten erzählerischen Rang, der sie von anderen, eher dürftigen Werken ihrer Autoren unterscheidet.

Diese Epik des Marginalen bedarf jedoch eines volkstümlichen Nährbodens, sie kann nur wahr sein, wenn sie »minor« bleibt, bewußt außerhalb der offiziellen Kultur. In Triest dagegen wird sie durch Konsum und Integration ihrer Eigenständigkeit beraubt und neutralisiert, sie wird »gehoben«, wird offiziell und entstellt sich durch ihre eigene Institutionalisierung. Sie verkommt zum bloßen Kolorit, zum städtischen Klischee, zur Theaterfassung, zur Folklore, zum betont-gewollten und damit rhetorisch verwässerten Anderssein. Während die wunderschöne Lyrik Cergolys frei und unabhängig aus dieser bunten und melancholischen Welt schöpft, erschöpft sich sein Roman *Il complesso dell' imperatore* (»Der Kaiserkomplex«; 1979) in einer Wiederholung der von der Kulturindustrie ausgebeuteten Habsburg-Nostalgie. Der Roman schürft mit poetischer Intensität im Schutt und Geröll der habsburgischen Koine, in den winzigen Details – Gerüchen, Klängen, Namen, Gesten, Ausdrücken, Speisen, Nippes –, in denen die Geschichte überlebt und in die sie zerfällt. Er scheitert aber, sobald er diese Eindrücke ideologisch verarbeiten will, sobald er sich auf genau umrissene historische Themen einläßt (den Irredentismus, den Sozialismus, den Krieg). Die Theaterbearbeitung der *Maldobrìe* entwertet eine authentische Heimatliteratur voll Menschlichkeit und Humor zu einer verfälschten, offiziellen Literatur, zur regressiven ideologischen Aktion.

Die durch den Vertrag von Osimo ausgelösten Spannungen führten zu einer Übersteigerung des Anderssseinwollens, des Gefühls der Heterogenität, der zentrifugalen Tendenzen. Diego de Castro – einer der besten Kenner des Triestiner Problems, auch durch seine Tätigkeit als Berater der alliierten Militärregierung – ging auf Cergolys Roman in einem Artikel ein, in dem er das Wesen Triests in dem Adverb »gleichzeitig« zusammenfaßte. Alles sei in Triest gleichzeitig vorhanden: Irredentismus und Franz-Joseph-Kult, Kosmopolitismus und lokale Abschottung. In der heutigen Wirklichkeit Triests dominiert dieses Adverb noch mehr. So gelang es zum Beispiel der »Lista per Trieste«, die angesichts des verheerenden Unverständnisses der Regierung gegenüber den Triestiner Problemen einen beträchtlichen Wahlerfolg erzielte und zeitweise die kommunale Politik bestimmte, Nationalisten und Independisten, istrische Flüchtlinge und alteingesessene Triestiner, die für die ersteren wenig Sympathien hegten, Österreichanhänger und Irredentisten, sozialistische und konservative, vor allem aber antislawische Gefühle und schließlich die konservativ-merkantile und die freiheitliche Seele ihrer Abgeordneten Aurelia Gruber-Benco miteinander zu vereinigen.

In dem *Discorso di un triestino agli italiani* (»Rede eines Triestiners an die Italiener«; 1968) von Manlio Cecovini, Schriftsteller und Triestiner Bürgermeister, kommt eine Art kommunaler Nationalismus zum Ausdruck, eine Synthese von nationalliberaler Lokalpolitik und Autonomismus, die dem Independismus nahekommt. Die Italianità dieses heutigen Triest proklamiert dessen völlige Verschiedenheit von Italien, hütet die patriotischen Traditionen und den Kult der julischen Kriegsfreiwilligen und beschuldigt gleichzeitig Italien, in den Ersten Weltkrieg eingetreten zu sein, um Triest zugunsten anderer italienischer Häfen zu ruinieren. Die Welle von Büchern, die Oberdan vom Sockel stürzen wollen, wird als Entweihung des Andenkens eines Triestiner Helden empfunden, aber gerade diese Mode floriert in Triest, das doch auch das Andenken Franz Josephs kultiviert, für den die Bomben Oberdans bestimmt waren. Was den Triestinern vorschwebt, sagt man, sei womöglich ein Franz Joseph in Bersaglieri-Uniform.

Die Bewegung »Civiltà mitteleuropea« mit ihren Manifesten in fünf Sprachen (Italienisch, Slowenisch, Deutsch, Kroatisch, Friulanisch) feiert den Geburtstag Franz Josephs und trauert dem Kaiserreich nach, indem sie sich »gleichzeitig« mit schwarz-gelben Posters schmückt, sich an der alten übernationalen österreichischen Sozialdemokratie orientiert und die CSU-Mitgliedschaft Otto von Habsburgs als Verrat an den habsburgischen demokratischen Idealen verurteilt. Bei den Wahlen präsentiert sich die »Civiltà mitteleuropea« an der Seite der Grünen und der Radikalen auf den kommunistischen Listen, eine Symbiose, die anderswo vermutlich undenkbar wäre. Dieser Bewegung, die selbst von Verfechtern der »demokratischen Psychiatrie« unterstützt wird (in einem Triest, das den Einsatz Franco Basaglias für die Psychiatrie-Reform und die Öffnung der Anstalten erlebt hat), kommt in ihrer oft sektiererischen Heterogenität freilich auch ein großes politisches Verdienst zu: nämlich die so diffusen und so leicht von einem Umschlag in die engstirnigste Reaktion bedrohten k.u.k. Nostalgien Triests der konservativen Regression entzogen und auf demokratische und progressive Ziele gelenkt zu haben.

Die »Gleichzeitigkeit« stellt keine Synthese dar, sondern ihr Gegenteil: Sie ist Wechselwirkung, Mischmasch, Nebeneinander, bloße Addition und Aneinanderreihung unversöhnlicher Gegensätze und auseinanderstrebener Momente. Und doch kann nur aus dem Chaos, aus dem Verlust eines Zusammenhangs, aus dem Zerfall eine Realität erstehen, die die *condition humaine* spiegelt; ein Mikrokosmos, der in verkleinertem Maßstab das moderne Babel reproduziert, so wie das Nebeneinander, die heterogene Gleichzeitigkeit, auch das Mittel ist, mit dem die Kunst der Avantgarde die unversöhnbare Pluralität einer Welt porträtiert und aufdeckt – der ganzen in Unordnung geratenen Welt. Das Nebeneinander Triests ähnelt jenen Ablagerungen am Strand, zwischen denen sich Stephen Dedalus bewegt. Nicht zufällig hat sich dessen Schöpfer James Joyce in der wirren und reglosen Sphäre der Triestiner Kneipen zu Hause gefühlt.

Die Proklamation des eigenen unverstandenen Anderssein wird natürlich durch das tatsächliche Unverständnis, auf das die Stadt mit so vielen ihrer Probleme bei den zentralen Organen der Regierung und der Parteien stößt, noch verstärkt: So kommt es zu einem *circulus vitiosus* zwischen der nationalen Nichtbeachtung der Triestiner Realität und der Reaktion auf diese Nichtbeachtung, die dazu verleitet, sich noch mehr abzukapseln und das eigene Anderssein zunehmend in der Substraktion zu suchen, so als ob die Triestinità nur sie selbst sei weniger der Slowenen, der Istrier, der Friulaner, der Italiener aus dem Süden und vielleicht sogar der von jenseits des Isonzo.

Das Merkmal der Triestinità ist die Ausnahme: Noch heute verfügt Triest im Verhältnis zu seiner Einwohnerzahl und der Bescheidenheit seiner literarischen Institutionen über zahlreiche bedeutende Autoren und vor allem über ein relativ hohes Niveau des privaten Lebens und der individuellen Kultur. Triest ist ein Interieur, stimulierend für den, der in seiner Aura die Zeichen der allgemeinen Identitätskrise zu erfassen vermag, und für den, der die Freiheit, die dieses Interieur ihm bietet, zu nutzen versteht: Freiheit, umherzuschweifen und zu verweilen, nachzudenken und zu schweigen. Heute läuft die Intelligenz in den großen Städten Gefahr unterzugehen, erstickt unter der ständigen Last des Kulturbetriebs, der das Individuum zermalmt: Er verurteilt es zur pausenlosen intellektuellen Darstellung, die jede Selbsterneuerung verhindert und es eines Tages in den Analphabetismus treiben wird. Die Peripherie und die Provinz könnten dem Individuum die Bedingungen für sein geistiges Überleben bieten, wenn es das Leben und die Pausen zu nutzen verstünde, um sich zu wandeln und neu geboren zu werden. Statt dessen empfindet es sie häufig als Ausschluß und Zustand der Inferiorität und versucht, jene Hektik durch eine ebenso hektische und – da sie unwesentlichen Problemen gewidmet ist – noch mehr entfremdende Aktivität nachzuahmen.

Die bedeutendere Triestiner Literatur entwickelt sich in sichtlicher Distanz zu den mittleren beziehungsweise mittelmäßigen kulturellen Institutionen der Stadt, die sich dennoch ihrer bemächtigen und sie feiern – ein Gefeiertwerden, von dem sie wiederum profitiert. Sie bietet in qualitativer wie quantitativer Hinsicht beachtliche Leistungen, wenn man bedenkt, aus welch beschränktem Kontext sie entsteht. Es ist kein Zufall, daß viele Romane symbolisch mit dem Weggang oder der Flucht des Helden aus der Stadt enden. So entflieht die Literatur auch ihrer eigenen zwanghaften Thematik. Die jüngsten Romane Tomizzas wenden sich beispielsweise anderen Gegenständen und Problemen zu, etwa dem Zeitalter der Reformation und ihren religiös-moralischen Werten (*Il male viene dal nord* – »Das Böse kommt vom Norden«; 1984).

Die aufgeschlossenste Literatur befaßt sich, ob sie dabei nun Triestiner Themen aufgreift oder nicht, mit Problemen grundsätzlichen Charakters: der Wissenschaft, wie in den Büchern von Renzo Tomatis; der bürgerlichen Ambiguität und Dekadenz, wie in einigen unruhigen und düsteren Romanen von Francesco Burdin; der existentiellen Ambivalenz, mit der sich Furio

Bordon auseinandersetzt; der inneren Welt der Angestellten, die Giorgio Voghera mitunter zu einer Parabel der Welt überhaupt (*Il direttore generale* – »Der Generaldirektor«; 1974) oder aber zu einem bündigen, grotesk-pedantischen, jedoch unvergeßlichen Register des Schmerzes (*Nostra Signora Morte* – »Unsre Liebe Frau Tod«; 1983) zu verdichten versteht.

Für seine Dichter und für alle seine sensiblen Töchter und Söhne bildet Triest den Mittelpunkt jenes reichen Mosaiks, das sich von Julisch-Venetien bis Istrien erstreckt, vom slawischen Hinterland bis Dalmatien, vom Grado Marins bis zum Fiume der schönen Erzählungen Morovichs. Es ist eine vielfältige und weite Welt, die tiefe Verwundungen hinnehmen mußte, unter denen bisweilen sogar die verzehrende Schönheit des venezianischen und slawischen Landes, der Olivenbäume und der roten Erde, des unsäglichen und unsterblichen Meeres zu leiden scheint. »Jedes Stück Erde, jede Stadt ist fremd/anders dieses Meer, anders dieser Wind«, heißt es in einem Gedicht von Lina Galli, einem Gedicht von Liebe und Exil, in dem Istrien zu einer Landschaft der Seele wird, ähnlich wie in dem Roman von Lalla Kezich, *La preparazione* (»Die Vorbereitung«; 1982). In den letzten Jahren, in denen, wie Guido Miglia schrieb, fast so etwas wie eine neue italienisch-kroatische istrische Nationalität entstanden ist, hat sich ein schwieriger, aber fruchtbarer Dialog zwischen Gruppen und Intellektuellen diesseits und jenseits der Grenze, zwischen den Minderheiten der einen wie der anderen Seite entwickelt. Zeitschriften wie die italienische *La Battana* in Jugoslawien oder die slowenische *Most* in Triest wurden zur Plattform für Begegnungen, die bisweilen beachtliche literarische Resultate zeitigten, so – um nur ein Beispiel zu nennen – die Lyrik in Rovinjeser Mundart von Ligio Zanini, eine Dichtung, in der die Geschichte unmittelbar in die Natur hinabsteigt, ohne sich zu verlieren.

Die kulturelle Matrix Triests ist um so lebendiger, je

mehr sie sich mit der Analyse fernerliegender Motive und Probleme befaßt. Nicht zufällig wurde die Triestiner Literatur in den letzten Jahren noch einmal durch einen nichtliterarischen Autor bereichert, den eine rauhe und schwierige Wirklichkeit zum Schreiben brachte, nämlich der weltweite Kampf für die Revolution: Vittorio Vidali alias Carlos Contreras, legendärer Kommandeur des Fünften Regiments im Spanischen Bürgerkrieg und an vorderster Front in der internationalen revolutionären Bewegung. Ein Mann, der sein ganzes Leben der Revolution gewidmet hat und nicht frei geblieben ist von schweren Irrtümern und Schuld, befragt sich – da er in die befremdliche Phase des Alters eingetreten ist – über seinen langen Weg, liest Fragmente seiner Erfahrung auf und setzt sie wieder zusammen, Splitter, die seine abenteuerliche Odyssee über die Welt verstreut zu haben schien, eingegraben in den blutgetränkten Sand tragischer Ereignisse. Er erzählt seine persönliche Geschichte, die sich immer – wie die Überschrift eines Kapitels lautet – »im Auge des Zyklons«, im Zentrum des historischen Orkans aus Krieg und Revolution, abgespielt hat, da sie dem roten Faden der Weltgeschichte folgte. Aus einem Revolutionär wird ein Schriftsteller, aus den Dingen und Handlungen werden die Worte, die davon Zeugnis ablegen wollen, kantig und gleichsam mit der Axt behauen wie jene selbst.

Vidalis Schriften, Zeugnisse des revolutionären Weltkampfes aus erster Hand, sind der männliche und melancholische Abschied von einer Epoche, über die es in einem Gedicht Rafael Albertis heißt: »Groß war damals unser Leben, Carlos«. Eine Epoche, groß in ihren unerschütterlichen, wenngleich tragischen Gewißheiten, die sich nun in einen automatischen sozialen Mechanismus auflöst, der nichts mehr von den großen Entscheidungen, den Werten, der Epik zu wissen scheint. Vidali, Protagonist im Zeitalter des Stalinismus und des Faschismus, enthüllt dessen schreckliche Irrtümer, erzählt aber auch dessen Ende, indem er es auf der Bühne der Weltrevolution, auf der er selbst eine tragende Rolle spielte, als den Untergang der Epik einer intakten Dimension des Individuums darstellt. Vidalis Bücher sind zugleich ein politisches Dokument und das Dokument eines politischen Kampfes, der zur Literatur wird, eines Lebens, das sich in der Aktion verbraucht und an seinem Abend voll Melancholie in das Schreiben mündet, im Bewußtsein vom Ende der eigenen Epoche und der eigenen revolutionären Zeit. Ein Leben, das in eine Literatur der Untergänge eingeht und dabei im Hin und Her zwischen internationaler Rolle und provinzieller Randposition das typische triestinische Schicksal wiederholt: Vidali bewegt sich zwischen dem kleinen heimatlichen Muggia und dem Szenarium der Welt. Er ist eine Hauptfigur in Triest und auf dem halben Erdball – und eine Nebenfigur in Italien. Keine Reise hat den militanten Revolutionär jedoch jemals so weit weggeführt wie der Umzug von Muggia nach Triest, den er als Kind mit seiner Familie auf einem klapprigen Wagen erlebte. Der Meeresarm des Golfs von Triest, der Triest von Muggia trennt, trennt Vidali vom Paradies der Kindheit, in das, wie Bloch lehrte, jede Revolution münden muß und das den Kern jener Unversehrtheit der Person ausmacht, die sie zum Kampf befähigt.

Die Widersprüche Triests, die in der Realität unaufgelöst bleiben, scheinen sich auf der Ebene des Schreibens aufzulösen: In der Autobiographie des Bischofs Antonio Santin wird die erlebte und dramatisch erlittene, in der Praxis aber vielleicht nicht immer bewältigte historische Zerrissenheit zwischen Italienern und Slawen durch das Schreiben überwunden, in dem, weil es nicht dem Zwang zum Handeln unterliegt, Verstehen und Aussprechen schon Überwinden bedeuten. Ein schweres Leben, das die Bürde historischer Anpassung auf sich genommen hat, diese objektive Last jedoch mit großer Würde zu tragen wußte, wird so zum »Abenteuer ... ein reiches Leben an den Küsten des Meeres«.

Auch ein Protagonist des politischen Lebens im faschistischen Italien wie Fulvio Suvich, der ehemalige Staatssekretär im Außenministerium, reklamiert im hohen Alter eine typisch triestinische Kohärenz seines Daseins: die Symbiose von wirtschaftlicher Aktivität und politischer Militanz, die Sensibilität eines »Menschen der Grenze«, der mitten im Faschismus ein Gespür für die nationalsozialistische Bedrohung aufbrachte, und das paradoxe Nebeneinander von nationalistischer Leidenschaft und österreichischer Mentalität.

In jüngerer Zeit hat ein Statistiker und Wirtschaftswissenschaftler, Pierpaolo Luzzatto Fegiz, anhand seiner eigenen Familiengeschichte den ruhigen Lebensrhythmus der bürgerlichen Gesellschaft in den Jahren seiner Kindheit und Jugend beschrieben, aber auch die Spannungen in anderen, bitteren Momenten der Triestiner Geschichte. Seine Schilderung zeugt von einer kräftigen und ausgelebten Vitalität – dokumentiert etwa durch eine für jene Triestiner Generation typische Sportbegeisterung –, aber auch von seinem Bedauern, daß er der im Niedergang begriffenen Stadt nicht das hatte geben können, wozu er sich berufen fühlte, da er seine originellen und kreativen Leistungen größtenteils anderswo realisieren mußte.

Die Perspektive nah/fern (die Grenze, der Weggang, die Zu- beziehungsweise Nichtzugehörigkeit), die die zeitgenössische Triestiner Literatur kennzeichnet, kann auch zu einem literarischen Klischee werden, zum bequemen Alibi einer Literatur, die sich gewitzt selbst ausbeutet. Das dramatische Niemandsland der Grenze, die zur Schau getragene Vaterlandslosigkeit werden zu einem höchst komfortablen Vaterland für den Schriftsteller, der nach allen Seiten hin die Karte des anderen und Fremden ausspielt, um sich so auf die solideste und von außen gesehen nobelste Weise zu integrieren.

Diese literarische Tendenz zum Quadrat, von der sich selbst die authentischsten Autoren nicht ganz befreien können, beherrscht – auf der Ebene naiver und pathetischer Unmittelbarkeit – das üppig wuchernde literarische Unterholz Triests. Das antiliterarische Triest ist eine Stadt, die neben wirklicher Literatur auch ein ausuferndes Literatentum hervorbringt, Epigonen der slataperianischen Karstschilderungen und des vocianischen Moralismus, die eine äußerst gefühlvolle – und damit ungewollt eine gänzlich aus der Mode gekommene – Prosa und Lyrik publizieren, rezitieren, präsentieren und rezensieren. Natürlich kann in der nivellierten Welt, in der wir leben, auch die epigonale Naivität, ohne sich dessen bewußt zu sein, eine durchaus positive Funktion ausüben: als »Antikörper« oder zumindest als marginaler Faktor, als Relikt, als überholtes Element, das sich in kein großes System integrieren läßt.

Die größere Literatur ist die, die diesen Zustand der Marginalität und des Relikthaften in schmerzlicher und rigoroser Bewußtheit ausdrückt und ihn zur Chiffre für die Situation des Individuums in der Welt erhebt. Das gilt beispielsweise für *Il segreto* (»Das Geheimnis«; 1961), einen der wenigen italienischen Romane der Nachkriegszeit, die wirklich eine Spur im Leser hinterlassen. Bereits die Frage seiner Genesis ist ein verschlungener, komplizierter Roman im Roman: Er ist einem »Anonimo Triestino« zugeschrieben, hinter dem sich vermutlich Guido Voghera verbirgt, der Vater Giorgio Vogheras, der ebenfalls im Verdacht steht, der Autor zu sein. *Il segreto* ist ein großes Buch über das Erwachsenwerden, über den unwiederbringlichen und verschwiegenen Verlust, und eine unerbittliche Sondierung der Regungen des Herzens. Dieser Roman eines verfehlten Lebens und einer blockierten Liebe, die sich nicht manifestieren kann, ist ein verfänglicher Katalog verzehrender, vibrierender Gefühle, die sich in die luzide Abstraktion von Theorie und Analyse flüchten, in manischer Konsequenz über sich selbst reflektieren, um sich in dieser stolzen und schonungslosen Reflexion einen Schutzwall gegen das Leben zu schaffen, das vergeblich ersehnt und deshalb gefürchtet und verabscheut wird.

Il segreto ist das Röntgenbild einer gehemmten Leidenschaft und einer nicht gelebten Existenz, der Sehnsucht nach Identifikation in der Liebe, des Wunsches, »du zu sein«. Vor allem aber ist es die minutiöse Chronik des Scheiterns einer Beziehung und der schmerzlichen Umwandlung der eigenen Lebensuntauglichkeit in die kalkulierte Geometrie des Verzichts, die penible Organisation der eigenen Hemmung. Dieser Roman der pathologischen Spaltung zwischen Geschlecht und Gefühl ist ein wunderbares, unvergeßliches Werk, das die Äußerung Thomas Manns bestätigt, jedes gute Buch, das gegen das Leben geschrieben wurde, sei eine Verführung zum Leben. Es ist der Kataster eines Scheiterns, der in der Härte der Negation die quälende Sehnsucht nach dem abwesenden Leben aufscheinen läßt; ein monomanisches Buch, das in seiner Monomanie und in seinem Zwang zu Genauigkeit und Totalität ein ganzes Schicksal erfaßt, wie es auch – obwohl ganz auf eine Innenwelt konzentriert – den historischen Hintergrund des habsburgischen Kaiserreichs, des faschistischen Triest und des Untergangs des mitteleuropäischen Judentums heraufbeschwört. Vielleicht der schönste Triestiner Roman der Nachkriegszeit – zweifellos einer der schönsten.

Auch die Kunst Stelio Mattionis speist sich aus dem Geheimnis des verborgenen Lebens, das man hinter den Hauswänden, den Gesichtern und den Gesten der anderen erahnt; sie speist sich aus der Verbindung von Phantasie und Analyse, von grotesker Erfindung und mathematischer Klarheit. In rätselhaften Wohnungen und Gärten inmitten glanzlos banaler Häuser deckt sie ein surreales Geheimnis auf, wie in dem Roman *Il re ne comanda una* (1968 – dt.: »Orlando, wieviel Schritte gibst Du mir; 1986). Das Leben hat sich in die Abstellkammer zurückgezogen – wie der Titel eines anderen Romans von Mattioni lautet (*La stanza dei rifiuti;* 1965) –, doch unter dem Gerümpel verbirgt sich die Wahrheit der Existenz, ihr Elend, aber auch ihr Zauber. Unauffällig und ausweichend wie ein Schatten, ist Mattioni heute vielleicht die glaubhafteste und authentischste Triestiner Schriftstellerfigur: eine diskrete Gestalt, die sich verhüllt und entzieht, die hinter einer respektablen Normalität eine anarchische und groteske, leise und versponnene Phantasie verbirgt. In seinem Werk (dessen Resultate natürlich unterschiedlich sind) versteckt und tarnt sich das wahre Leben, vielleicht macht es sich auch für immer davon, jedoch nicht ohne eindrückliche Spuren seines Reizes zu hinterlassen. Mattioni, ein geborener Erzähler – der, wenn er sich als Opfer seiner guten Erziehung dazu herbeiläßt, seinem Laster der einsamen Schriftstellerei vorübergehend zu entsagen, banale Dinge schreibt (etwa als Verfasser mittelmäßiger Zeitungsartikel) –, scheint in seiner Dichtung die Tarnkunst des wahren Lebens, sein mimetisches Spiel im Grau zu verkörpern.

Als Dichter des entfremdeten zeitgenössischen Lebens sowie seiner unsäglichen Verführung wurzelt der Angestellte und Schriftsteller Stelio Mattioni auch in der uralten Gespaltenheit Triests: Er nimmt das Echo dieser Tradition auf, um ohne realistischen lokalen Bezug vom flüchtigen Geheimnis des Lebens zu sprechen. So findet sich der Protagonist des Romans *Il Richiamo di Alma* (»Der Ruf Almas«; 1980), während er vergeblich ebendiesem Ruf folgt, in einem Gräbergarten, einem Ort des Todes: »Ich sah die Stadt von oben, abfallend und ansteigend, nicht wie die Stadt, in der ich geboren war und gelebt hatte und die zu verlassen ich im Begriff stand, sondern gleichsam als eine Fortsetzung des Ortes, an dem ich mich befand, übersät mit Symbolen und Steintafeln, in die auf vielfältige Weise Botschaften, Daten und Namen eingegraben waren, die in ihrem Nebeneinander, anstatt etwas mitzuteilen, nur Monotonie hervorriefen – in einem namenlosen, unaufhörlichen Skandieren. Und doch war ein Pulsieren von Leben in der Luft, das mich trieb, mich zu bewegen und tief zu atmen ... Alles um mich herum war äußerst vage, als ob es erst entstünde, und ich fühlte, daß ich nicht die Kraft hatte, ihm zu widerstehen.«

Triest – Verkörperung eines Andersseins, das von sich selbst profitiert und seinen Sinn in der Undefinierbarkeit und Negation sucht, aus denen es nicht zuletzt ein Alibi für sich ableitet, dieses Triest (von dem Joyce sagte, er habe sich dort krank geärgert, in dem er aber auch, wie er Svevo schrieb, sein »literarisches Werk, betitelt *Ulysses* oder ›Deine Hündin von einer Mutter‹«, begonnen hatte) ist erneut in Mode, denn seine Absenz und seine Randposition sind der Spiegel eines allgemeinen Zustands unserer Kultur – eines Zustands, den man leben, aber nicht predigen kann: »Wenn dann jemand kommt« – schrieb Slataper schon 1912 an Sibilla Aleramo – »fällt uns nichts anderes ein, als ihn durch diese grauen Straßen zu führen und uns zu wundern, daß er nicht versteht.«

Bibliographische Hinweise

Zu Kapitel 1

D. de Castro, *La questione di Trieste. L'azione politia e diplomatica italiana dal 1943 al 1954*. Triest 1981, S. 38
F. Cusin, *Appunti alla storia di Trieste*. Triest 1930; hg. und mit einer Einleitung versehen von G. Cervani, Udine ²1983
F. Fölkel – C.L.Cergoly, *Trieste provincia imperiale. Splendore e tramonto del porto degli Asburgo*. Mailand 1983
A. Gentile, *Il primo centenario della Società Minerva*. Triest 1910
F. Grisogono, *Germi di Scienze Nuove*. Modena 1944; Triest 1978
E. Guagnini, *Profilo introduttivo*. In: *Introduzione alla cultura letteraria italiana a Trieste nel 900*. Triest 1980, S. 12
G.O. Longo, *Il »caso Grisogono«: profezie e anticipazioni di uno scienziato dalmata*. In: »Nuova Rivista Europea«, III. 14, Nov.-Dez. 1979, S. 66–69
S. de Lugnani, *Il giornalismo tedesco a Trieste: arte e informazione al servizio dell'equilibrio sovranazionale absburgico*. In: »Quaderni Giuliani di Storia«, V. Nr. 1, Juni 1984, S. 55–73
Ders., *La cultura tedesca a Trieste dalla fine del 1700 al tramonto dell' impero absburgico*. Triest 1986
M. Marchi, E. Pellegrini, L. Steidl, *Introduzione*. In: *Intelletuali di frontiera. Triestini a Firenze (1900–1950)*. Katalog zur gleichnamigen Ausstelllung, Florenz 1983, S. 29
S. Monti Orel, *I giornali triestini dal 1863 al 1902*. Triest 1976
C. Pagnini, *Trieste non ha tradizioni di cultura?* In: »Archeografia Triestino«, IV, Bd. XLIII, 1983, S. 6
C. Pagnini, *I giornali di Trieste dalle origini al 1959*. Mailand 1959
F. Petroni, *Ideologia e simbolo nel »Mio Carso«*. In: »Belfagor«, XXXVII, Nr. 1, Jan. 1982, S. 13–26, insbes. S. 14–16
G. Pilmontese, *Il movimento operaio a Trieste*. Rom 1974
J. Pirjevec, *Trst: senčno lice sianskego dvojčka*. In: »Primorski Dnevnik«, 9.1.1983
J. Pirjevec (Hg.), *Introduzione alla storia culturale e politica slovena a Trieste nel 900*: Triest o.J., S. 57ff.; S. 77ff.
M. Raicich, *Premessa*. In: *Intellettuali di frontiera*. Op. cit., S. 6
A. Rojc, *Cultura musicale degli Sloveni a Trieste*. Triest 1978
G. Secoli, *Il terzo cinquantennio della »Minerva« (1910–1960)*. Triest 1965

S. Slataper, *Il mio Carso*. Mailand ²1968, S. 11f.
S. Slataper, *Scritti politici*. Hg. von G. Stuparich, Mailand 1954, S. 11; S. 46
S. Slataper, *Le lettere a Maria*. Hg. von C. Pagnini, Rom 1981, S. 101ff.
S. Slataper, *Alle tre amiche*. Mailand 1958, S. 421
U. Tommasini, *L'anarchico triestino*. Hg. von G. Venza, mit einer Einleitung von P. Gobetti, Mailand 1984
J. Žakbar, *Trst obnejna identiteta*. In: »Zaliv« 1983, 1–4, S. 172–179

Zu Kapitel 2

A. Agnelli, *La genesi dell' idea di Mitteleuropa*. Mailand 1973, S. 130f.; S. 242–254
E. Apih, *La società triestina del secolo XVIII*. Turin 1957
Ders., *La società triestina tra il 1815 e il 1848*. In: *Italia del Risorgimento e mondo Danubiano-Balcanico*. Udine 1958, S. 35; S. 31
G. Cervani – L. Buda, *La comunità israelitica di Trieste nel secolo XVIII*. Udine 1973
Ders., *La borghesia triestina nell'età del Risorgimento. Momenti e problemi*. Udine 1969, S. 75–89
R.E. Coons, *I primi anni del Lloyd Austriaco. Politica di governo a Vienna ed iniziative imprenditoriali a Trieste. (1836–1848)*. Udine 1982
F. Cusin, *Appunti alla storia di Trieste*. Udine ²1983, S. 202
O. Jászi, *The Dissolution of the Habsburg Monarchy*. Chicago – London ⁵1971, S. 252
P. Kandler, *Storia del Consiglio dei Patrizi di Trieste dall'anno 1382 all'anno 1809 con documenti*. Hg. von G. Cervani, Triest ²1973, S. 245f.
Ders., *Viva Trieste*. In: »Istria«, 25.3.1848
G. Negrelli, *Comune e impero negli storici della Trieste asburgica*. Mailand 1968
Ders., *Al di qua del mito. Diritto storico e difesa nazionale nell'autonomismo della Trieste asburgica*. Udine 1978, S. 123f.
Ders., *L'illuminista diffidente*. Bologna 1974
Ders., *Una rivista borghese nell'Austria metternichiana*. In: »Rassegna storica del Risorgimento«, Nr. 3, 1978, S. 270–285
J. Pirjevec (Hg.), *Introduzione alla storia culturale e politica slovena a Trieste nel' 900*. Triest o.J., S. 5
B. Salvi, *Il movimento nazionale e politico degli sloveni e dei croati. Dall'Illuminismo alla nascita dello stato Jugoslavo*. Triest 1971
N. Salvi, *La crisi di trasformazione dell' emporio di Trieste in porto di*

transito. In: *La crisi dell'impero austriaco dopo Villafranca.* Triest 1961, S. 201ff.
G.L. Sanzin, *Nel primo centenario della Riunione Adriatica di Sicurtà.* Triest 1939
C. Schiffrer, *Le origini dell'irredentismo triestino (1813–1860).* Hg. von E. Apih, Udine 1978, S. 37; S. 96; S. 44ff.; S. 49–50; S. 65f.; S. 158–161
Ders., *L'attesa di Trieste.* In: *Atti del XLIV Congresso di storia del Risorgimento italiano. La fine della prima querra mondiale e i problemi relativi.* Rom 1970, S. 51
E. Sestan, *Venezia Giulia. Lineamenti di una storia etnica e culturale.* Bari ²1965, S. 68ff.
A. Spaini, *Autoritratto triestino.* Mailand 1963, S. 34
G. Stefani, *Il centenario delle Assicurazioni Generali.* Trieste 1931
G. Stuparich, *Un anno di scuola.* In: Ders., *Il ritorno del padre.* Turin 1961, S. 77ff.
F. Venturi, *Settecento riformatore.* Bd. IV: *La caduta dell'Antico Regime (1776–1789),* 2. Teil: *Il patriottismo repubblicano e gli imperi dell'Est.* Turin 1984, S. 615–779
A. Vivante, *Irredentismo adiatico.* Florenz ³1954, S. 15; S. 248
F. Zwitter – J. Šidak – V. Bogdanov, *Les problemes nationaux dans la monarchie des Habsbourg.* Belgrad 1960, S. 22f; S. 95ff; S. 104f; S. 122ff.

Zu Kapitel 3

A. Agnelli, *Il socialismo triestino, Austria e Italia.* In: L. Valiani und A. Wandruszka (Hg.), *Il movimento operaio e socialista in Italia e in Germania dal 1870 al 1920.* S. 221–280; S. 227–228; S. 245
E.R. Curtius, *Maurice Barrès und die geistigen Grundlagen des französischen Nationalismus.* Hildesheim ²1962, S. 178
G. de Ferra, *Musica in casa.* In: *Quassù Trieste,* hg. von L. Mazzi, Bologna 1968, S. 179–198
E. Godoli, *Trieste.* Bari 1984
Intellettuali di frontiera. Triestini a Firenze (1900–1950). Florenz 1983, S. 90
E. Maserati, *Il movimento operaio a Trieste dalle origini alla prima guerra mondiale.* Mailand 1973, S. 115f.
G. Negrelli, *Al di qua del mito. Diritto storico e difesa nazionale nell'autonomismo della Trieste asburgica.* Udine 1978, S. 136–147
G. Piemontese, *Il movimento operaio a Trieste.* Rom 1974
J. Pirjevec (Hg.), *Introduzione alla storia culturale e politica slovena a Trieste nel '900.* Triest o.J., S. 7; S. 55; S. 77–83
M. Pozzetto, *Max Fabiani architetto.* Triest 1966

Ders., *La scuola di Wagner 1894–1912*. Triest 1979
L. Premuda, *La formazione intellettuale e scientifica di Constantin von Economo*. In: »Rassegna di Studi Psichiatrici«, Nr. 6, 1977, S. 1327
E. Sestan, *Venezia Giulia. Lineamenti di una storia etnica e culturale*. Bari ²1965, S. 102
Slataper, *Il mio Carso*. Mailand ²1968, S. 131
Ders., *Scritti politici*. Mailand 1954, S. 45f.; S. 95–104; S. 134; S. 164–168; S. 212–225
G. Stuparich, *Cuore adolescente. Trieste nei miri ricardi*. Rom 1984
Ders., *La nazione ceca*. Catania 1915
R. Timeus (R. Fauro), *Scritti politici (1911–15)*. Triest 1929, S. 11; S. 57; S. 63; S. 126
Verbali del Consiglio comunale di Trieste, 1913. Teil I Triest 1914, S. 19; S. 63; S. 81
A. Vivante, *Irredentismo adriatico*. Florenz ³1954, S. 259
M. Walcher, *L'architettura a Trieste della fine del Settecento agli inizi del Novecento*. Triest 1967

Zu Kapitel 4

I. Andrej, *Jovan Vesel Koseski*. Maribor 1971, S. 57
N. Baldi, *Il paradiso di Saba*. Mailand 1958
G. Contini, *Il quattro romanzo di Svevo*. Turin 1980
J. Kugy, *Arbeit-Musik-Berge. Ein Leben*. München 1931, S. 291
A. Lokar, *Gli sloveni, Storia di uno sviluppo dal ventre della Mitteleuropa*. Unveröff. Manuskript
S. de Lugnani, *Cultura e letteratura tedesca a Trieste negli anni tra il 1850 ed il 1870*. Diss. Triest 1969/70
B. Maier, *La letteratura triestina del Novecento*. In: *Scritti triestini del Novecento*. Triest 1969
G. Montenero, *Nella citta del realismo borghese il fiore della desola-fantastica*. In: *Quassù Trieste*, Bologna 1968, S. 10
U. Saba, *Il Canzoniere*. Turin 1961, S. 84–86; S. 391; S. 473; S. 510; S. 515; S. 567; S. 577; S. 579; S. 595; S. 645; S. 662
Ders., *Prose*. Hg. v. L. Saba, Mailand 1969, S. 203; S. 559
Ders., *Lettere a un'amica. Settantaquattro lettere a Nora Baldi*. Turin 1966
E. Saccone, *Commenti a »Zeno«*. Bologna 1973
S. Slataper, *Alle tre amiche*. Mailand 1958, S. 90; S. 424
I. Svevo, *Zeno Cosini*. Dt. von P. Rismondo. Gesammelte Werke Bd. 7, Reinbek 1987, S. 28; S. 61
Ders., *Argo und sein Herr*. Dt. von R.M. Gschwend. In: *Die Erzäh-*

lungen 1. Gesammelte Werke, Hg. von C. Magris, G. Contini, S. de Lugnani, Bd. 1, Reinbek 1983, S. 143f.
Ders., *Nietzsche.* Dt. von R.M. Gschwend. *Tagebuchaufzeichnungen und Notizen.* Dt. von A. Leube. In: *Autobiographisches Profil.* Gesammelte Werke Bd. 5, Reinbek 1986, S. 10; S. 121; S. 123
Ders., *Kurze sentimentale Reise.* Dt. von P. Rismondo. In: *Die Erzählungen 2.* Gesammelte Werke Bd. 2, Reinbek 1984, S. 21
Ders., *Londoner Aufenthalt.* Dt. von A. Leube. In »Akzente« H. 6 1978, S. 530
Ders., *Die Bekenntnisse des alten Mannes.* Dt. von P. Rismondo. In: Gesammelte Werke Bd. 2, a.a.O. S. 228ff.
Ders., *Der Greis.* Dt. von K. Hellwig. In: Gesammelte Werke Bd. 2, a.a.O., S. 359ff.
Ders., *Ein gelungener Scherz.* Dt. von K. Hellwig. In: Gesammelte Werke Bd. 1. a.a.O., S. 200

Zu Kapitel 5

G. Bergamini, *Lettere dalle frontiere dell'anima.* In: *Quassù Trieste,* Bologna 1968, S. 19–39
G. Brazzoduro, *Samozavest za neko Mesto.* In: »Most« 67/68, II 1983, S. 143
E. Cecchi, *Scipio Slataper, Sigfrido dilettante.* In: »La Tribuna« 26.10.1912
E. Emili, *Il maleficio di Trieste.* In: »Oggi e domani«, Sept. 1980, S. 11
Intelletuali di frontiera. Triestini a Firenze (1900–1950). Katalog zur gleichnamigen Ausstellung, Florenz 1983, S. 194 (Brief von P.A. Gambini an Alberto Carocci vom 24.12.1932)
B. Marin, *I delfini di Scipio Slataper.* Mailand 1965, S. 23f.
Ders., *I canti de l'isola (1912–1969).* Triest 1970, S. 612
Ders., *In memoria.* Mailand 1978, S. 7
C. Michelstaedter, *La persuasione e la rettorica.* Hg. von S. Campiella, Mailand 1982, S. 39; S. 72 (dt.: *Der Weg der Überzeugung.* Übers., hg. u. einge. v. S. Mainberger, München 1987)
E. Oblath-Stuparich, *Confessioni e lettere a Scipio.* Hg. von G. Criscione, Turin 1979, S. 32; S. 166
P. Pancrazi, *Giani Stuparich triestino.* In: *Scrittori d'oggi,* Serie II, Bari 1946, S. 103f.
Ders., *Romanzo di Delia Benco.* In: *Scrittori d'oggi.* Serie IV, Bari 1956, S. 71f.
P.P. Pasolini, *Appunti per un saggio su Biagio Marin.* In: B. Marin, *La vita xe fiama. Poesie 1963–1969.* Turin 1970, S. VIII
S. Slataper, *Il mio Carso.* Mailand ²1968, S. 43f., S. 108

Ders., *Ibsen*. Mit einem Vorwort von A. Farinelli
Ders., *Alle tre amiche*. Mailand 1958
B. Ziliotto, *Dal confino austriaco*. Lettere e documenti, hg. von Donatella Ziliotto. Triest 1980, S. 41

Zu Kapitel 6

L. Albertini, *Epistolario 1911–1926*. Hg. von O. Barie, Mailand 1968, Bd. II, *La Grande Guerra*, S. 974f.
G. Camber-Barni, *La buffa*. Hg. von A. Pittoni, Triest 1969, S. 21
Desico (E. Schott), *La passione di Trieste: Ottobre 1914–Maggio 1915*. Rom 1918
Ders., *Diario e avventure (1914–1922)*. Udine 1979
V. Levi, *La vita musicale a Trieste. Cronache di un cinquantennio (1918–1968)*. Mailand 1968, S. 26
R. Monteleone, *La politica dei fuorusciti irredenti nella Guerra Mondiale*. Udine 1972
E. Oblath-Stuparich, *Confessioni e lettere a Scipio*. Turin 1979, S. 32f.
S.F. Romano, *Liberalnazionali e democratici sociali di fronte al problema delle nazionalità a Trieste nel 1918*. In: *Il movimento nazionale a Trieste nella prima guerra mondiale. Studi e testimonianze*. Hg. von G. Cervani, Udini 1968, S. 193–292
C. Schiffrer, *L'attesa di Trieste*. In: *Atti del XLIV Congresso di storia del Risorgimento italiano. La fine della prima guerra mondiale e i problemi relative*. Rom 1970, S. 19; S. 37
E. Sestan, *Giudizio »anseatico« sugli italiani*. In: »Belfagor« Nr. 4, 1946, S. 487–497
Ders., *Venezia Giulia. Lineamenti di una storia etnica e culturale*. Bari 1965, S. 110
A. Spaini, *Autoritratto triestino*. Mailand 1963, S. 223f.
S. Slataper, *Scritti politici*. Hg. von G. Stuparich, Rom 1925, S. 138; S. 145
G. Stuparich, *Trieste nei miei ricordi*. Mailand 1948, S. 60
Ders., *Scipio Slataper e »Il mio Carso«*. In: *Celebrazione di Scipio Slataper. Discorsi*. Triest 1957, S. 9
Die Texte der beiden Wiener Reden, in denen Valentino Pittoni seine Thesen darlegt, sind in der Zeitung »Il Lavoratore« vom 18. und 26.10. enthalten.
L. Valiani, *La dissoluzione dell'Austria-Ungheria*. Mailand 1966, ²1985
G. Voghera, *Gli anni della psicoanalisi*. Pordenone 1980, S. 156

Zu Kapitel 7

A. Agnelli, *Il socialismo triestino, Austria e Italia.* In: L. Valiani und A. Wandruszka (Hg.), *Il movimento operaio e socialista in Italia e in Germania dal 1870 al 1920*, S. 272f.
E. Apih, *Italia, fascismo e antifascismo nella Venezia Giulia (1918–1943).* Bari 1966, S. 122–125
G. von Banfield, Interview in »Il Corriere della Sera« vom 22. Juli 1984. *Der Adler von Triest. Der letzte Maria-Theresien-Ritter erzählt sein Leben.* Graz-Wien-Köln 1984
A. Bressan, *Ciril Zlobec. Tentativo di un ritiatto di cofine, Iss:* Le avventure della parola, Mailand 1985, S. 177–240
F. Cusin, Appunti alla storia di Trieste. Triest 1930
Ders., *Antistoria d'Italia.* Turin 1946
Ders., *Venti secoli di bora sul Carso e sul Golfo.* Triest 1952
G. Devoto, *Civiltà di parole 2.* Florenz 1969, S. 206
C. Gatterer, *Im Kampf gegen Rom. Bürger, Minderheiten und Autonomien in Italien.* Wien-Frankfurt-Zürich 1968, S. 534–546
A. Hermet, *Dello stile cattolico.* In: »Il Frontespizio«, I, Nr. 2, Sept. 1929, S. 2f.
H. Kacin-Wohinz, *Appunti sul movimento antifaschista sloveno nella Venezia Giulia.* In: Quaderni del centro di ricerche storiche di Rovigno. Bd. II, Pola 1972, S. 385–410
Ders., *Il partito comunista d'Italia di fronte al problema nazionale della minoranza.* In: *L'imperialismo italiano e la Jugoslavia. Atti del convegno italo-jugoslavo.* Urbino o.J., S. 405–432
J. Kugy, *Arbeit-Musik-Berge. Ein Leben.* München 1931
Ders., »Il Lavoratore«, 22.10.1918 *(Gui le mani!)*
Ders., »Il Lavoratore«, 9. und 19.10.1918
G. Miglia, *Dentro l'Istria, Diario 1945–1947.* Triest 1973, S. 18 u. S. 20
A. Oberdorfer, *Il socialismo del dopoguerra a Trieste.* Florenz 1922, S. 9; S. 16; S. 92f.
J. Petersen, *Hitler-Mussolini. Die Entstehung der Achse Berlin–Rom, 1933–1936.* Tübingen 1973, S. 471
J. Pirjevec (Hg.), *Introduzione alla storia culturale e politica slovena a Trieste nel '900.* Triest o.J., S. 22f., S. 63ff., S. 111ff.
P.A. Quarantotti Gambini, *La rosa rossa.* Turin ²1960
Ders., *Primavera a Trieste* (erste erweitere Ausgabe). Mailand 1967, S. 313
D.I. Rusinow, *Italy's Austrian Heritage 1919–1946.* Oxford 1969, S. 103f., S. 185–210
C. Schiffrer, *Le origini dell'irredentismo triestino (1813–60).* Udine 1937
E. Sestan, *Venezia Giulia. Lineamenti di una storia etnica e culturale.* Bari 1965, S. 107f.

C. Silvestri, *Dalla redenzione al fascismo. Trieste 1918–1922*. Udine ²1966, S. 56–60
G. Stuparich, *La crisi di Trieste*. In: »Rivista di Milano« 20.11.1919
Ders., *Irredentismo superato?* und *Gli slavi della Venezia Giulia*. In: »Rivista di Milano« vom 5.2. und 5.10.1920
Ders., *Le tre circoscrizioni giuliane*. In: »Rivista di Milano«, 5.6.1921
Ders., *Italien über Alles?* In: »Rivista di Milano«, 5.5.1921
F. Suvich, *Memorie*. Mailand 1984
A. Tamaro, *Storia di Trieste*. Rom 1924
L. Valiani, *La dissoluzione del Austria-Ungheria*. Mailand, 1966, S. 411
Über die Wirtschaft in Triest und Julisch Venetien vgl. auch E. Apih, *Italia, fascismo e antifascismo*, a.a.O, S. 231–293, und E. Sestan, *Venezia Giulia*, a.a.O, S. 122f.
Über die Rassenverfolgung in Triest siehe: S. Bon Gherardi, *La persecuzione anti-ebraica a Trieste (1938–1945)*. Udine 1972

Zu Kapitel 8

S. Kosevel, *Integrale Gedichte*. Ausgew. und eingef. v. W. Heiliger, München 1976
M. Alyn, *Srečko Kosovel*. In: *Kosovel*. Paris 1965, S. 51
R. Bazlen, *Note senza testo*. Hg. v. R. Calasso, Mailand 1970, S. 70
U. Carpi, *Giornali dell'avanguardismo giuliano, 1923–25*. In: *Intellettuale di frontiera Triestina a Firenze (1900–1950)*. Hg. von Roberto Pertici, Florenz 1985, Bd. 2, S. 91–138
G. Fano, *Origini e natura del linguaggio*. Turin 1962–1973
G. Miglia, *Dentro l'Istria. Diario 1945–1947*. Triest 1973, S. 168f.
V. Vidali, *Orizzonti di libertà*. Mailand 1980, S. 83

Zu Kapitel 9

D. de Castro, *Il problema di Trieste*. Bologna 1953
Ders., *La questione di Trieste. L'azione politica e diplomatica italiana dal 1943 al 1954*. Triest 1981, 2 Bde., Bd. I, S. 210–230
E. Collotti, *Il Litorale Adriatico nel Nuovo Ordine Europeo 1943–45*. Mailand 1974
G. Devoto, *Civiltà di parole 2*. Florenz 1969, S. 206f.
J.-B. Duroselle, *Le conflit de Trieste 1943–1954*. Brüssel 1966
G. Fogar, *Sotto l'occupazione nazista nelle province orientali*. Udine ²1968
Ders., *Dall'irredentismo alla resistenza nelle province adriatiche Gabriele Foschiatti*. Udine 1966

C. Gatterer, *Im Kampf gegen Rom. Bürger, Minderheiten und Autonomien in Italien*. Wien-Frankfurt-Zürich 1968, S. 651
F. Marin, *La traccia sul mare*. Triest 1950, S. 103; S. 331
E. Maserati, *L'occupazione jugoslava di Trieste (maggio-giugno 1945)*. Udine 1968
G. Miglia, *Dentro l'Istria. Diario 1945–1947*. Triest 1973, S. 129
B.C. Novak, *Trieste 1941–1954. La lotta politica etnica e ideologica*. Mailand 1973
P. Pallante, *Il P.C.I. e la questione nazionale. Friuli-Venezia Giuli. 1941–1945*. Udine 1980
J. Pirjevec (Hg.), *Introduzione alla storia culturale e politica slovena a Trieste nel '900*. Triest o.J., S. 117f.
Ders., *La fase finale della violenza fascista. I retroscena del processo Tomažič*. In: »Qualestoria«, Nr. 2, 1982
R. Pupo, *La rifondazione della politica estera italiana: la questione giuliana (1944–46). Linee interpretative*. Udine
D.I. Rusinow, *Italy's Austrian Heritage 1919–1946*. Oxford 1969, S. 323f.
E. Saba, *Il Canzoniere*. Turin 1961, S. 343; S. 595
E. Sestan, *Venezia Giulia. Lineamenti di una storia etnica e culturale*. Bari 1965, S. X; S. VII
A. Spaini, *Autoritratto triestino*. Mailand 1963
K. Stuhlpfarrer, *Die Operationszonen »Alpenvorland« und »Adriatisches Küstenland« 1943–1945*. Wien 1969
G. Stuparich, *Trieste nei miei ricordi*. Mailand 1948, S. 134
C. Ventura, *La stampa a Trieste 1943–1945*. Udine 1958, S. 48–53; S. 114–117.
Siehe auch einige Beiträge der Triestiner deutschen Tageszeitung, in: »Deutsche Adriazeitung: Drehscheibe Triest«, Triest 1945

Zu Kapitel 10

D. de Castro, *La questione di Trieste. L'azione politica e diplomatica italiana dal 1943 al 1954*. Triest 1981, 2 Bde., Bd. I, S. 482f.
C. Colummi, L. Chersovani, G. Miccoli, G. Valdevit, *Trieste fra letteratura e storia. A proposito di un libro recente*. In: »Qualestoria«, XI, Nr. 2, 1983, S. 100
C. Colummi, L. Ferrari, G. Nassini, G. Trani, *Storia di un esodo. Istria 1945–1956*. Triest 1980
A. Lokar-L. Thomas, *Socioeconomic Structure of the Slovene Population*. In: »Papers in Slovene Studies 1977«, New York 1978, S. 27f.
L. Mazzi, *Com'era verde la nostra valle*. In: *Questa mie strade*. Triest 1967, S. 43

B.C. Novak, *Trieste 1941–1954. La lotta politica etnica e ideologica*. Mailand 1973, S. 283f.
P.A. Quarantotti Gambini, *Primavera a Trieste*. Mailand 1967, S. 389–395
C. Schiffrer, *La Venezia Giulia nell' età del Risorgimento. Momenti e problemi*. Udine 1965, S. 134–156. (Der Aufsatz *Passato e presente della cultura dell'Istria* stammt aus dem Jahr 1955)
F. Siess, *La questione di Trieste e il movimento indipendentista (1945–1949)*. Diss. Pavia 1948/83
G. Stuparich, *Trieste nei miei ricordi*. Mailand 1948, S. 233ff.

Zu Kapitel 11

E. Bettiza, *Mito e realtà di Trieste*. Mailand 1966, S. 36, S. 38
J.C. Campbell (Hg.), *Successful Negotiations: Triest 1954. An Appraisal by the Five Participants*. Princeton 1976
D. de Castro, *La questione di Trieste. L'azione politica e diplomatica italiana dal 1943 al 1954*. Triest 1981, 2 Bde., Bd. II, S. 247–265; S. 709–1047
J.-B. Duroselle, *Le conflit de Trieste 1943–1954*. Brüssel 1966, S. 395–427
B.C. Novak, *Trieste 1941–1954. La lotta politica etnica e ideologica*. Mailand 1973, S. 285–294; S. 372–377
P.A. Quarantotti Gambini, *Primavera a Trieste*. Mailand 1967, S. 389–410

Zu Kapitel 12

A. Agnelli, *Questione nazionale e socialismo*. Bologna 1969
Ders., *La genesi dell'idea di Mitteleuropa*. Mailand 1971
Ders., *Heinrich Ritter von Stibik*. Neapel 1975
Ders., *Triest: Die Grenze von Vegliani als Beispiel einer Zugehörigkeit*. In: »Neohelikon«, VII, 2, 1980, S. 225–241
R. Alberti, *Lettera al comandante Carlos J. Contreras*. In: V. Vidali, *Spagna lunga battaglia*. Mailand 1975, S. 11
Anonimo Triestino, *Il segreto*. Turin 1961, S. 437
H. Bahr, *Dalmatinische Reise*. Berlin ²1909, S. 8
N. Baldi, *Noi triestini*. In: A. Rinaldi (Hg.), *L'Onda di Trieste*. Florenz 1968, S. 93
E. Bettiza, *Il fantasma di Trieste*. Mailand 1958, S. 51; S. 242
D. de Castro, *Capire i triestini dalle molte vite*. In: »La Stampa«, 4.10.1979

C. L. Cergoly, *Ponterosso*. Mailand 1976, S. 16; S. 23; S. 49; S. 50
F. Fölkel, *Monàde. 33 poesie del giudeo*. Mailand 1978, S. 13
L. Galli, *Eppure ancora un mattino*. Hg. v. N. Baldi, Padua 1973, S. 48
J. Joyce, Brief an Italo Svevo vom 5.1.1921. In: J.J., Briefe II, hg. v. R. Ellmann, übers. v. K.H. Hansen, Frankfurt 1970, S. 831
P. Luzzatto Fegiz, *Lettere da Zabodaski. Ricordi di un borghese mitteleuropeo 1900–1984*. Triest 1984
C. Magris, *Il mito absburgico nella letteratura austriaca moderna*. Turin 1963 (Dt.: *Der habsburgische Mythos in der österreichischen Literatur*. Übers. v. M. v. Pásztory, Salzburg 1966)
M. Malabotta, *Diese poesie scrite de novembre e gualche altra, dopo*. Mailand 1968; *Pianzer fa bele le foie (gha dito 'l salise)*. Mailand 1969; *Fiori de nailon*. Mailand 1971
B. Marin, *4 novembre 1918*. In: »Trieste«, 28. Nov./Dez. 1958, s. 10ff.
S. Mattioni, *Orlando, wieviel Schritte gibst Du mir*. Nachw. von Francois Bondy, hg. v. V. Stiller, Übers. von R. Bauer/ H. Seidl, Stuttgart 1986
E. Oblath-Stuparich, *Confessioni e lettere a Scipio*. Turin 1979, S. 168
A. Pittoni, *El strighez*. In: *Poesia dialettale triestina 1875–1975*. Hg. v. R. Damiani u. C. Grisancich, Triest 1970, S. 154f.
R. Rosso, *L'adescamento*. Turin [2]1979, S. 129
A. Santin, *Al tramonto. Ricordi autobiografici di un vescovo*. Triest 1978, S. 261
S. Satta, *L'università di Trieste nella luce delle libertà democratiche*. In: *Annuario dell'università degli Studi di Trieste. 1945/46*. Triest 1946, S. 17
C. Schiffrer, *Le origini dell' irredentismo triestino (1813–1860)*. Udine 1937 u. 1978.
Ders., *La Venezia Giulia. Saggio di una carta dei limiti nazionali italo-jugoslavi*. Rom 1946
S. Slataper, Brief an Sibilla Aleramo vom 16.9.1912. In: S. Slataper, *Epistolario*. Hg. v. G. Stuparich, Mailand 1950, S. 312
F. Suvich, *Memorie*. Mailand 1984

Zeittafel

52 v. Chr.	Befestigte römische Kolonialstadt »Tergeste«.
948	Seit dem 6. Jh. Bischofssitz, herrschen die Bi-
	schöfe nun mit königlicher Autorität als welt-
1202	liche Herren unter venezianischer Herrschaft.
1382	Nach dem großen venezianischen Krieg stellt sich Triest freiwillig unter den Schutz von Herzog Leopold III. von Österreich.
1719	Triest wird von Kaiser Karl VI. zum Freihafen erklärt (bis 1891) und damit zur Rivalin Venedigs. Sitz der »Orientalischen Handelskompanie«.
1797 und 1805	Besetzung durch die Franzosen während der Napoleonischen Kriege.
1809–1814	Zugehörigkeit zu den Illyrischen Provinzen Frankreichs.
1814	Erneut österreichischer Freihafen.
1831	Gründung von »Assicurazioni Generali« (österreichischer Versicherungskonzern).
1836	Gründung von »Lloyd Austriaco« (Österreichische Lloyd), »Dampfschiffahrtsgesellschaft«, die Triest an den österreichischen Handelsverkehr anbindet.
1838	Gründung von »Riunione Adriatica di Sicurità« (österreichischer Versicherungskonzern).
2.10.1849	Triest wird zur »reichsunmittelbaren Stadt« der Habsburgermonarchie erhoben.
1857	Anschluß an Wien durch die Südbahn.
1859	Niederlage Österreichs im zweiten italienischen Befreiungskrieg.
1860	Gründung des »Schillervereins«, der bedeutendsten deutschen kulturellen Vereinigung in Triest.
1861	19.12., Italo Svevo geb. in Triest, gest. 13.9.1928 in Motta di Livenza.
1863	Zwischen 1863 und 1902 existieren 560 Zeitungen und Zeitschriften in Triest (83,7% ital., 5,9% slow., 5,6% dt., 2,6% griech., 1,1% frz., 1,1% lat., span., zwei- und mehrsprachige).

	Zeitungen in Triest 1871–1880: 163
	1891–1900: 117
	1901–1902: 30

1867 In der österreichisch-ungarischen Monarchie bildet Triest den Sitz des Statthalters Küstenland, das die Kronländer Görz-Gradisca, Istrien und Triest umfaßt.

1883 9.3., Umberto Saba geb. in Triest, gest. 25.8.1957 in Görz

1885 15.1., Virgilio Gritti geb. in Triest, gest. 21.9.1957 in Triest.

1887 3.6., Carlo Michelstaedter geb. in Gorizia, gest. 17.10.1910 in Gorizia.

1888 Scipio Slataper, gest. 1915

1891 4.4., Giani Stuparich geb. in Triest, gest. 7.4.1961 in Rom.

1891 29.6., Biagio Marin geb. in Grado, gest. 24.12.1985 in Grado.

Juli: Der Freihafen wird aufgehoben und Triest in das österreichisch-ungarische Zollgebiet einbezogen.

1892 *Una vita* (Ein Leben) von Italo Svevo.

1898 *Senilità* (Ein Mann wird älter) von Italo Svevo.

1900 178 599 Einwohner (darunter 24 679 Slowenen und 8 880 Deutsche), vorwiegend katholisch (1 792 evang., 1 378 griech.-orientalisch, 4 954 jüdisch).

1905 James Joyce läßt sich in Triest nieder.

1907 Wahlerfolg der Sozialisten, der die Nationalitätenfrage eher anheizt denn beruhigt.

1910 220 547 Einwohner (darunter 118 421 Italiener und 51 108 Slowenen).

1911 *Poesie* von Umberto Saba.

1912 *Il mio Carso* (Mein Karst) von Scipio Slataper.

1912 *Irredentismo adriatico* (Der adriatische Irredentismus) von Angelo Vivante.

1913 *La persuasione e la rettorica* (Gewißheit und Rhetorik) von Carlo Michelstaedter.

1914 Mit dem Ausbruch des Ersten Weltkrieges verstärken sich die Auseinandersetzungen zwischen italienischen und slawischen Volksgruppen.

1915 Mit dem Eintritt Italiens in den Krieg muß James Joyce Triest verlassen.

3.11.1918	Italienische Truppen landen in Triest.
1919	Nach dem Frieden von Saint-Germain wird Triest Italien zugesprochen. *Cose e ombre di uno* (Eines Menschen Dinge und Schatten) von Carlo Stuparich (postum).
1920	Im Sommer Brandanschlag auf das Hotel »Balkan«, den Sitz der städtischen slowenischen Organisationen, durch faschistische und nationalistische Demonstranten.
1921	228 583 Einwohner (darunter 198 886 Italiener und 11 694 Slowenen; städt. Bev. 70% Italiener, ländl. Bev. 75% Slowenen).
1922	»Marsch auf Rom«, faschistischer Staatsstreich, Mussolini wird Ministerpräsident. Anfang des fortschreitenden Prozesses der Entnationalisierung der slowenischen Bevölkerung.
1923	*La coscienza di Zeno* (Zeno Cosini) von Italo Svevo.
1924	Gründung der Universität.
1929	*Un anno di scuola* (Ein Schuljahr) von Giani Stuparich.
1930	Im Sept. Prozeß gegen die slowenische Untergrundorganisation »Borba« nach deren Attentat auf den Sitz der Zeitung »Popolo di Trieste« (vier Todesurteile).
1931	*Guerra del '15* von Giani Stuparich.
1934	Erneute Errichtung einer österreichischen Freihandelszone.
1938	Ital. Rassengesetze.
1942	*Ritorneranno* von Giani Stuparich.
1943	Besetzung durch deutsche Truppen.
1945	Nach dem Zweiten Weltkrieg und vorübergehender Besetzung durch Tito-Partisanen wird Triest von den Engländern und Amerikanern besetzt.
1947	Nach dem Friedensvertrag von Paris wird Triest und Umgebung zum neutralen und entmilitarisierten Territorium erklärt, vorübergehend aufgeteilt in eine englisch-amerikanische Zone A (die Stadt Triest und die Vororte): 222 qkm, 312 000 Einwohner (darunter 60 000 Slowenier) und eine jugoslawische Zone B (ein Teil Istriens): 738 qkm, 73 500 Einwohner (davon ein Drittel Italiener).

5.10.1954   Abkommen von London zwischen den Vereinigten Staaten, Großbritannien, Italien und Jugoslawien. Die Stadt Triest (Zone A) kommt unter italienische Verwaltung, das Hinterland (Zone B) wird weiter von Jugoslawien regiert.

Personenregister

Ada 113
Agnelli, Arduino 252, 255
Alberti, Mario 87, 170
Alberti, Rafael 270
Aerano, Sibilla 276
Altenberg, Peter 124
Alyn, Marc 185
Antoni, Carlo 164, 181
Apih, Elio 50, 53
Ara, Camillo 147
Ascoli 11
Augusta 113

Bahr, Hermann 247, 256
Baldi, Nora 249
Banfield, Gottfried von 153
Barni, Guilio Camber 147
Bartol 185
Bartoli, Gianni 214
Basaglia, Franco 266
Baudelaire, Charles 163
Bauer, Otto 39
Baumbach, Rudolf 92
Bazlen, Bobi 149, 164, 180f.
Benco, Silvio 10, 144, 182, 205
Bergamini, Giorgio 132
Bevk, France 162
Bettiza, Enzo 240, 243, 250f., 257, 259
Bidoli 181
Bloch, Ernst 271
Bolaffio 95
Bordon, Furio 268
Borges, Jorge Luis 106
Bräker, Ulrich 224
Brahm, Otto 91
Brazzoduro, Gino 123

Broch, Hermann 105
Brosenbach, Alberto de 18
Brosio, Manlio 234
Bruck, Karl Ludwig von 17, 48, 52, 54
Bugatto, Guiseppe 157
Burdin, Francesco 268
Burich, Enrico 164
Busoni, Ferruccio 62

Calamandrei, Piero 141
Cambon 95
Camiel, Luisa 128
Canetti, Elias 105, 111
Cankar, Ivan 93
Cantoni, Ettore 182
Caprin, Guiseppe 90
Carducci 90
Carla 113
Carmelich 177
Carniel, Gigetta (Luise) 128
Carpi, Umberto 177
Carpintiri 262
Castro, Diego de 199, 206, 208, 210, 226, 229, 265
Cecchi, Emilio 123, 133f.
Cecovini, Manlio 265
Cergoly, Carolus L. 12, 218, 262, 264f.
Čermelj, Lavo 15, 68
Cerne, Bruno 218
Cerniutz, Rodolfo 89
Cesari, Giulio 144
Chabod, Frederico 214
Chierici, Giovanni 105
Cobden, Richard 52
Costantini, Celso (Kardinal) 58

Contreras, Carlos (= Vittorio Vidali) 270
Contini, Gabriella 109
Cosciani 181
Cosini, Zeno 105ff., 109, 112f., 175, 215
Cosulich 68
Curcio 184
Cusin, Fabio 11, 31, 117, 163, 205, 218, 240, 259

Dallapiccola, Luigi 62
Dall'Ongaro, Francesco 52
Dante, Alighieri 46, 161
Dardi, Dino 248
Dedalus, Stephen 297
Devescovi 122, 128, 181
Doderer, Heimito von 111
Dolfi 177
Dompieri, Carlo 74, 170
Dostojewski, Fjodor Michailowitsch 8, 163

Economo, Constantin von 61
Economo, Demetrio von 61
Economo, Leo von 61
Economo, Sophie von 61
Eisenhower, Dwight D. 234
Elia, Enrico 129, 141f.
Emili, Ennio 132
Engels, Friedrich 39

Fabiani, Max 62
Fachinetti 90
Fano, Giorgio 142, 164, 176
Faraguna 262
Fegiz, Pier Paolo Luzzatto 208, 272
Ferdinand, Franz 136
Fermi, Enrico 18
Fittke 95
Flaubert, Gustave 19
Fölkel, Ferruccio 12, 261
Fogar, Luigi 216f.

Forti, Bruno 128, 184, 251
Foschiatti, Gabriele 194
Franz I. (König) 32
Franz Ferdinand (Erzherzog) 136
Franz Joseph (Kaiser) 17, 265f.
Frausin, Luigi 195
Freud, Sigmund 122, 178, 184

Galli, Lina 269
Gambini, Pier Antonio Quarantotti 131, 156f., 161, 182ff., 198, 204, 208, 212, 221, 237
Gasperi de 208, 229f., 233
Gentilli, Emanno 88
Giani 122
Gigetta 21, 128
Gioietta (Anna Pulitzer) 128, 132
Giotti, Virgilio 177, 204, 224, 250
Giraldi, Franco 135
Giuliani, Antonio de 18, 41f., 224
Globocnik, Odilo 191
Gobetti 129
Godina, Josip 93
Goethe, Johann Wolfgang von 96, 119
Grad 91
Gramscis, Antonio 141
Grillparzer, Franz 113
Grisogono, Francesco 18f.
Grünanger, Carlo 149, 164, 181
Grünhut 95
Gruber-Benno, Aurelia 265
Gruden 185
Guagnini, E. 10

Hamerling, Rudolf 92
Hamerling, Robert 17
Hebbel, Christian Friedrich 122f.

Hermet, Augusto 163
Hermet, Francesco 72
Herr 91
Höltzl 91
Hoffman 91
Hofmannsthal, Hugo von 113, 124
Hohenberger 91
Hohenlohe, Konrad Prinz zu 145
Homer 46
Horst, Moritz 91
Hreščak 238

Ibsen, Henrik 13, 118, 120, 122ff., 130, 163, 189
Ive, Antonio 157

Jablowski 177
Jászi, Oscar 40
Jelačić, Josip 53
Joyce, James 95, 97, 104, 177, 267
Joseph II. (Kaiser) 29

Kafka, Franz 105, 111, 130, 184
Kandler, Pietro 29, 32ff., 52, 90
Karl VI. (Kaiser) 25f., 28
Keats, John 117
Kezich, Lalla 269
Kezich, Tullio 257
Kocbek, Edvard 258
Kogoj 62
Koseski, Jovan Vesel 92f.
Kosovel, Srěcko 184ff.
Kraglievic, Marco 132
Kraus, Karl 124, 257
Kristan, Etbin 82, 93
Kugy, Julius 95, 153

Leopardi, Giacomo Graf 126
Leopold (Herzog) 26
Levi, Masino 48
Levi, Vito 148

Littrow, Heinrich von 91
Lokar, Aleš 93, 239
Lugnani, Silvana de 91f.

Mähr 91
Maier, Bruno 93
Malabotta, Manlio 261
Mann, Thomas 102, 274
Maria Theresia 25, 28
Marin, Biagio 117ff., 128, 204, 252
Marin, Falco 189, 269
Marin, Guido 122, 224
Marin, Serena 121
Marx, Karl 39
Marty, Edda 46
Mascherini 186
Mattioni, Stelio 274f.
Maucci 181
Mauroner, Leopoldo 76
Mazzi, L. 225
Mayer, Teodoro 73
Menzel, Wolfgang 91
Merkù, Pavle 62, 239
Metternich, Klemens Wenzel, Graf, Fürst 32, 50
Michelstaedter, Carlo 82, 125ff., 131
Miglia, Guido 166f., 186, 202, 205, 222, 269
Mittner, Ladislao 164
Montale 179
Montenero, Giulio 94
Morovich 269
Mosser 91
Mrach 68
Murphy, Robert D. 234
Musil, Robert 9, 20, 105, 108, 111, 124, 180

Nathan 95
Nietzsche, Friedrich 19, 98, 107, 163

Oberdan (Oberdank),
    Guglielmo 70, 72
Oberdorfer, Aldo 152, 156,
    159, 167, 171, 181
Oblath, Elody 45, 128f., 130f.,
    138, 140, 260
Osoppo, Brigata 192
Otto von Habsburg 266

Pagnini, Cesare 14
Pahor, Boris 258
Pancrazi, Pietro 122, 130
Parente, Marco 48
Pascoli 90
Pasolini, Pier Paolo 121
Paulus (hl.) 169
Paulian, Enrico 254
Pellis 181
Perlini, Tito 257
Piazza, Bruno 191
Picciola 90
Pincherle, Bruno 178
Pisoni, Zeffirino 195
Pitacco, Giorgio 143
Pitteri 90
Pittoni, Anita 177, 224, 261
Pittoni, Valentino 78, 137,
    143ff., 154, 156, 216
Pocar, Ervino 123, 181
Poe, Edgar Allan 163
Premuda, Loris 61, 63
Prešeren, France 93
Pirjevec, Jože 12
Pius XII 214
Puecher, Edmondo 64, 79,
    80f., 137

Raab 91
Radossi, Giovanni 239
Raicich, Marino 11
Rainer, Friedrich 190
Rascovich 68
Rebula, Alojz 258f.
Regent, Ivan 15

Revere 90
Revoltella, Pasquale (Baron)
    48, 55
Reyer, Franz Taddäus 48
Rezzori, Gregor von 251
Rilke, Rainer Maria 122
Rinaldi 90
Rorerto, Petitti di 156
Rossetti, Domenico 31f., 90
Rosso, Renzo 253f., 259
Roth, Joseph 149
Rovan 95

Saba 9, 14, 21f., 96ff., 100f.,
    129, 132, 147, 176, 181,
    204, 250
Saccone, Eduardo 113
Salvemini, Gaetano 134, 163
Samigli, Mario 112
Santarcangeli, Paolo 164
Santin, Antonio 214, 271
Sartorio, Giovanni Guglielmo
    48, 224
Satta, Salvatore 247
Schatzmayer 91
Schaub, von 91
Schiffrer, Carlo 38, 137, 144
    162, 222, 240, 252
Schmitz, Ettore 102, 176
Schopenhauer, Arthur 104
Sestan, Ernesto 87, 133, 140,
    154, 164, 201ff., 240
Shakespeare, William 120
Shelley, Percy Bysshe 117
Slank, Alessio 254
Slataper, Gigetta 21
Slataper, Guido 121
Slataper, Scipio 7ff., 10ff., 19,
    21f., 45, 59, 65f., 70f., 82,
    84f., 96f., 117ff., 121ff., 127ff.,
    132ff., 136ff., 140, 143, 181,
    189, 223, 240, 248, 250, 260
Smareglia 62
Smodlaka, Josip 193f.

Sonnino, Sidney 146
Spacal 186
Spaini, Alberto 46, 122f., 128, 146, 181, 189, 224
Spigolotto, Maria 14
Stalin, Jossif Wissarianowitsch 207, 220, 226
Steinbüchel 91
Strindberg, August 122
Stadion, Franz (Graf) 49, 51, 54
Stuparich, Carlo 82, 122, 128f., 140
Stuparich, Giani 20, 46, 75, 82f., 122f., 128, 130, 134, 138ff., 142, 146, 149, 152, 156, 160, 165, 167, 176, 182, 203, 212, 221, 223f.
Suvich, Fulvio 173, 272
Svevo, Italo 9f., 13f., 21f., 95ff., 102ff., 107ff., 117, 122, 177, 250, 259
Swida 91

Tamaro, Attilo 162
Tavolato 124
Thompson, E. Llewellyn 232
Timeus, Ruggero 70, 83ff., 133, 138, 140, 146, 170, 243
Timmel, Vito 177
Tito, Josip 193, 195, 197, 199, 207, 220, 226, 234f.
Tommaseo, Niccolò 143
Tommasini, Umberto 16
Tomatis, Renzo 268
Tomažič, Pino Pinko 162, 187ff.

Tomizza, Fulvio 240, 255ff., 259, 268
Trumbić, Ante 60
Tuma, Henrik 93, 155
Tuoni de 181
Tzaldaris, Cristo 46

Ughi, Besenghi degli 90
Ukmar, Jakob 162, 169

Valeri, Nino 240
Valiani, Leo 145, 164
Vegliani, Franco 255
Velebit 236
Venezian, Felice 72
Verdeljski 93
Veruda 95
Vidali, Vittorio 184, 269ff.
Vilfan, Josip 68, 78, 81, 168
Vivante, Angelo 37, 48., 80f., 84, 124, 133, 140, 170, 216
Voghera, Giorgio 178f., 268, 273
Voghera, Guido 178, 273

Wagner, Richard 62, 163
Weininger, Otto 122
Weiss, Edoardo 164, 178f.
Wostry, Carlo 94

Žabkar, Jošt 12
Zanini, Ligio 269
Ziliotto, Baccio 90, 127
Zlobec, Ciril 161f.
Zoppi (Graf) 231, 234
Zweig, Stefan 205

Danksagung

Die Autoren danken dem Kollegen Aleš Lokar für die Überlassung seiner bisher unveröffentlichten Studie über die slowenische Kultur (*Gli Sloveni. Storia di uno sviluppo dal ventre della Mitteleuropa*). Ihr Dank gilt außerdem Rossana Birsa, Donate la Bolech, Renata Caruzzi, Enrica Costa, Donatella Giglio und Claudia Sonino für ihre Hilfe bei der Zusammenstellung und Systematisierung des bibliographischen Materials.

A.A. und C.M.

Inhalt

1. »Ich möchte euch sagen«   7
2. Die neue Stadt   25
3. Die doppelte Seele   58
4. Apoll und Merkur   90
5. Slatapers Veilchen   117
6. Der Große Krieg   136
7. Das monolithische Bild   151
8. Das andere Triest   175
9. Italiener und Slawen: die Zeit der Konfrontation   187
10. Die bittersten Tage   206
11. Zwischen Tauwetter und Dialog   226
12. Die Stadt aus Papier   247

Bibliographische Hinweise   277

Zeittafel   288

Personenregister   292

Triest als eines der großen Zentren Mitteleuropas ist das Thema dieser Literatur- und Kulturgeschichte. Triestiner war Italo Svevo, einer der bedeutendsten Romanciers des 20. Jahrhunderts, der erst kurz vor seinem Tod Anerkennung fand und dessen postumer Ruhm um so nachhaltiger war. In Triest lehrte James Joyce, der generöse Förderer Svevos, Englisch; hier lebten Schriftsteller wie Slataper und Stuparich, die das »literarische« Mitteleuropa entdeckten und vermittelten; hier wuchs Roberto Bazlen auf, dem die deutschsprachige Literatur in Italien so viel zu verdanken hat; in Görz, der Nachbarstadt, lebte und schrieb Carlo Michelstaedter, der wie kaum ein anderer den Nihilismus der Zivilisation ergründet und erlitten hat; und in Triest lebte auch der Dichter Umberto Saba, der unbekannteste unter den großen italienischen Lyrikern.

Triest, am Rande des k. u. k.-Imperiums gelegen, war eine italienische Stadt – aber auch ein Schmelztiegel italienischer, deutscher und slowenischer Kultur, in dem das jüdische und das griechische Element eine große Rolle spielten. Es war eine Stadt auf der Suche nach einer eigenen Identität. Deshalb wurde Triest zum Labor für die Entdeckung der fragwürdigen und fragmentarischen Identität des zeitgenössischen Menschen, eine Wetterstation – wie Karl Kraus in bezug auf Wien sagte – für den Untergang europäischer Kultur, aber auch ein Ort des Widerstands, des ironischen Kleinkriegs gegen das Nichts.

Angelo Ara, geboren 1942 in Stresa Borromeo (Novara), lehrt Neuere Geschichte an der Universität Pavia. Er ist Spezialist für italienische und österreichische Geschichte des neunzehnten und zwanzigsten Jahrhunderts.

Claudio Magris, 1939 in Triest geboren, ist Professor für deutsche Literatur in Triest. Von ihm erschienen auf deutsch u. a. *Der habsburgische Mythos in der österreichischen Literatur* (1966), *Donau* (1988 und 1996), *Ein anderes Meer* (1992) und *Die Welt en gros und en détail* (1999).

Umberto Saba
Der Dichter, der Hund und das Huhn
1999. 168 Seiten

Verstreut über sein ganzes Leben hat Saba immer wieder Erinnerungen, ganze Erzählungen, Erzählfragmente, Notizen, Aphorismen verfaßt, die, wie Claudio Magris im Nachwort schreibt, ein »Geflecht aus reifer Weisheit und kindlichem Staunen sind«.... Die hier versammelten kleinen Erzählungen und »Abkürzungen« können, so Saba, »Sehnsucht nach den langen, ebenen, geraden Landstraßen wecken«. Wir ergänzen: Sehnsucht danach, endlich einmal das Gesamtwerk von Umberto Saba so gut übersetzt und ediert zu sehen wie diese Geschichten vom Dichter, dem Hund und dem Huhn.
     Carl Wilhelm Macke, *Frankfurter Rundschau*

Sofort läßt dieser Band den Lyriker erkennen, der in bündigen Alltagsbildern die unverstellte Essenz des Lebens zeigen wollte. Seinem Grundsatz, die Dinge – ungeachtet ihrer Vulgarität oder Erhabenheit – beim Namen zu nennen, in ihr Herz zu dringen, um »in den glühenden Mittelpunkt des Lebens« zu gelangen, ist Saba treu geblieben... Gleichgültig, ob Saba den Grafen Giacomo Leopardi phantasmagorisch wieder auferstehen läßt, ob er sich an Begegnungen mit den Zeitgenossen d'Annunzio und Malaparte oder an seinen Antiquariatsgehilfen Carletto erinnert, ob er Anekdoten aus römischen und triestinischen Gasthäusern, von Kellnerinnen oder x-beliebigen armen Jungen als Symbol italienischer Volkstümlichkeit berichtet – hinreißend sind diese »Skizzen nach dem wahren Leben« allesamt.
     Thomas Medicus, *Frankfurter Allgemeine Zeitung*